Walter Wüllenweber

Frohe Botschaft

Walter Wüllenweber

Frohe Botschaft

Es steht nicht gut um die Menschheit – aber besser als jemals zuvor

Deutsche Verlags-Anstalt

MIX
Papier aus verantwortungsvollen Quellen
FSC® C014889

Verlagsgruppe Random House FSC® N001967

3. Auflage

Umschlaggestaltung: total italic, Thierry Wijnberg (Amsterdam/Berlin)
Satz: GGP Media GmbH, Pößneck
Druck und Bindung: Friedrich Pustet, Regensburg
Printed in Germany
ISBN 978-3-421-04822-6

www.dva.de

Dieses Buch ist auch als E-Book erhältlich.

Inhalt

Einleitung

Das kann ja gar nicht sein! Spinnst du jetzt komplett? Was hast du denn geraucht? So ungefähr hörte es sich an, wenn ich Freunden über das Thema meines Buches berichtete. Und das waren noch die freundlicheren Reaktionen. Mitunter erhöhte sich die Stimmlage meiner Gesprächspartner leicht. Die Sätze wurden knapp, der Ton unverbindlich, die Arme vor der Brust verschränkt.

Ich musste lernen: Die frohen Botschaften machen viele nicht froh, sondern aggressiv. Denn sie verunsichern und stellen vertraute Gewissheiten infrage. Die weit verbreitete Weltsicht, alles verschlechtert sich, ist offenbar auch in meiner Filterblase die dominante Haltung, also bei politisch interessierten, lesenden Altbaubewohnern. Gerade in diesem Milieu gehört der »Immerschlimmerismus«, wie der Publizist Matthias Horx ihn nennt, zum kulturellen Selbstverständnis der inzwischen grau gewordenen *no future generation*. Seit den 70er Jahren gilt in dem Teil der Gesellschaft, der sich für aufgeklärt hält, jeder Warner prinzipiell als klug und weitsichtig. Wer hingegen auf Verbesserungen hinweist, ist entweder naiv oder gekauft. Positive Sichtweisen werden als Provokation empfunden, mehr noch: als Verrat.

Dieses Buch vertritt den Standpunkt: Das prägende Merkmal unserer Zeit ist nicht der Niedergang, sondern die weltweite Aufwärtsentwicklung in einem historisch einmaligen Ausmaß. Die wissenschaftlichen Erkenntnisse könnten in dieser Frage eindeutiger nicht sein: Die Menschen sind heute gesünder, reicher, sicherer, gebildeter und freier als jemals. Und die erfreulichsten Entwicklungen ereigneten sich ausgerechnet in den benachteiligten Regionen der Erde. Ich wurde 1962 geboren, in einem Wirtschaftswunderland, das den Hunger und die Entbehrungen der Nachkriegsjahre bereits überwunden hatte. Doch weltweit mussten noch fast 30 Prozent der Kinder meines Jahrgangs Vollzeit arbeiten, um zu überleben. Von den heutigen Kindern sind es noch 10 Prozent.[1] Als ich den Kindergarten besuchte, verhungerten von 100.000 Menschen jedes Jahr fast 50. Heute alle zwei Jahre einer.[2] Ein Rückgang um 99 Prozent. Damals lebten noch rund zwei Drittel der Menschen in absoluter, existenzieller Armut. Heute sind es weniger als zehn Prozent.[3] In den 1960er Jahren war die Anwendung der Todesstrafe die globale Normalität. Nur eine Handvoll Länder verzichtete darauf. Heute sind es 141, mehr als zwei Drittel aller Staaten.[4]

In Deutschland war der Lebensstandard in den 1960er Jahren bereits auf einem hohen Niveau. Dennoch vollzog sich der Fortschritt auch hier in großen Sprüngen: Als ich eingeschult wurde, arbeiteten unsere Väter pro Jahr 800 Stunden mehr als wir heute. Die Arbeitszeitverkürzung entspricht mehr als der Hälfte unseres aktuellen Jahrespensums.[5] Hätte meine Mutter arbeiten wollen, sie hätte meinen Vater um Erlaubnis fragen müssen. Der hätte sie zudem ungestraft zur Erledigung ihrer »ehelichen Pflichten« zwingen können. Vergewaltigung in der Ehe ist erst seit 1997 strafbar. Während meiner Schulzeit war das Wasser im Rhein, im Main oder in der Elbe eine bunt schillernde Giftbrühe. Heute schwimmen dort Lachse. Als junger Erwachsener fürchtete ich mich vor dem Waldsterben. Das war keine Erfindung, sondern hatte tatsächlich bereits begonnen. Doch es konnte gestoppt werden und der Wald ist seitdem in ganz Deutschland enorm gewachsen. Die hinzugekommene Fläche ist doppelt so groß wie der Schwarzwald.[6] Anfang der 1990er Jahre musste ich als junger Journalist noch häufig über Morde berichten. Ihre Zahl hat sich seit der Wiedervereinigung um zwei Drittel reduziert.[7] Das Thema

Massenarbeitslosigkeit hat mich mein gesamtes journalistisches Leben begleitet. Anfang 2018 schrieb ich den ersten großen Artikel über das Gegenteil: Arbeitskräftemangel.

Die zahlreichen Entwicklungsschübe in allen Bereichen geschehen nicht zufällig alle zur selben Zeit. Sie verstärken sich gegenseitig: So setzt etwa der dramatische Rückgang an Gewalt und kriegerischen Auseinandersetzungen Energien frei für die Steigerung des Wohlstandes. Das ermöglicht Investitionen in Bildung, Forschung und Medizin. Verbesserungen bei der Bildung und höherer Lebensstandard bewirken in aller Regel einen Rückgang bei der Kriminalität. Was wieder den Wohlstand steigert. Der Kreis schließt sich. Das Zusammenwirken der vielen Errungenschaften hat eine Aufwärtsspirale in Gang gesetzt. Alle Entwicklungen zusammen bewirken in der Summe eine positive Umwälzung, deren Dimension größer ist als zu allen anderen Zeiten. Dies ist die beste Phase in der Geschichte des Homo sapiens.

Aber es fühlt sich überhaupt nicht so an. Die gefühlte Wirklichkeit wird bestimmt von Krisen, Katastrophen und Kriegen. Viele der apokalyptischen Erzählungen, die den Nachrichtenstrom steuern, sind maßlos überzeichnet, wie etwa die Schwierigkeiten bei der Aufnahme der Flüchtlinge. Manche sind schlicht unwahr, wie die angeblich gestiegene Gefahr, Opfer von Kriminalität zu werden. Doch einige Befürchtungen sind tatsächlich berechtigt. Trotz der prinzipiell positiven Entwicklung sind längst nicht alle Probleme gelöst. Während ich diese Zeilen schreibe, untersuchen Experten der UN die neuesten Giftgasangriffe in Syrien. Erst vor wenigen Tagen habe ich für einen Artikel Zahlen recherchiert, wonach die globale Produktion von Müll sechsmal schneller wächst als die Weltbevölkerung. Der Klimawandel bleibt eine existenzielle und ungelöste Bedrohung der Menschheit. Und von dem gestiegenen Reichtum profitieren zwar alle, die Reichsten jedoch unverhältnismäßig mehr als der Rest. Die obszöne Ungerechtigkeit, global, aber auch in Deutschland, ist die düstere Wolke, die einen Schatten über die insgesamt strahlende Bilanz wirft. Die frohen Botschaften sind also kein Grund zur Entwarnung.

Dennoch beweisen sie eindrucksvoll, dass die Gesellschaften der Welt in der Lage sind, selbst größte Schwierigkeit zu bewältigen. Lange Zeit galten Forderungen nach einer Abrüstung von Atomraketen, nach einer massiven Reduzierung von ozonzerstörenden Substanzen oder nach der Gleichstellung homosexueller Paare als weltfremde Illusionen. Solche Ziele schienen ähnlich unerreichbar wie heute die Beschränkung der Erderwärmung auf zwei Grad. Doch aus Illusionen wurde Realität: Drei Viertel aller Atomsprengköpfe sind vernichtet. Die Verwendung von Substanzen, die die Ozonschicht angreifen, wurde um über 98 Prozent reduziert.[8] Das Ozonloch schließt sich wieder. Und 2017 hat der Bundestag fast mit Zweidrittelmehrheit die Einführung der gleichgeschlechtlichen Ehe beschlossen. Das sind Ergebnisse von jahrelanger beharrlicher Arbeit. Und sie zeigen: Engagement lohnt sich.

Wenn über positive Veränderungen gesprochen oder berichtet wird, dann in aller Regel als Kuriosum, als leuchtende Ausnahme von der überwiegend düsteren Wirklichkeit. Gerne mit der Ankündigungsfloskel: Es ist ja nicht alles schlechter geworden. Doch das Gegenteil ist richtig. Epochale Fortschritte sind nicht die Ausnahme, sie sind das Kennzeichen unserer Epoche. Diese Erkenntnis ist im Bewusstsein der meisten Menschen nicht angekommen. Während sich die Lebenswirklichkeit in den vergangenen Jahrzehnten enorm verbesserte, haben die Gesellschaften ihre Sinnesorgane für das Aufspüren von Defiziten trainiert. Die Wahrnehmung der anderen Seite ist dabei weitgehend verkümmert. Dieses Buch will zu einem Perspektivwechsel beitragen, zu einem vollständigeren Blick auf die Wirklichkeit.

Bislang wurde die positive Seite in der öffentlichen Debatte weitgehend ignoriert. Doch nun erscheinen beinahe zeitgleich mit diesem Buch gleich zwei Werke renommierter Wissenschaftler, die sich mit dem beschäftigen, was Hans Rosling die »stillen

Wunder des menschlichen Fortschritts« nennt: *Factfulness* von Hans Rosling, der bis zu seinem Tod 2017 als Professor für internationale Gesundheit in Stockholm lehrte.[9] Der Harvard-Professor Steven Pinker ist der Autor von *Aufklärung jetzt*.[10] Beide haben über viele Jahre zu diesem Thema geforscht und publiziert, jeweils unterstützt von einem Team von Wissenschaftlern. Pinker und Rosling sind die bekanntesten Namen eines globalen Netzwerkes von Forschern und Institutionen, das sich auf diese lange vernachlässigte Perspektive der Aufklärung konzentriert. Inzwischen wurde ein echter Schatz an Daten und Fakten zusammengetragen. Vieles davon ist auf Internetseiten wie ourworldindata.org oder gapminder.org auch für Laien anschaulich aufgearbeitet. Vor allem was die internationale Entwicklung angeht, hat mein Buch Hans Rosling, Steven Pinker und den Wissenschaftlern, mit denen sie zusammenarbeiten, viel zu verdanken: Anregungen, Einsichten, vor allem aber verlässliche, nachprüfbare Daten.

Der zweite Teil des Buches beschäftigt sich mit einer Frage, die sich zwangsläufig nach der überwältigend positiven Bilanz aufdrängt: Wenn die Fortschritte so eindeutig und so unübersehbar sind, warum ist die große Mehrheit der Menschen dann so blind dafür?

Einen Teil der Antwort gibt die Evolution. Der Homo sapiens ist ein Fluchttier, dessen Gehirn selbst kleinste Anzeichen von Gefahr erheblich besser und schneller verarbeitet als alle anderen Informationen. Menschen scannen ihre Umwelt pausenlos nach möglichen Bedrohungen, sogar im Schlaf.

Die zweite Erklärung für die Erfolgsblindheit liegt im Wesen meines Berufes. Ich bin ein Journalist. Das Handwerk meines Berufsstandes orientiert sich exakt an den Mechanismen, die in unserem Erbgut für das Erregen von Aufmerksamkeit angelegt sind: Schlechte Nachrichten, Warnungen und Alarm sind die wichtigste Ware des Nachrichtengewerbes. Mit der steigenden Medienzeit wächst automatisch auch die Bedeutung von

Journalisten für die Wahrnehmung und Beurteilung der Wirklichkeit. Seit den 1960er Jahren hat sich die Zeit, die Menschen in Deutschland mit Medien verbringen, verdreifacht, auf fast zehn Stunden täglich.[11] Der moderne Mensch sieht seine Umwelt immer stärker durch die mediale Brille.

Fast die gesamte Wachphase des Tages, vom Radiowecker bis zum letzten Checken der Push-Nachrichten auf der Bettkante, werden die Medienkonsumenten bombardiert mit Horrormeldungen über Anschläge, Firmenpleiten, Morde, Hunger, Naturkatastrophen und Auseinandersetzungen aller Art. Jede Meldung ist für sich wahr und berichtenswert. Doch zusammen erzeugen die vielen richtigen Nachrichten ein falsches Bild: Alles wird schlimmer. So war beispielsweise in den 70er Jahren die Wahrscheinlichkeit für einen Erdenbürger, bei kriegerischen Kampfhandlungen getötet zu werden, achtmal höher als für uns heute.[12] Damals wurde erheblich mehr getötet, heute wird erheblich mehr darüber berichtet.

Reporter sind auf das Aufspüren von Skandalen und Fehlentwicklungen jeder Art spezialisiert. Das ist kein Merkmal der Boulevardpresse allein. Insbesondere der Qualitätsjournalismus sieht sich als kritischen Journalismus. Seine Aufgabe ist es nicht, die Herrschenden zu loben, sondern zu kontrollieren, ihre Fehler aufzudecken und den Finger in die Wunde zu legen. Mit dieser Methode wurde der Journalismus zu einem kraftvollen Motor des Erfolges. Die fantastischen Fortschritte, von denen dieses Buch handelt, wären ohne kritische Berichterstattung nicht möglich gewesen. Denn die unabhängigen Suchtrupps, die jedem Missstand nachjagen, haben das Gemeinwesen erst in die Lage versetzt, aus Fehlern zu lernen.

Eine Mediengesellschaft, die sich 24/7 mit dem Misslingen beschäftigt, verliert zunehmend die andere Dimension der Wirklichkeit aus den Augen: das Gelingen. Um die Herausforderungen der Zukunft bewältigen zu können, müssen die Gesellschaften nun auch lernen, aus ihren Erfolgen zu lernen.

Funk, Fernsehen und Zeitungen schieben aufgrund ihrer Arbeitsweise prinzipiell Fehler und Gefahren besonders in den Vordergrund. Der Vorwurf »Lügenpresse« unterstellt indes das exakte Gegenteil: Die »Systemmedien«, wie sie von besorgten Bürgern und der AfD genannt werden, unterdrücken angeblich die »ganze Wahrheit«, indem sie Probleme absichtlich verschweigen und die tatsächliche Situation des Landes systematisch beschönigen.

Nicht nur in Deutschland, in zahlreichen Demokratien steht das Erfolgsmodell der unabhängigen Berichterstattung unter Druck. Der organisierte Rechtspopulismus attackiert nicht nur die Medien, sondern nahezu alle Methoden, die den Fortschritt der vergangenen Jahrzehnte ermöglicht haben: freier Handel, die Zusammenarbeit in multilateralen Organisationen wie der EU, der Nato oder der UN, die Parlamentarische Demokratie mit starken Rechten für die Opposition sowie jede Form von Expertentum. Die Einschätzung von Fachleuten wird beinahe prinzipiell angezweifelt. Denn immer wieder zeigt sich: Wer sich über lange Zeit systematisch und nach wissenschaftlichen Grundsätzen mit einem Thema beschäftigt, bewertet Entwicklungen regelmäßig positiver als »Volkes Stimme«. Kompetenz macht optimistisch. Inkompetenz ist der Partner des Pessimismus.

Beim Schwarzmalen sind sich zwei eigentlich gegensätzliche Bewegungen verblüffend nahe: die »linksgrünversiffte« *no future generation*, die auf dem Erkenntnisstand der 70er Jahre und ihrem inzwischen alten Testament, *Die Grenzen des Wachstums*, stehen geblieben ist. Ihre prinzipiell hoffnungslose Haltung ähnelt dem konsequenten Leugnen aller Fakten der rechtsnationalen Populisten. Auf dem ganzen Globus sind populistische Bewegungen auf dem Siegeszug. Trotz aller Unterschiede verkünden die Führer dieser internationalen Unfreiheitsbewegung eine gemeinsame Hiobsbotschaft: Die Welt steht am Abgrund. Es ist die Mutter aller Fake News.

Dieser populistischen Herausforderung widmet sich der dritte

Teil dieses Buches. Denn es zeigt sich: Die Erfolge, die hier geschildert werden, sind gewaltig, sie sind nachgewiesen, aber sie sind nicht selbstverständlich. Vor allem aber: Sie sind nicht unumkehrbar. In einigen Ländern wurde der Rückwärtsgang bereits eingelegt: Großbritannien verlässt die EU. In den USA, in Ungarn, Polen und der Türkei haben die Wähler sich für nationalistische und despotische Regierungschefs entschieden.

Wie in anderen Ländern, so wird auch in Deutschland deutlich: Die Anhänger der Populisten entsprechen nicht dem Klischee vom abgehängten Empfänger von Sozialleistungen. Es ist vor allem ein Merkmal, das auch in Deutschland die AfD-Wähler, die Pegida-Marschierer und die »besorgten Bürger« eint: apokalyptischer Pessimismus. Das ist der große gemeinsame Nenner aller Populisten. Egal, ob es um Kriminalität geht, die Aufnahme von Flüchtlingen, die wirtschaftliche Entwicklung, die Altersversorgung oder die Gefahr eines Krieges – für die Insassen der rechten Echokammer steht die Katastrophe stets unmittelbar bevor.

Die neue Spaltung der Gesellschaft, die von nun an die politische Auseinandersetzung dominiert, verläuft nicht mehr zwischen Arm und Reich, nicht zwischen rechts und links, nicht zwischen oben und unten. Gegenüber stehen sich auf der einen Seite die prinzipiell Zufriedenen, die den Fortschritt der vergangenen Jahre erkennen. Sie wollen die Gesellschaften auf dem eingeschlagenen Weg weiterentwickeln. Auf der anderen Seite sind die prinzipiell Unzufriedenen, die alle Erfolge leugnen. Sie wollen eine radikale Kursänderung. Wohin, ist meist nicht klar und auch nicht wichtig. Hauptsache, woandershin. Die zentrale Frage, an der sich Geist und Ungeist scheiden, ist also die Haltung zu den Errungenschaften der vergangenen Jahrzehnte. Das macht die frohe Botschaft zur politischsten Botschaft unserer Zeit.

Im Wettbewerb um Aufmerksamkeit hat die Apokalypse erhebliche Startvorteile. Schon die klassischen Medien sind auf Kritik und das Veröffentlichen von tatsächlichen Missständen spezialisiert. Die entscheidende Neuerung, der *game changer*, sind jedoch die sozialen Medien. Ohne diese hochwirksamen Angstmaschinen wären die rasante Ausbreitung des Irrglaubens und die Wahlerfolge autoritärer Despoten nicht möglich gewesen. Sie sind wie geschaffen für die Verbreitung apokalyptischer Botschaften, denn in sozialen Medien ist Wahrheit keine relevante Kategorie. Ob vermeintliche Informationen korrekt sind, ob ihr Inhalt nachprüfbar ist oder wer die Quelle ist, spielt bei Facebook keine Rolle. Es gibt nur ein Erfolgskriterium: die Zahl der Klicks.

Inzwischen sind die Erkenntnisse insbesondere zu den Vorlieben der Facebook-User eindeutig: Je schriller eine Meldung, je beängstigender, empörender und hasserfüllter sie ist, umso häufiger wird sie geklickt. Die Kollegen des *Spiegel* haben sich die Mühe gemacht und 450 besonders häufig geklickte Meldungen über angebliche Sexualstraftaten von Flüchtlingen nachrecherchiert, die auf populären Facebook-Seiten rechter Gruppen verbreitet wurden. Nur in 26 Fällen gab es zumindest die Tat und dazu einen tatverdächtigen Flüchtling.[13] In den sozialen Medien wird die tatsächliche Wahrheit durch die gefühlte Wahrheit abgelöst.

Die Auseinandersetzung mit dem Populismus kann nur mit den althergebrachten Methoden der Aufklärung geführt werden. Darum nennt Steven Pinker sein Buch *Aufklärung jetzt*. Mehr als je sind die echten, nachprüfbaren Fakten die schärfste Waffe gegen die pessimistische Bedrohung. Denn ihre heilsame Wirkung ist weitaus stärker als die Hypochondrie, die von den alternativen Fakten verursacht wird. Wem das Ausmaß der positiven Umwälzungen der jüngsten Vergangenheit bewusst ist, wer erkannt hat, dass sich fast alle Bereiche des Lebens erheblich verbessert haben, wie Fehlentwicklungen umgekehrt wurden, wie ewige Geißeln der Menschheit besiegt werden konnten, der ist immun gegen den Irrglauben der Schwarzmaler.

Die frohe Botschaft ist die Antwort auf den Populismus.

I

Die großen Erfolge

In der Aufwärtsspirale

Es steht nicht gut um die Menschheit. Aber besser als jemals zuvor.

Vor 300.000 Jahren begann der Homo sapiens, die Erde zu bevölkern. Über 100 Milliarden Menschen wurden seitdem auf dem Planeten geboren. Ihr Leben war meist kurz und schmerzhaft, geprägt von Hunger, Unterdrückung, Krankheit, Armut und Gewalt. Keine dieser Plagen hat die Menschheit bis heute besiegt. Aber alle erheblich verringert. Fast durch die gesamte Geschichte waren Entbehrung und Qual bestimmend für den Alltag von über 90 Prozent unserer Vorfahren. Heute sind wir auf dem besten Weg, das Verhältnis umzukehren. Von den gewaltigen Verbesserungen der Lebensumstände in sämtlichen Kategorien profitiert nicht nur jene kleine, elitäre Gruppe von Europäern oder Nordamerikanern, sondern die große Mehrheit der Weltbevölkerung.

Immer wieder gab es in unserer Geschichte Entwicklungsschübe, in denen die großen Geißeln der Menschheit zurückgedrängt werden konnten. Eine solche Epoche des Erfolges erlebt unsere Spezies auch jetzt, in unserer Zeit. Und was für eine! Wir sind Zeugen und zugleich Akteure eines wahren Quantensprungs bei der Verbesserung der Lebensumstände. Nahezu alle Kurven zeigen steil nach oben. Die positiven Entwicklungen sind umfassender als in allen bisherigen Perioden. Die Dimension des Fortschritts, den die Menschheit allein in den vergangenen fünf Jahrzehnten erreicht hat, ist größer als der Fortschritt in ihrer gesamten Historie zuvor. Wir erleben die beste Phase in 300.000 Jahren Homo sapiens.

Noch nie waren die Menschen so gesund. Noch nie war die medizinische Versorgung besser. Noch nie verfügten Menschen über so wirksame Medikamente. Noch nie war das Essen gesünder. Noch nie war die Gefahr so gering, von Mitmenschen umgebracht zu werden. Noch nie genossen die Menschen solche Freiheiten zur persönlichen Entfaltung. Noch nie konnten so viele Bürger ihre Regierungen in demokratischen Wahlen selbst bestimmen. Noch nie verzichteten so viele Staaten auf die Anwendung der Todesstrafe. Noch nie waren die Menschen besser informiert, noch nie besser gebildet und noch nie war der Anteil von Analphabeten so gering. Noch nie waren Reichtum und Wohlstand größer und gleichzeitig der Anteil der Menschen in absoluter Armut so niedrig. Und noch nie in ihrer Geschichte lebten die Menschen so lange. 71 Jahre beträgt die durchschnittliche Lebenserwartung eines Erdenbürgers. Der steilste jemals gemessene Anstieg der Lebenserwartung ereignete sich erst kürzlich, in diesem Jahrtausend in Afrika.[1]

Mit jeder einzelnen dieser frohen Botschaften werde ich mich im ersten Teil des Buches genauer beschäftigen. Dabei wird sich herausstellen: Es handelt sich nicht um Meinungen, sondern um nachgewiesene Fakten. Seit gut einem Jahrzehnt arbeiten Wissenschaftler unterschiedlicher Disziplinen daran, historische Quellen so auszuwerten, dass damit Daten aus der Vergangenheit generiert werden können, etwa über Einkommen, Kriminalitätsraten, Lebenserwartungen oder Versorgung mit Lebensmitteln. Das ermöglicht datenbasierte Zeitreihen, die weit zurückreichen. Historische Lebensbedingungen können mit denen von heute verglichen werden, nicht nur ungefähr oder prinzipiell, sondern exakt und quantitativ. Dieser analytische Blick in die Vergangenheit ist ein hochwirksames neues Werkzeug der Aufklärung. Es erlaubt uns erstmals die Antwort auf eine der großen Fragen der Menschheit: Haben wir Fortschritte gemacht?

Steven Pinker, Psychologieprofessor in Harvard, hat mit dieser Methode nachgewiesen, dass Krieg und Gewalt immer weiter auf dem Rückzug sind.[2] Die Berechnungen des französischen Ökonomen Thomas Piketty konnten zeigen, dass seit dem 18. Jahrhundert die Vermögenskonzentration stetig zugenommen hat.[3] Inzwischen ist eine weltweite Bewegung aus Forschern unterschiedlicher Disziplinen entstanden, die verfügbare Daten aus den unterschiedlichsten Quellen sammeln, aufarbeiten und auf Webseiten anschaulich darstellen. Stellvertretend möchte ich hier drei Projekte nennen: *HumanProgress*, verantwortet von dem Amerikaner Marian L. Tupy. *Gapminder*, gegründet von dem Schweden Hans Rossling, der im vergangenen Jahr verstorben ist. *Our World in Data*, betrieben von Max Roser, einem jungen, deutschen Ökonomen, der bis vor kurzem am Institute for Economic Thinking der Universität Oxford forschte. Roser postet ständig neue, überraschende Zahlen, Daten und Analysen in anschaulichen Diagrammen. Millionen Interessierte lesen die Beiträge auf seiner Internetseite, Zehntausende folgen ihm auf Twitter. »Mich überrascht selbst, auf wie viel Interesse ich da stoße«, sagte Roser dem Spiegel.[4] Er ist einer der Stars der Szene, die mithilfe von historischen Statistiken die Entwicklungen der Menschheit nachzeichnet.

Die intensive Arbeit mit objektiven Daten und Informationen hatte eine starke Wirkung auf Max Roser: Sie hat ihn zu einem überzeugten Optimisten gemacht. »Die meisten Menschen haben ein übertrieben negatives Weltbild«, sagt Roser. »Die Lebensbedingungen werden immer besser.«

Im zweiten Teil dieses Buches werde ich ausführlich darauf eingehen, wie die Massenmedien mit den großen, oft sensationellen Fortschritten umgehen: Sie ignorieren sie weitgehend. In den »Qualitätsmedien« wird zumindest hin und wieder auch über einzelne positive Entwicklungen berichtet. In der Kolumne »Früher war alles schlechter«, der dieses Buch viele Anregungen verdankt, stellt etwa der *Spiegel* jede Woche ein konkretes Beispiel des Fortschritts vor.[5] Präsentiert werden Sensationen, wie die Reduzierung der Malariatoten um 60 Prozent seit 2000, genauso wie weniger relevante Fakten wie der Rückgang des Bierkonsums der Deutschen seit 1991 um etwa ein Drittel. Die vereinzelten Positiv-Meldungen in deutschen Medien erzeugen beim Publikum ein kurzes, wohliges Gefühl: Ist ja doch nicht alles schlecht. Verglichen mit dem Dauerbombardement an Meldungen über Katastrophen, Kriege, Leid und Elend haben sie jedoch keinen prägenden Einfluss auf das Bild, dass sich die Menschen von der Lage der Welt machen. Sie wirken wie eine kleine Insel in einem Ozean des Grauens. Ein Kuriosum. Die Ausnahme von der Regel. Doch exakt das Gegenteil ist richtig: Fortschritt ist nicht die Ausnahme, sondern die Regel. Nahezu alle Parameter haben sich messbar gebessert. Die Lösung eines Problems, die Linderung eines Mangels, die Verbesserung von Lebenssituationen sind nicht lediglich kleine Lichtlein in einer düsteren Zeit. Sie sind das prägende Merkmal einer leuchtend hellen Epoche.

Die vielen fundamentalen Besserungen in den unterschiedlichen Bereichen geschehen nicht zufällig alle zur selben Zeit. Sie verlaufen nicht parallel zueinander, sondern beeinflussen und verstärken einander gegenseitig. Bessere Bildung hat einen positiven Effekt auf den Wohlstand. Beides bewirkt einen Rückgang an Gewalt, was wiederum das Wirtschaftswachstum befördert. Auch die steigende Qualität der medizinischen Versorgung beeinflusst die Wirtschaft positiv. Die zusätzlichen Mittel ermöglichen mehr Investitionen in den Sozialstaat, deren Folge weniger Kriminalität ist. Und mehr Investitionen in wissenschaftliche Forschung, mit deren Ergebnissen weitere Probleme gelöst werden können. Man kann das Spiel beinahe endlos fortsetzen.

Der entgegengesetzte Verlauf ist uns allen bekannt: Mehrere negative Entwicklungen können eine Abwärtsspirale auslösen. In den zurückliegenden Jahrzehnten ist es der Menschheit gelungen, eine Bewegung in die andere Richtung zu bewirken. Die Welt befindet sich in einer Aufwärtsspirale.

Probleme gelöst, den Menschen geht's gold, läuft bei uns.

Ganz so einfach ist es nicht. Die Tatsache, dass die Kurven nach oben gedreht werden konnten, ist kein Grund zur Entwarnung. Krieg und Terror, Armut und die unerträglich ungerechte Verteilung des Reichtums bleiben ungelöste Aufgaben. Relativ neu hinzugekommen sind auf der unendlich langen To-do-Liste der Menschheit das Insektensterben oder Inseln aus Plastikmüll in den Ozeanen. Der Klimawandel beschleunigt sich und bleibt eine existenzielle Bedrohung der gesamten Menschheit, für die sie inzwischen bestenfalls ein Bewusstsein entwickelt hat. Ob die notwendigen Maßnahmen rechtzeitig umgesetzt werden, erscheint weiterhin fraglich. Deutschland konnte seine CO_2-Emissionen seit 1990 zwar um mehr als ein Viertel senken, doch selbst das einstige ökologische Vorzeigeland wird sein angestrebtes Ziel, eine Reduzierung um 40 Prozent bis 2020, nicht erreichen.[6] Erfolge beim Umgang mit Problemen in der Vergangenheit dürfen nicht bedeuten, die Herausforderungen der Zukunft zu ignorieren oder ihre Bedeutung kleinzureden. Um die kommenden Schwierigkeiten bewältigen zu können, reicht Konzentration auf die kommenden Probleme allein nicht aus. Notwendig ist eine vollständige Analyse des bisherigen Verlaufs. Und zu einem kompletten Bild gehört die Beachtung der bisherigen, großen Erfolge zwingend dazu.

Der weltweite Hunger ist ein Thema, bei dem ein Blick in die Vergangenheit zur Beurteilung der Lage dazugehört. Die aktuelle Situation: Noch immer müssen mehr als 800 Millionen Menschen hungern. Wegen der Kriege im Jemen und im Süd-Sudan ist ihre Zahl im vergangenen Jahr sogar wieder gewachsen, nach Jahrzehnten des stetigen und deutlichen Rückgangs. Amartya Sen, der aus Indien stammende Harvard-Professor für Wirtschaft und Philosophie, wurde für seine Wohlfahrtstheorie 1998 mit dem Wirtschaftsnobelpreis ausgezeichnet. Sen hat in seiner Forschung nachgewiesen, dass Missernten und Naturkatastrophen nur dann zu echten Hungersnöten werden, wenn Kriege oder das Missmanagement diktatorischer oder feudalistischer Regime hinzukommen. In Demokratien, so Sen, gibt es keine Hungersnot. Die *checks and balances* einer funktionierenden Demokratie – freie Wahlen, freie Medien und freier Markt – wenden zumindest das Schlimmste rechtzeitig ab. Amartya Sens Forschungsergebnisse sind eine Anklage an uns alle. Der Hunger der 800 Millionen Menschen ist kein Schicksal. Schuld daran ist das Versagen der Weltgemeinschaft.

Und dennoch steckt im Thema Hunger eine frohe Botschaft. In den zurückliegenden Jahrzehnten war der Kampf gegen den Nahrungsmangel ausgesprochen erfolgreich. In den 1960er Jahren starben von 100.000 Erdenbürgern jedes Jahr rund 50 bei Hungersnöten. 2016 war es weniger als einer.[7] Als Kind schockierten mich die Fotos im stern von abgemagerten Kindern mit aufgeblähten Bäuchen.[8] »Die verhungernden Kinder von Biafra«, stand auf dem Titel. Die Bilder der »Biafra-Kinder« haben viele noch heute vor Augen. Sie gehören zum optischen Gedächtnis einer ganzen Generation. Auch heute gibt es noch immer solche Hungerkatastrophen. Doch sie sind bedeutend seltener geworden. Seit dem Ende des Biafra-Krieges 1970 registrieren Wissenschaftler einen Rückgang der Menschen, die verhungern, um das 26-Fache.

Auch die Kindersterblichkeit wurde in der jüngeren Vergangenheit erfolgreich bekämpft. 1990 starben 12,6 Millionen Kinder, bevor sie das fünfte Lebensjahr erreichten. Obwohl heute insgesamt mehr Kinder geboren werden, hat sich 2016 die Zahl der gestorbenen Kinder mit 5,6 Millionen mehr als halbiert.[9] In den Ländern mit hoher Kindersterblichkeit ist die Ursache stets eng verknüpft mit Mangelernährung. Der Rückgang der Kindersterblichkeit ist daher gleichzeitig auch ein Erfolg der Bemühungen gegen den Hunger.

Hunger ist nicht immer tödlich, aber immer unerträglich. Die nicht tödlich verlaufende Unterernährung wurde in den vergangenen Jahren ebenfalls wirksam bekämpft. Allein seit 1991 hat sich der Anteil der Menschen, die nicht genug zu essen haben, um 40 Prozent reduziert, in den Sub-Sahara-Staaten sogar halbiert.

Die Vereinten Nationen hatten sich zum Ziel gesetzt, den Hunger bis zum Jahr 2030 vollständig zu beseitigen. Der Rückschlag in den Jahren 2016 und 2017 im Jemen und im Süd-Sudan wird das Erreichen dieses ehrgeizigen Ziels vermutlich verschieben. Aber nicht aufhalten. Die Verzögerung ändert nichts daran, dass die Menschheit erstmals kurz davor steht, einen ihrer größten Träume zu verwirklichen: den Sieg über den Hunger.

Diese Zahlen widersprechen allem, was ich noch in der Schule als feste, unumstößliche Wahrheit gelernt habe. Alle Hoffnungen auf eine glückliche Zukunft der Gattung Mensch endeten im Geografie-Unterricht, irgendwann in den 70er Jahren. Mit meinem Schulfreund Johannes arbeitete ich über Wochen an einem Referat über *Die Grenzen des Wachstums*[10], den ersten Bericht an den Club of Rome. Die klügsten Wissenschaftler und die damals leistungsfähigsten Computer hatten einen Bericht zur Lage der Menschheit verfasst. Im Hobbyraum zuhause bei Johannes versuchten wir die Kernaussagen des Werkes zu verstehen. Besonders einleuchtend war die Abbildung 10 auf Seite 40. Die Kurven brannten sich fest in mein Bewusstsein ein. Sie zeigten, wie viel landwirtschaftliche Nutzfläche benötigt wird, um genug Nahrung für alle Menschen zu produzieren. Der Bedarf wuchs rapide, parallel zur Bevölkerungsexplosion. Im Jahr 2000 schnitten sich die Kurven von Bedarf und Angebot. Selbst bei gerechter Verteilung war es danach nicht mehr möglich, dass Mutter Erde alle Menschen ernähren könnte. Neben dieser Linie hatten die Wissenschaftler die Kurve der absoluten Hoffnungslosigkeit eingezeichnet. Sie zeigte den Verlauf des Problems, falls es gelänge, die Produktivität pro Quadratmeter Nutzfläche zu verdoppeln. In diesem als unwahrscheinlich eingestuften Fall käme das wirklich definitive Ende der Ernährbarkeit der Weltbevölkerung ungefähr im Jahr 2020, also heute.

Die weltweite Hungersnot ist nicht eingetreten, obwohl die Verteilung der Ressourcen nicht gerechter wurde. Inzwischen sind die Vorhersagen von Wissenschaftlern beim Jahr 2050 angekommen. Bis dahin leben vermutlich neun Milliarden Menschen auf dem Planeten. Bei gerechter Verteilung werden auch dann noch alle satt.[11] Die Fortschritte in der Nahrungsmittelproduktion konnten selbst die optimistischen Prognosen bislang stets übertreffen. Das Fachmagazin *Nature Communications* überraschte jüngst sogar mit der Meldung: Wenn die Menschen weniger Fleisch essen, kann die Weltbevölkerung künftig sogar vollständig allein von der Bio-Landwirtschaft ernährt werden.[12]

Die Wissenschaftler des Club of Rome hatten 1972 auch ausgerechnet, dass die Rohstoff-Reserven in wenigen Jahrzehnten aufgebraucht sein würden und die Umweltverschmutzung alle Lebensgrundlagen zerstören wird. Die Botschaft war erschütternd, die Argumentation gnadenlos überzeugend: Das Ende ist nah, kein Ausweg in Sicht. Wir waren noch keine 16 und schon war unsere Zukunft so gut wie vorbei. Wir nannten uns *no future generation.*

Der Bericht an den Club of Rome wurde in 30 Sprachen übersetzt und 30 Millionen Mal verkauft. Er stand im Lehrplan ganzer Schülergenerationen, beeinflusste die besten Wissenschaftler und gab die Blickrichtung vor für alle kritischen Journalisten, ernsthaften Politiker und informierten Bürger. Knapp ein Jahrzehnt später, 1981, erschien die Studie *Global 2000*, die der US-Präsident Jimmy Carter in Auftrag gegeben hatte. Die Babyboomer pilgerten geschlossen in die alternativen Zweitausendeins-Läden, um sich ein Exemplar des beinahe 1500-Seiten-Werkes zu sichern. *So laßt uns denn ein Apfelbäumchen pflanzen. Es ist soweit* war der Titel des 1985 meistverkauften Sachbuches. Der Arzt und bekannte Fernsehjournalist Hoimar von Ditfurth stimmte die Gesellschaft auf das Ende der Menschheit ein. Schon im Klappentext hieß es: »Atomare Hochrüstung, zunehmende Zerstörung unserer Umwelt und die exponentielle Vermehrung der

Weltbevölkerung bedrohen das Überleben unserer Art. Gleichzeitig ist die Unfähigkeit der menschlichen Gesellschaft offenkundig, das eigene Verhalten als Ursache der Bedrohung zu erkennen und einen Kurswechsel zu vollziehen. Deshalb besteht die reale Gefahr, daß die Menschheit schon in absehbarer Zeit zu jenen Hunderttausenden von Arten zählen könnte, die aussterben mußten, weil sie sich den veränderten Lebensbedingungen nicht anzupassen vermochten.«[13] Die Apokalypse eroberte einen Ehrenplatz in unseren Bücherregalen. Sie wurde zu einer festen Konstante im Denken einer Generation. Pessimismus entwickelte sich zur Grundhaltung gerade der aufgeklärten Teile der Gesellschaft.

Ausgerechnet zu einer Zeit, als alle wichtigen Entwicklungskurven nach oben zeigten, entstand der Pessimismusreflex. Sämtliche Themen werden seitdem zuerst auf negative und bedrohliche Aspekte gescannt. Irgendwo muss immer ein Haken sein. Wenn wir ihn nicht finden, haben wir nur nicht gründlich genug gesucht. Seit den 70er Jahren gilt: Wer über positive Entwicklungen spricht, gilt als naiv, zynisch oder gekauft. Die Warnung vor einer bevorstehenden Apokalypse ist hingegen weise, Ausdruck eines fundierten, ernsthaften Verantwortungsbewusstseins. Diese religionsartige Überzeugung ist nur eine von vielen Ursachen, die es uns schwer machen, die spektakulären Verbesserungen in nahezu allen messbaren Kategorien angemessen wahrzunehmen. Mit den Gründen für diese Teilblindheit werde ich mich im Teil II des Buches ausführlich beschäftigen. An dieser Stelle ist es jedoch wichtig, das Prinzip zu erklären, zu zeigen, wie weit die gefühlten Wahrheiten in weiten Teilen der Gesellschaft die messbaren Wahrheiten verfehlen.

In den 1990er Jahren stellte der schwedische Medizinprofessor Hans Rossling bei seinen Studenten erhebliche Wissenslücken fest. Sie schätzten die globalen Entwicklungen durchweg als zu negativ ein. Daraufhin entwickelte Rossling den »Ignorance Test Survey«.[14] Inzwischen wurde aufgrund dieses Tests in vielen westlichen Ländern die Ignoranz gemessen, auch in Deutschland.[15] In Rosslings Fragenkatalog wird etwa gefragt, wie hoch weltweit der Anteil der Menschen ist, die lesen und schreiben können: 40, 60 oder 80 Prozent? Richtig waren damals 80 Prozent.[16] Fast drei Viertel der Deutschen schätzten die Lage zu negativ ein. Wie hoch ist weltweit der Anteil der einjährigen Kinder, die gegen Masern geimpft sind? 20, 50 oder 80 Prozent? Diesmal gibt nur jeder Zehnte die richtige Antwort: 80 Prozent.[17] Und wie hat sich seit 1970 die Zahl der Todesopfer von Naturkatastrophen verändert? Verdoppelt, gleich geblieben, halbiert? Gerade mal sechs Prozent der Befragten tippen richtig: halbiert. Nach dem Vorbild Hans Rosslings haben viele Forschungsinstitute auf der ganzen Welt die Fehlwahrnehmungen der Menschen nachgewiesen. Besonders negativ ist die Einschätzung, wenn es um die Gesamtsituation geht, die Frage, ob die Welt sich insgesamt zum Besseren entwickelt hat. In China bewerten 41 Prozent die Entwicklung positiv, in Schweden sind es zehn Prozent, in Deutschland nur vier.[18]

Bei keinem Thema gehen gefühlte Wahrheit und gemessene Wirklichkeit so weit auseinander wie bei Gewalt, Krieg und Kriminalität. Der Einschätzung von Sicherheit und Gefahr gebührt die Krone der Ignoranz.

Noch nie so sicher

»Als alle Menschen frei und gleich waren, war niemand vor dem anderen sicher. Das Leben war kurz, die Angst grenzenlos. Kein Gesetz bewahrte vor Übergriffen. Jeder misstraute jedem, und jeder musste sich vor jedem schützen. Denn noch der Schwächste war stark genug, den Stärksten zu verletzen, zu töten, durch eine Hinterlist oder eine Absprache mit einem Dritten.«[19] So beschreibt der Soziologe Wolfgang Sofsky die Ursprungsversion menschlichen Lebens, die heute viele Zeitgenossen romantisch verklären:

Die natürliche, unverfälschte Existenz, als der Mensch noch echt war und gut, unverdorben durch die Zwänge der modernen Welt. In dieser schlechten alten Zeit war jede Sekunde des Daseins lebensgefährlich, aber authentisch, immerhin. Um der Bedrohung durch die Brutalität des Nächsten zu entgehen, schlossen die Menschen sich zusammen, zum Schutz vor den naturtrüben Exemplaren ihrer Gattung. Diese Schutzbündnisse waren der Ausgangspunkt jeder Zivilisation und sind seit jeher ihr vortriebsstärkster Motor. Für uns heute ist der Umgang mit Gewalt die Messlatte, an der wir den zivilisatorischen Zustand von Gesellschaften ablesen, sowohl historisch als auch in unserer Zeit.

Und bei diesem aufschlussreichen Kriterium schneidet die Menschheit aktuell ausgesprochen gut ab. »Ob Sie es glauben oder nicht – und ich weiß, dass die meisten Menschen es nicht glauben: Die Gewalt ist über lange Zeiträume immer weiter zurückgegangen, und heute dürften wir in der friedlichsten Epoche leben, seit unsere Spezies existiert.«[20] So beginnt Steven Pinker sein fulminantes Werk über eine Entwicklung, die er das »Wichtigste, was der Menschheit jemals geschehen ist«, nennt: der massive Rückgang von Gewalt. Für Pinker ist die Geschichte vor allem eine lange Entwicklung des Gewaltverzichts. Auf über 1000 Seiten beschreibt er detailliert, wie unsere Vorfahren ganz allmählich mit weniger Gewalt auskamen. Die Entwicklung war nicht linear, sondern vollzog sich in Schüben. Zuerst dauerte es viele Tausend Jahre, bevor sich spürbare zivilisatorische Verbesserungen durchsetzen konnten. Die nächsten Fortschritte brauchten immerhin noch Jahrhunderte. Seit dem Zweiten Weltkrieg jedoch hat Pinker bereits drei Mal einen grundlegenden Wandel zum Besseren registriert. Die Fortschrittsschübe folgen in immer kürzeren Abständen aufeinander. Der Rückgang der Gewalt beschleunigt sich.

Für das Zurückdrängen der Gewalt war die Entstehung und Weiterentwicklung von Staaten von außerordentlich großer Bedeutung. Königreiche und Feudalstaaten mögen nach unseren heutigen Maßstäben brutale Unrechtsregime darstellen, doch ihre Durchsetzungsmacht befriedete das Zusammenleben der Untertanen und förderte den Zivilisationsprozess. So erlebten beispielsweise die europäischen Gesellschaften zwischen dem Spätmittelalter und dem 20. Jahrhundert einen Rückgang der Mordrate um das 50-Fache. Den Untertanen gelang es immer häufiger, Konflikte untereinander ohne tödliche Gewalt zu lösen. Dafür sorgten die Obrigkeiten mit ihren Machtapparaten. Doch leider waren die Obrigkeiten untereinander nicht friedliebend. Die Herrscher schickten ihre Völker in lang andauernde Kriege. In den großen, geschichtemachenden Schlachten wateten die überlebenden Kämpfer im Blut von Zehntausenden Gefallenen. Die Staaten förderten also beides zugleich: Befriedung sowie die Ausbreitung der Gewalt.

Der lange Frieden

Grundlegend änderte sich das erst in der Folge des Zweiten Weltkrieges und des Holocaust, nachdem Millionen nicht nur bei militärischen Handlungen umgebracht wurden, sondern in einer nach industriellem Vorbild konstruierten Tötungsmaschinerie. Das Erschrecken über den monströsen Massenmord bewirkte tatsächlich ein Umdenken der Gesellschaften und der Staatenlenker. Vor allem aber schlossen sich die Staaten zu festen Bündnissen mit verbindlichen Regelwerken zusammen. Es entstanden die Vereinten Nationen, die Nato, der Warschauer Pakt und die Europäische Union. Die multilaterale Zusammenarbeit erwies sich als wirksame friedenserhaltende Maßnahme. Dieser Erfolgsmethode verdanken wir das, was Pinker den »langen Frieden« nennt. Nach dem Zweiten Weltkrieg führten die Großmächte der Welt keine direkten Kriege mehr gegeneinander. Seit 70 Jahren, seit dem Abwurf der Atombombe über Nagasaki 1945, wurde diese tödlichste aller Waffen nie wieder eingesetzt. Erstmals in der Geschichte hat die Menschheit die militärische Möglichkeit geschaffen, sich selbst vollständig auszulöschen, kollektiven

Selbstmord zu begehen. Das hört sich nicht nach einem Sieg der Friedensliebe an. Erstmals ist es der Menschheit jedoch auch gelungen, über mehrere Generationen auf den Einsatz ihrer schärfsten Waffe zu verzichten. Die Sicherheitsarchitektur hat sich als stabil erwiesen.

In den ersten Jahrzehnten des »langen Friedens« haben sich die Großmächte noch Ventile für ihre Aggressionen gesucht. Sie führten keine direkten Kriege mehr gegeneinander, sondern Stellvertreterkriege unterhalb der Schwelle eines Atomkrieges. Als 1989 die Mauer fiel und in der Folge das kommunistische Weltreich zusammenbrach, sah Francis Fukuyama *Das Ende der Geschichte* gekommen.[21] Der Politikwissenschaftler der Universität Standford vertrat die These, nach dem Scheitern des sozialistischen Modells würden sich Demokratie und Marktwirtschaft nach westlicher Prägung endgültig überall durchsetzen. Stellvertreterkriege seien von nun an überflüssig. Ohne die Konkurrenz der Systeme entfalle der entscheidende Antrieb für militärische Auseinandersetzungen. Damit werde ein stabiler, friedlicher Zustand erreicht.

Fukuyama sollte nicht Recht behalten. Auch nach dem Zusammenbruch des Kommunismus führen die Völker Krieg. Die täglichen Nachrichten vermitteln sogar den Eindruck eines dramatischen Anstiegs von Krieg und Terror. Gerade den gut informierten Zeitungslesern und Nutzern von Qualitätsmedien erscheint die Welt als ein Ort, der immer gefährlicher und kriegerischer wird. Dass Europa seit 70 Jahren von Kriegen weitgehend verschont blieb, stellt sich ihnen als eine glückliche Ausnahme von der globalen Wirklichkeit dar.

Besser gesagt: Wird ihnen so dargestellt. Denn die mediale Wirklichkeit vermittelt ein falsches Bild. Tatsächlich verzichteten Staaten und Völker nach dem Ende des Kalten Krieges weltweit immer häufiger darauf, Konflikte militärisch auszutragen. Nicht nur in Europa. Seit 1989 verzeichnen wir weltweit einen erheblichen Rückgang bewaffneter Konflikte aller Art: Bürgerkrieg,

Terror, Völkermord und auch der klassische Krieg zwischen Staaten. Das hatte eine überaus positive und gleichzeitig beinahe unbekannte Sensation zur Folge: Für heutige Erdenbewohner ist die Wahrscheinlichkeit, bei militärischen Kampfhandlungen getötet zu werden, achtmal geringer als für Menschen, die in den 1970er Jahren lebten.[22]

Mit diesem enormen Tempo des zivilisatorischen Fortschritts konnte unser Bewusstsein nicht mithalten. Wir leben weiterhin in der inzwischen falschen Vorstellung, dass Kriege das Leben und Sterben in weiten Teilen des Globus bestimmen. Wir könnten es besser wissen, denn viele von uns waren Teil einer gesellschaftlichen Bewegung, die zu dieser Befriedung mit beigetragen hat: Die Friedensbewegung brachte in den 70er, 80er und 90er Jahren Millionen Menschen auf die Straßen. Nachdem der Nato-Rat 1979 die Stationierung von 108 Pershing-II-Mittelstreckenraketen in der Bundesrepublik beschlossen hatte, blockierten mehrere Tausend Demonstranten zusammen mit den Prominenten Heinrich Böll, Günter Grass, Petra Kelly und Dieter Hildebrandt das Gelände der US-Armee im schwäbischen Mutlangen. Im Oktober 1983 demonstrierten bundesweit rund 1,3 Millionen Menschen gegen den Nato-Doppelbeschluss. Eine halbe Million allein im Bonner Hofgarten.

Bundeskanzler Helmut Kohl betete zwar weiter sein Mantra – »wir werden dem Druck der Straße nicht nachgeben« –, doch die Friedensbewegung hat die Einstellung der Deutschen zu Krieg und Militär grundlegend verändert. Eine ganze Generation beschäftigte sich intensiv mit Verteidigungsstrategien und Waffentechnologie. Friedensforschung wurde zu einer eigenen wissenschaftlichen Disziplin mit einflussreichen Instituten. Wer den Wehrdienst bei der Bundeswehr nicht verweigerte, musste sich von nun an dafür rechtfertigen. Pazifismus setzte sich durch als Standardhaltung der Babyboomer.

Noch bei der Wiedervereinigung 1990 fürchteten sich Deutschlands Verbündete, allen voran Margaret Thatchers Großbritannien, vor dem deutschen Revanchismus. Die Angst war unbegründet. Der deutsche Militarismus, der zwei Weltkriege mit verursacht hat, ist bereits seit Jahrzehnten zu einem Thema in den Geschichtsbüchern geworden. Längst ist Antimilitarismus ein prägender Bestandteil der nationalen Identität der Deutschen. Das wurde Deutschlands Verbündeten spätestens bewusst, als 2003 die USA und Großbritannien den Irak angriffen. Diesmal demonstrierte die deutsche Friedensbewegung nicht gegen die Bundesregierung, sondern mit ihr gemeinsam gegen den geplanten Krieg. Der damalige US-Verteidigungsminister Donald Rumsfeld wunderte sich über das pazifistische Deutschland und nannte es »old Europe«.

Nach den 70er Jahren und besonders nach dem Fall der Mauer ist nicht nur die Bedrohung von außen, durch Kriege geringer geworden. Gerade in Westeuropa, wo die Sorge um die innere Sicherheit die jüngsten Wahlen auf dem gesamten Kontinent entschieden hat, wurde der Alltag erheblich sicherer. Das gilt ganz ausdrücklich auch für die Gefahr, Opfer eines Terroranschlags zu werden. Zwischen dem Attentat auf die israelische Olympiamannschaft im September 1972 in München und dem Fall der Berliner Mauer 1989 wurden in Westeuropa in jedem Jahr mehr Menschen von Terroristen getötet als in jedem Jahr nach der Wende.[23] Verantwortlich dafür waren Terrororganisationen wie die ETA, die IRA, die RAF, die Roten Brigaden, die Wehrsportgruppe Hoffmann oder das Regime des libyschen Machthabers Muammar al-Gaddafi, das den Bombenanschlag auf ein Pan-Am-Flugzeug beauftragt hat. 270 Menschen starben, als die Maschine im Dezember 1988 über der schottischen Kleinstadt Lockerbie explodierte.

Seitdem ist die Terrorgefahr in Europa erheblich gesunken. Trotz der Anschläge in Paris, Brüssel, Nizza oder Berlin ist in Westeuropa die mathematische Wahrscheinlichkeit, bei einem Angriff von Terroristen ums Leben zu kommen, geringer als noch in den 70er oder 80er Jahren. Geringer auch, als beispielsweise an einer Fischgräte zu ersticken oder beim Verschlucken eines

Kugelschreiberteilchens. Beängstigend risikoreich ist es hingegen, zuhause zu putzen. Wer Gummihandschuhe und Schürze anzieht, begibt sich in tödliche Gefahr. Rein statistisch ist das Risiko, beim Putzen tödlich zu verunglücken, etwa 1500-mal größer, als von Terroristen getötet zu werden. In der »Angststudie« der R+V Versicherung wird der lebensgefährliche Hausputz nicht einmal erwähnt. Die Furcht vor Terrorismus hingegen rangiert bei 71 Prozent der Befragten unangefochten auf Rang eins aller Ängste, weit vor den Sorgen vor Krankheit, Arbeitsplatzverlust oder Altersarmut.[24] Beim Thema Terror haben sich die Ängste der Deutschen komplett abgekoppelt von den tatsächlichen Gefahren.

Das sicherste Land in der sichersten Zeit

Die Phantom-Ängste haben viele Varianten. Eine heißt: »No-go-Areas«, Stadtteile, in die sich angeblich nicht einmal die Polizei hineintraut. Als Journalist habe ich häufig dort recherchiert, in Berlin-Neukölln, Duisburg-Marxloh, Essen-Katernberg oder in Köln-Chorweiler. Die Ghettos der Unterschicht sind Orte mit hoher Kriminalitätsbelastung, zweifellos. Doch es sind gleichzeitig Orte, an denen die Polizeipräsenz für jeden sichtbar besonders hoch ist. Womöglich noch nicht hoch genug, doch die Bezeichnung »No-go-Areas« ist eine Übertreibung, die für die Realität problematischer Großstadtbezirke in Deutschland unzulässig ist.

Frauen berichten immer häufiger, sie würden Straßen und öffentliche Plätze meiden, weil man sich dort als Frau alleine nicht mehr sicher fühlen könne. Auch hier hat das gewachsene Gefühl der Unsicherheit keine Wurzeln im realen Leben. Der gefährlichste Ort in Deutschland ist die eigene Wohnung. Drei von vier Gewalttaten ereignen sich innerhalb der eigenen vier Wände. Und genau in dieser Gefahrenzone fühlen sich 90 Prozent der Deutschen besonders sicher.[25] Die bedrohlichsten Menschen, denen frau in Deutschland begegnen kann, sind Ehemänner, Liebhaber, Väter, Onkel, Freunde oder Nachbarn. Das Risiko, sexuell belästigt, begrapscht oder gar missbraucht zu werden, ist nicht auf öffentlichen Plätzen am größten, sondern am Arbeitsplatz. Täter sind meist Chefs oder Kollegen. In den Selbstverteidigungskursen werden Frauen jedoch vor allem auf den Angriff eines Fremden vorbereitet, der plötzlich aus dem Gebüsch springt.

Obgleich der Angriff von Fremden rückläufig ist, sind die Selbstverteidigungskurse ausgebucht, der Verkauf von Pfeffersprays boomt, 2016 hat sich die Zahl der Anträge auf einen »kleinen Waffenschein« im Vergleich zum Vorjahr verachtfacht. Sämtliche Studien belegen die wachsenden Sorgen der Deutschen um ihre Sicherheit. In einer Allensbach-Umfrage von 2016 waren 82 Prozent der Befragten der Ansicht, Gewalt und Kriminalität nehme zu.[26] Einer weiteren Allensbach-Umfrage zufolge fühlt sich die knappe Mehrheit (51 Prozent) sogar persönlich bedroht und fürchtet, selbst Opfer eines Verbrechens zu werden.[27]

Die Angst wächst dramatisch, während sich die objektive Bedrohung gleichzeitig in die entgegengesetzte Richtung entwickelt. Sie nimmt ab. Ebenfalls dramatisch. Ein paar Belege aus der polizeilichen Kriminalstatistik: Jugendgewalt seit 2007: minus 50 Prozent. Vergewaltigung seit 2007: minus 20 Prozent. Gewaltverbrechen insgesamt seit 2007: minus 17 Prozent. Und Sexualmord, die Königsdisziplin der Boulevardzeitung: seit Mitte der 80er Jahre: minus 90 Prozent.

Kriminologen beschäftigen sich seit langem mit dem Phänomen der übertriebenen Verbrechensangst. »Seit 2004 haben wir die Menschen immer wieder gefragt, wie sich die Zahl verschiedener Gewalttaten in den vergangenen zehn Jahren verändert hat«, sagt der Kriminologe Christian Pfeiffer.[28] »Die meisten lagen gründlich daneben und sagten, dass die Zahlen stark angestiegen seien. Das Gegenteil ist der Fall. Wir konnten zeigen: Je schwerer das Delikt ist, umso mehr verschätzen sich die Menschen.« Sein Kollege, der Kriminologe Thomas Feltes von der

Bochumer Ruhr-Universität, bestätigt Pfeiffers Ergebnisse. »Im internationalen Vergleich erzielen die Bundesbürger immer sehr hohe Werte bei der Verbrechensfurcht. Obwohl es noch nie so sicher war, in Deutschland zu leben, wie jetzt – sowohl regional als auch historisch betrachtet.« Für Feltes sind die Deutschen »Sicherheitsphobiker«. In der übertriebenen Angst vor Kriminalität sieht er ein Beispiel für die weltberühmte *German Angst*.[29]

Politiker und Populisten fordern unablässig, die Ängste der Menschen ernst zu nehmen. Ernst nehmen bedeutet, eine objektive Verbesserung der Sicherheitslage und eine Verringerung von Gewalt und Kriminalität zu bewirken. Genau das ist der Polizei in den vergangenen Jahren auf eindrucksvolle Art gelungen. Die Gewalt konnte nachweisbar und deutlich reduziert werden. Die Gefahr wurde geringer. Doch die Angst steigt. Gegen das Gefühl sind die Fakten der Polizei machtlos. Mit ihrer erfolgreichen Arbeit lässt sich das Sicherheitsgefühl offenbar nicht verbessern.

Gefährliche Ostdeutsche

Vor nicht allzu langer Zeit erlebte die Bundesrepublik tatsächlich einen deutlichen und sogar beunruhigenden Anstieg vor allem in der höchsten Form der Gewalt: Mord. In den 80er Jahren hatten die Fälle von Mord in der Bundesrepublik kontinuierlich abgenommen. Mit der Wiedervereinigung verzeichnete die Statistik dann naturgemäß einen Anstieg, schließlich war die Bevölkerung um 27 Prozent angewachsen. Die Zahl der Morde hatte sich jedoch von 743 auf 1468 Fälle verdoppelt. Die Wahrscheinlichkeit, dass ein ehemaliger Bürger der DDR einen Mord beging, war 1990 mehr als dreimal so groß wie bei den Brüdern und Schwestern aus dem Westen. Eine Studie der Gewerkschaft der Polizei nennt die Wiedervereinigung darum einen »Bevölkerungszuwachs, der kriminell hochbelastet ist«.[30]

Nach den Regeln öffentlicher Erregung hätte das plötzliche Zusammenleben mit einer Gruppe von Menschen mit erkennbar höherer Gewaltbereitschaft eigentlich erhebliche gesellschaftliche und politische Auseinandersetzungen erwarten lassen. Doch die auffällige Mordneigung der ehemaligen DDR-Bürger war zu keinem Zeitpunkt ein Aufregerthema. Die Gelassenheit der Westdeutschen gegenüber ihren gefährlichen neuen Mitbürgern hat sich im Nachhinein als angemessen erwiesen. Nach wenigen Jahren hatten sich die Ostdeutschen dem friedlichen westdeutschen Lebensstil angepasst.

Gut 25 Jahre später muss die bundesdeutsche Gesellschaft erneut eine große Zahl von Menschen integrieren, die in einer anderen Gewalt-Kultur aufgewachsen sind. In der bereits erwähnten Studie der Gewerkschaft der Polizei erinnern die Autoren an die Erfahrung nach der Wiedervereinigung: »Dass ausgerechnet die Ostdeutschen, die die Mordkriminalität nach der Wiedervereinigung (...) regelrecht nach oben katapultiert haben, jetzt die Flüchtlinge von 2015 thematisieren, ist angesichts der eigenen Historie unangebracht.«

Seit die Zahl der Flüchtlinge dramatisch anwuchs, werden sämtliche Veröffentlichungskanäle – von Qualitätsmedien über die sozialen Medien bis hin zu rechtsradikalen Blogs – von einem Strom an Meldungen über Straftaten von Flüchtlingen geflutet: Sie köpfen mit der Axt, stehlen Kinder und schächten die Ziegen im Streichelzoo. Lange Zeit gab es keine verlässlichen Zahlen zur Kriminalitätsentwicklung nach dem Flüchtlingsansturm. Endlich, im Sommer 2017, präsentierten die Innenminister mit der »Polizeilichen Kriminalstatistik 2016« die erste amtliche Auswertung, in der die Straftaten der inzwischen rund 1,5 Millionen Flüchtlinge vollständig mitberücksichtigt wurden. Tatsächlich registrierten die Beamten insgesamt einen Anstieg der Fälle, den ersten seit vielen Jahren. Das verursachte umgehend hektische Berichterstattung, Eilmeldungen, Sondersendungen. Politiker von CSU und AfD fühlten sich bestätigt, sie hatten es immer schon gewusst. War dies also eine Umkehr der jahrelangen positiven Entwicklung? Haben die Flüchtlinge Deutschland unsicherer gemacht? Wie einst die Ostdeutschen?

Mehr Menschen bedeuten mehr Fälle von Kriminalität, das ist Grundschul-Mathematik. Doch die entscheidende Größe, die Zahl der Straftaten pro 100.000 Einwohner, ist trotz der Flüchtlinge nicht gestiegen, sondern sogar leicht gesunken. Zieht man die Rechtsverstöße gegen das Ausländerrecht ab, ist die Kriminalität im Jahr des großen Flüchtlingszustroms sogar deutlich gesunken, um 1,9 Prozent.[31] Das ist der größte Rückgang seit acht Jahren, der zweitgrößte seit der Wiedervereinigung. Dieser bemerkenswerte Fortschritt der Sicherheitslage ereignete sich zu einer Phase, die Horst Seehofer als »Ausnahmezustand« bezeichnete, als »Kapitulation des Rechtsstaats«, sogar als »Herrschaft des Unrechts«. Die Fakten beweisen das Gegenteil: Für die Sorgen vor einer generellen Verschlechterung der Sicherheitslage durch Zuwanderer gibt es bislang keine objektiven Gründe.

Doch natürlich gibt es regionale Unterschiede. Womöglich sieht die Entwicklung in den westdeutschen Multi-Kulti-Hochburgen nicht so rosig aus. Schaut man sich also die Städte mit einem besonders hohen Anteil an Zuwanderern an, so ergibt sich ein geradezu sensationelles Bild: Die Städte mit dem höchsten Migrantenanteil haben einen spürbaren, teilweise sogar einen dramatischen Rückgang an Kriminalität zu verzeichnen: Duisburg minus 2,8 Prozent; Köln minus 6,2 Prozent; Düsseldorf, Essen, Gelsenkirchen jeweils minus 7,5 Prozent; Oberhausen minus 8 Prozent; Dortmund minus 8,8 Prozent; Stuttgart minus 11,4 Prozent.[32] Die Kriminalitätsstatistik der Polizei zeigt also eindeutig: Dort, wo viele Zuwanderer leben, geht die Kriminalität zurück.

In den neuen Ländern ist das Ideal von NPD, Pegida und der ostdeutschen Volkspartei AfD beinahe schon erreicht: Der Osten ist fast »ausländerfrei«, da der Ausländeranteil in der eingemauerten DDR verschwindend gering war. Der Kriminalitätsentwicklung hat das jedoch nicht geholfen. Entgegen dem Bundestrend und vor allem im Gegensatz zur Entwicklung in den Zuwandererzentren des Westens wurde in den Großstädten ostdeutscher Prägung ein signifikanter Anstieg an Straftaten registriert: Dresden plus 3,7 Prozent; Rostock plus 4 Prozent; Erfurt plus 13,7 Prozent; Leipzig plus 20,4 Prozent.

Menschen ohne deutschen Pass sind in der Kriminalitätsstatistik tatsächlich überrepräsentiert, sowohl als Tatverdächtige, aber viel stärker noch als Opfer. Ihr Risiko, Opfer einer Straftat zu werden, ist statistisch etwa doppelt so hoch wie das von Deutschen. Bei gefährlicher Köperverletzung ist die Gefahr sogar fast dreimal so hoch.[33] Verantwortlich dafür ist zum einen die Kriminalität unter Zuwanderern. Ein zweiter Grund liegt in der stark angestiegenen rassistischen Gewalt vor allem gegenüber Flüchtlingen und ihren Unterkünften. Obwohl Deutschland bereits 2014 und 2015 eine Welle rechter Gewalt erlebte, stieg ihre Zahl 2016 erneut um 14 Prozent an. Das ist der höchste Anstieg bei allen Delikten in der gesamten Kriminalstatistik. Gleichzeitig werden Angriffe auf Flüchtlinge und ihre Unterkünfte nur sehr selten aufgeklärt. Die Aufklärungsquote ist die niedrigste bei allen schweren Straftaten.

Wenn Flüchtlingsheime brennen oder Geflüchtete misshandelt werden, versprechen Politiker stets vollmundig, die Verantwortlichen würde »die volle Härte des Gesetzes« treffen. Doch wie sieht sie aus, diese volle Härte? 2016 habe ich für den *stern* recherchiert, was aus den damals bekannten Fällen von versuchtem Mord, schwerer Körperverletzung und schwerer Brandstiftung geworden ist.[34] Erstes Ergebnis: In der offiziellen Statistik der »rechtsmotivierten Straftaten« fehlt ein großer Teil der Fälle, über die sogar in Lokal-Zeitungen berichtet wurde. Nicht alle Polizeibeamten stufen es als »rechtsmotiviert« ein, wenn bekannte Neonazis mit einer Eisenstange auf einen Syrer einschlagen und dazu »Ausländer raus!« brüllen. Zweites Ergebnis: Weder die Innenministerien noch die Justizministerien verfolgen systematisch, was aus Fällen rechtsextremistischer Gewalt wurde. Sie werden gezählt. Mehr nicht. Drittes Ergebnis: Nur rund 17 Prozent der Täter konnten ermittelt werden. Sieben Prozent wurden verurteilt, die meisten auf Bewährung. Ganze zwei

Prozent aller Täter kamen tatsächlich ins Gefängnis. In Deutschland ist der Angriff auf Flüchtlinge für die Täter risikolos. Wenn es einen Bereich der Kriminalitätsentwicklung gibt, bei dem Sorgen tatsächlich berechtigt sind, dann ist es nicht die Gewalt von Geflüchteten, sondern die Gewalt an Geflüchteten.

Deutsche mit heller Haut haben keinen nachvollziehbaren Grund für die gestiegene Angst vor Gewalt. Sie leben in der sichersten aller Zeiten, seit es Menschen auf dem Globus gibt. Und sie leben in der sichersten Region der Welt. In keinem Land der Erde ist die Wahrscheinlichkeit, bei einer Gewalttat getötet zu werden, signifikant geringer als in Deutschland. Von 100.000 Deutschen trifft es pro Jahr nicht einmal einen (genau genommen sind es 0,8). Auch in den USA geht die Kriminalität seit Jahrzehnten zurück, doch dort ist das Risiko, getötet zu werden, fast sechsmal so hoch.

Nachprüfbare Zahlen beweisen den sensationellen Rückgang der Gewalt in Deutschland. Doch auch ohne Daten ist der zivilisatorische Fortschritt für jeden Erwachsenen leicht nachzuvollziehen. Das allmähliche Verschwinden der Gewalt ist Teil des persönlichen Erlebens. Wir waren selbst dabei.

Der Mythos von der gewalttätigen Jugend

Mein letztes Mal liegt gut 40 Jahre zurück. In der großen Pause prügelte ich mich mit Heiko. Ich unterlag. Im Wortsinn. Der Lehrer, der damals Hofaufsicht hatte, lehnte einige Meter weiter entspannt an der Hauswand und schaute interessiert zu. Als es zum Pausenende klingelte, bat er uns schließlich, mit dem Unsinn aufzuhören. Er hatte nichts gegen eine Hauerei, er fürchtete nur, dass wir zu spät zum Unterricht kämen. Heute müssten Heiko und ich vermutlich in Therapie. Er, der Stärkere, zur Gewaltprävention. Ich, der Schwächling, um mein Trauma zu verarbeiten. Heiko war der Letzte. Nach ihm habe ich mich nie wieder geprügelt. 40 Jahre gewaltfrei – die typische Biografie eines westdeutschen Babyboomers.

Schulhofprügeleien sind auch nicht mehr, was sie mal waren. Die »gewaltbedingten Schulunfälle« haben sich nach Angaben der Unfallversicherungen zwischen 1999 und 2015 beinahe halbiert.[35] Ältere Zahlen gibt es nicht. In den 1960er und 1970er Jahren, als Schlägereien unter Jungs noch häufig und allgemein akzeptiert waren, führten Versicherungen keine Statistik über blutig geschlagene Nasen.

Klar: Früher haben Jungs auch mal gerauft, hin und wieder. Aber heute hören sie nicht mal auf, wenn einer am Boden liegt. Dieses Stereotyp entspricht der Haltung einer Mehrheit in Deutschland. Bei Befragungen des Kriminologen Christian Pfeiffer sind 90 Prozent davon überzeugt, dass Gewaltkriminalität unter Jugendlichen zugenommen hat.[36] Die Klage über die angeblich verrohte Jugend ist eine feste Konstante in jeder Generation von Erwachsenen.

Mit der Realität in Deutschland hat sie indes nichts gemein: Im Januar 2018 legte das Kriminologische Forschungsinstitut Niedersachsen eine ausführliche Studie zur Entwicklung der Jugendkriminalität vor, in der die aktuellen Ergebnisse mit einer Untersuchung von 1998 verglichen wurden.[37] Die Zahl der Jugendlichen, die einer Gewalttat verdächtigt werden, hat sich in 20 Jahren mehr als halbiert. Bei einer Selbstauskunft konnten Schülerinnen und Schüler der neunten Klasse anonym angeben, ob sie schon einmal jemanden körperlich verletzt haben. Seit 1998 sank der Anteil um 70 Prozent (von 18,4 auf 4,9 Prozent). Bei Raubtaten verzeichneten die Forscher sogar einen Rückgang um 90 Prozent (von 4,7 auf 0,4 Prozent). Im Erfahrungsschatz der heutigen Jugendlichen spielen Gewalt und Kriminalität kaum noch eine Rolle.

Die Autoren der Studie zur Jugendgewalt führen den Rückgang auch auf eine veränderte Erziehung in den Familien zurück. Der Anteil der Jugendlichen, die in der Befragung berichten, Gewalt von Seiten der Eltern erfahren zu haben, ist von 56,7 Prozent auf 39,8 Prozent gesunken.

Gewalt an Kindern kommt zwar weiterhin vor, aber sie ist gesellschaftlich geächtet. Das war nicht immer so. Ich kann mich noch daran erinnern, dass mein Banknachbar Dominik von unserem Mathelehrer vor der versammelten Klasse mit dem Lineal »gezüchtigt« wurde. Seit 1973 ist die Prügelstrafe an Schulen verboten. Seit 2000 haben Kinder auch in der Familie ein »Recht auf gewaltfreie Erziehung«. Körperliche Bestrafung auch durch die Eltern ist verboten. Die veränderte Haltung in der Gesellschaft bewirkte eine Veränderung im Gesetz. Und umgekehrt: Das gesetzliche Verbot setzte einen kulturellen Lernprozess in Gang. Die alte Gewaltkultur wurde verlernt. Für Eltern ist es heute unvorstellbar, ihren Kindern das Einhalten von Regeln mit Schlägen »einzubläuen«. Die Mutter, die droht: »Warte, bis Papa nachhause kommt!« Der Vater, der den Gürtel mit den Worten aus der Hose zieht: »Das tut mir mehr weh als dir.« Solche Szenen aus der Zeit der Schwarz-Weiß-Filme zeigen, wie grundlegend sich die Haltung zur Gewalt als Erziehungsmaßnahme in Deutschland innerhalb eines halben Jahrhunderts verändert hat.

Wir stehen am Ende einer Bewegung, die im 17. und 18. Jahrhundert begann, dem Zeitalter der Vernunft und der europäischen Aufklärung. Zuerst wurden nur bestimmte Formen der Gewalt sozial geächtet: Sklaverei, Folter, Duelle, sadistische Bestrafungen. Die Entwicklung ging weiter und eroberte schließlich alle Bereiche des Lebens. Nur in wenigen Parallelgesellschaften kann man sich durch Gewalt heute noch einen materiellen Vorteil oder einen Statusvorteil erkämpfen. In der Mehrheitsgesellschaft der Bundesrepublik ist das undenkbar. Wer als gewalttätig gilt, dem sind Verachtung, soziale und geschäftliche Ächtung gewiss.

Wer nicht in Berlin-Neukölln, Hamburg-Billstedt oder München-Hasenbergl wohnt, der ist heute so wenig in Gefahr, unmittelbar in Kontakt mit Gewalt zu kommen, dass die meisten von uns kaum ein Gewaltopfer persönlich kennen. Selbst Zeuge einer

Schlägerei zu werden, passiert den meisten Menschen im echten Leben seltener als ein Auffahrunfall. Gewalt findet im Fernsehen statt, im Internet, in der Zeitung und im Radio. Und in den Krimis, die wir verschlingen. Aus dem Alltag, den wir selbst erleben, hat sich Gewalt hingegen fast vollständig verabschiedet.

Das Zurückdrängen von Gewalt und Kriminalität ist eine große Erfolgsgeschichte in Deutschland. Das gilt für die meisten Formen der Kriminalität, aber nicht für alle. Bei Wohnungseinbrüchen registrierte die Polizei zwischen 2002 und 2015 einen Anstieg um etwa 25 Prozent.[38] Eine Zunahme in dieser Größenordnung hat zwangsläufig politische Bedeutung. Wenn sie vom Wähler nicht abgestraft werden wollen, müssen die Innenminister der Länder das Problem wirksam bekämpfen. In vielen Großstädten richteten die Polizeichefs darum spezielle Sonderkommissionen zur Einbruchsbekämpfung ein. Computerprogramme wurden angeschafft, um Prognosen über künftige Tatort-Schwerpunkte zu erstellen und die Beamten möglichst effektiv einsetzen zu können.

Das wirkte. Allein in einem Jahr, von 2015 zu 2016, konnte die Zahl der Wohnungseinbrüche deutlich gesenkt werden, um fast zehn Prozent. Inzwischen halten Kriminologen die Entwicklung sogar für eine nachhaltige Trendumkehr. So konnte etwa die Polizei in Hamburg die Einbruchszahlen in den ersten neun Monaten 2017 erneut um 26 Prozent zurückdrängen.[39] Und das, obwohl sie schon im Vorjahr einen zweistelligen Erfolg hatte feiern können. Die Polizei in der Hansestadt hat sich besonders auf die Einbruchsbekämpfung konzentriert und mit der Sonderkommission »Castle« eine Organisation gegründet, deren Methoden bundesweit als Vorbild für die Einbruchsbekämpfung gelten. In Hamburg spricht man inzwischen von einem Einbruch der Einbruchszahlen.

Noch nie so frei

Es war ein Irrtum.

Anfang Februar 1989. Bei einer Party in einer schlecht geheizten Hinterhauswohnung im Prenzlauer Berg tuscheln die Gäste über eine Sensation: Der Schießbefehl wurde aufgehoben. Chris und Christian glauben das sofort. Seit Tagen berichten das *Neue Deutschland* und *Die Aktuelle Kamera* ausführlich über den Staatsbesuch des schwedischen Ministerpräsidenten Ingvar Carlsson. Die Welt blickt auf die Hauptstadt der DDR. Da will der Staats- und Parteichef, Genosse Erich Honecker, sicher keine Schüsse an der Mauer riskieren. Davon sind Chris und Christian überzeugt. Chris ist 20 und hat erst vor wenigen Tagen seine Einberufung zur Nationalen Volksarmee bekommen. Schon im Mai soll es so weit sein.

Oft haben die beiden Freunde heimlich zusammengesessen und Pläne für ihre Republikflucht durchgespielt. Reisen wollen sie, Amerika sehen. Der Staatsbesuch ist ihre Chance. Sie machen sich auf den Weg nach Treptow. Dort haben sie schon vorher in einer Kleingartenkolonie nahe der Mauer eine günstige Stelle ausgemacht. Es ist der Abend des 5. Februar.

Doch da ist Ingvar Carlsson längst wieder auf dem Weg nach Stockholm. Und der Schießbefehl war ohnehin nicht aufgehoben worden. Der Irrtum. Als die beiden Freunde schließlich mit einer Räuberleiter über den ersten Zaun klettern, eröffnen die Grenzer das Feuer. Chris wird getroffen, zuerst ins Bein, dann ins Herz. Minuten danach stirbt er.

Wenige Wochen später, im April 1989, hebt das Politbüro den Schießbefehl tatsächlich auf. Offiziell hatte es ihn nie gegeben. Heute erinnert eine Gedenksäule am Britzer Zweigkanal in Berlin Treptow an Chris Gueffroy. Er ist der letzte Republikflüchtling, der auf der Flucht erschossen wurde. Der Letzte von mindestens 327 Menschen, die an der 1400 Kilometer langen deutsch-deutschen Grenze starben. Die Zahl hat der Forschungsverbund SED-Staat der FU-Berlin ermittelt.[40]

Wohl kein anderes Volk durfte sich in den vergangenen Jahrzehnten über einen solchen Zugewinn an Freiheit freuen wie wir Deutschen. Nun können auch die ehemaligen DDR-Bürger so weit reisen, wie es ihr Geldbeutel zulässt. Und für die Westdeutschen ist nicht nur Polen offen, sondern eine komplett neue Welt, die sie vor der Wende nur aus dem Diercke Weltatlas kannten: Osteuropa. Entscheidender als die Reisefreiheit sind jedoch die Rechte, die das Grundgesetz nun allen Bürgern der Bundesrepublik garantiert. Niemand wird mehr wegen seiner politischen Überzeugung verfolgt, drangsaliert oder ins Gefängnis gesteckt. Das Ministerium für Staatssicherheit unterhielt mit seinen rund 91.000 hauptamtlichen und 190.000 inoffiziellen Mitarbeitern einen der größten und effizientesten Unterdrückungsapparate der Geschichte. Der wurde restlos aufgelöst.

Etwa 50 Menschen wurden in der DDR wegen »politischer Delikte« zum Tode verurteilt und hingerichtet.[41] Insgesamt vollstreckten die Henker in der DDR 164 Todesurteile. Bis 1968 kam dabei die Guillotine zum Einsatz. Danach tötete ein Volkspolizist die Verurteilten mit einem »unerwarteten Nahschuss« in den Hinterkopf. Das letzte Opfer war der Stasi-Hauptmann Werner Teske, dessen Verbrechen es war, die Flucht aus der Republik geplant zu haben. Am 26. Juni 1981 wurde er in der Leipziger Strafvollzugsanstalt hingerichtet. Sechs Jahre später, im Juli 1987, unterschrieb Erich Honecker die Abschaffung der Todesstrafe in der DDR. Seitdem wird in Deutschland niemand mehr mit dem Tode bestraft.

Die Bedeutung der Menschenrechte

Mit seiner Entscheidung lag der Staatsratsvorsitzende ausnahmsweise voll im internationalen Trend. 1977 hatte die Generalversammlung der Vereinten Nationen die Abschaffung der Todesstrafe für wünschenswert erklärt. Zu diesem Zeitpunkt hatte der Club der Staaten, in denen die Todesstrafe nicht angewendet wurde, nur 16 Mitglieder. Der Appell der UN zeigte nicht sofort

Wirkung. Aber langfristig. Heute verzichten 141 Länder auf die Todesstrafe, zwei Drittel aller Staaten der Welt.[42] Vor allem in den letzten 20 Jahren hat sich die positive Entwicklung beschleunigt. Allein seit 1997 haben 77 Staaten die Todesstrafe offiziell abgeschafft. Und auch bei deren tatsächlicher Anwendung gibt es deutliche Fortschritte. So haben die Mitglieder von Amnesty International 1997 noch in 40 Ländern Exekutionen dokumentiert. 2016 waren es 23 Länder.

Doch die wichtigste Zahl kennt niemand: die Zahl der Hinrichtungen. Amnesty International vermutet, dass allein in China jedes Jahr mehrere Tausend Todesurteile vollstreckt werden. Die Angaben dazu sind dort ein Staatsgeheimnis. Vieles spricht dafür, dass auch im Reich der Mitte der Staat immer seltener tötet, doch belegen lässt sich das nicht. Für den Rest der Welt sind die Daten so stabil, dass Amnesty International sich eine Statistik zutraut. Demnach wurde allein innerhalb eines Jahres, von 2015 bis 2016, ein Rückgang der Hinrichtungen um mehr als ein Drittel dokumentiert (von 1634 auf 1032). Dabei waren vier Länder für 87 Prozent der Hinrichtungen verantwortlich: Iran (567), Saudi-Arabien (154), Irak (88) und Pakistan (87). Die USA sind einer der wenigen demokratischen Rechtsstaaten, die die Todesstrafe nicht vollständig abgeschafft haben. Bei 31 der 50 Staaten steht sie noch in den Gesetzbüchern, fünf davon wenden sie tatsächlich an. 2016 wurden in den USA 20 Verurteilte exekutiert. Zur Jahrtausendwende waren es noch 98.[43]

Während der gesamten Menschheitsgeschichte war die Todesstrafe eine Selbstverständlichkeit, an deren Sinn nur wenige zweifelten. Dennoch benötigte die Weltgemeinschaft nicht mehr als eine Generation, um diese endgültige Form der Bestrafung zu einer Ausnahme zu machen. Nur eine kleine Minderheit der Menschen lebt heute in Staaten, die sich die Allmacht über Leben und Tod anmaßen.

Über Jahrhunderte waren die Beziehungen zwischen Bürgern und Staaten die von Untertanen zur Obrigkeit. Die Todesstrafe ist ein Symbol für Unfreiheit und Unterdrückung, doch sie ist nicht die einzige Methode. Matthias John engagiert sich fast sein gesamtes Erwachsenenleben für die Durchsetzung der Menschenrechte auf dem gesamten Globus. Seit 1980 arbeitet er bei Amnesty International und ist einer der Vorstände der deutschen Sektion. Der Menschenrechtsverein ist ein glaubwürdiger Mahner. Oft gehen die Mitglieder Risiken ein, um lautstark gegen Unrecht und Missstände zu demonstrieren. Zu den Methoden von Amnesty International gehören Hiobsbotschaften, Horrormeldungen, Alarm. Dennoch zieht der Veteran Matthias John eine eindeutig positive Bilanz bei der Entwicklung der Menschenrechte in den vergangenen fast 40 Jahren. »Wir müssen schon sehr dicke Bretter bohren, aber wir kommen durch«, sagt John. Er rattert ein paar der internationalen Menschenrechtsabkommen herunter, die ihm spontan in den Sinn kommen: Anti-Personenminen-Abkommen, Anti-Folter-Verordnung, weltweiter Waffenhandelsvertrag, Verschärfung der Ausfuhrbestimmungen für Folterwerkzeuge und so weiter und so weiter. »Das internationale Menschenrechtssystem macht tatsächlich Fortschritte, glücklicherweise«, sagt John.

Wer sich 40 Jahre lang täglich mit schlimmsten Menschrechtsverletzungen beschäftigt, ist nicht naiv. John sieht den gewaltigen Berg an Aufgaben, der noch immer vor den Aktivisten liegt. Es beunruhigt ihn, dass sich in jüngster Vergangenheit in Staaten wie Nigeria, Kamerun, Sambia und Somalia die Zahl der Todesurteile verdreifacht hat. Der Fortschritt verläuft nicht linear. Trotz der insgesamt positiven Entwicklung verschlechtert sich die Situation in Teilen der Welt. »Wir machen zwei Schritte vor und einen zurück«, gibt John zu. Er wünscht sich jedoch, dass nicht ausschließlich die Probleme, sondern auch das Erreichte, die Verbesserungen gesehen und gewürdigt werden. »Öffentlich beachtet wird aber fast ausschließlich der Rückschritt.«

Die Ausbreitung der Demokratie

Willkürherrschaft, Tyrannei und Unterdrückung sind noch lange nicht besiegt, bei weitem nicht. Doch sie sind in weiten Teilen der Welt auf dem Rückzug. 1997 übergab Großbritannien die britische Kolonie Hongkong an China. Zwei Jahre später entließ Portugal die Insel Macau aus der Kolonialherrschaft. Die Rückgabe der beiden Nachzügler markiert das offizielle Ende des Kolonialismus, einer Herrschaftsform, die über Jahrhunderte große Teile der Weltbevölkerung weitgehend rechtlos gestellt hatte. Die Befreiung von den Kolonialmächten bedeutete für viele Völker der Welt jedoch kein sofortiges Ende der Ausbeutung und zunächst auch keine wirkliche Freiheit, sondern lediglich einen Austausch der Herrscher. Noch 1985 lebte mit rund 57 Prozent die absolute Mehrheit der Weltbevölkerung in Diktaturen und nur rund 37 Prozent in demokratisch regierten Staaten. 30 Jahre später hat sich das Verhältnis beinahe umgekehrt: 56 Prozent leben in einer Demokratie.[44] Die Herrschaft des Volkes ist auf einem enorm erfolgreichen Eroberungsfeldzug.

Die Mehrheit der Menschen sind heute nicht mehr länger Objekte staatlicher Politik, sondern Subjekte, die an den Zukunftsentscheidungen ihres Gemeinwesens teilhaben. Noch nie in der Geschichte hatten so viele Menschen das Recht, ihre Regierung zu wählen. Und abzuwählen. Demokratie bedeutet jedoch mehr, als alle paar Jahre ein Kreuz zu machen. Es gibt sie nicht ohne eine unabhängige Justiz, Pressefreiheit, Demonstrationsfreiheit und die Freiheit, eine Partei zu gründen. Die Rechte von Minderheiten und die der Opposition müssen garantiert sein. Die Herrschenden gewähren den Völkern diese Rechte nicht freiwillig. In den vergangenen Jahrzehnten haben sich Milliarden ihre politischen Freiheitsrechte erkämpft. Aus Untertanen wurden Bürger.

Natürlich erfüllen nicht alle Demokratien in der Wirklichkeit des politischen Alltags so hohe Standards, dass alle Entscheidungsmechanismen bereits Gnade vor dem Bundesverfassungsgericht, dem amerikanischen Supreme Court oder dem Europäischen Gerichtshof finden könnten. Doch viele dieser jungen Demokratien durchlaufen einen Prozess der Reifung. Die Institutionen werden stabiler.

Leider nicht überall. In den Staaten der ehemaligen Sowjetunion, in den Ländern Nordafrikas oder in der Türkei leiden die Bürger unter einer deutlichen Einschränkung ihrer Freiheitsrechte. Ein wichtiger Indikator für den Zustand einer Demokratie ist die Pressefreiheit. Die Organisation Reporter ohne Grenzen berichtet von einer »Verschlechterung der Lage für Journalisten und Medien« in einer ganzen Reihe von Ländern.[45] Das ist eine beunruhigende Bestandsaufnahme. Ohne die wirksame Kontrolle durch Journalisten, die frei recherchieren können, weitet sich in der Regel die Korruption rasch aus. Die Organisation Transparency International hat 2016 tatsächlich weltweit eine spürbare Zunahme der Korruption registriert. Besonders in Ländern wie der Türkei und Ungarn hat sich die Situation verschlechtert.[46] Die rasante Ausbreitung des Rechts und der Freiheit, über die sich die Welt in den 1990er Jahren und zu Beginn des neuen Jahrtausends freuen konnte, ist nicht so gefestigt, dass sie unumkehrbar wäre. Womöglich droht in Regionen, die bislang Beispiele der Hoffnung waren, in der Zukunft ein Rückschritt.

Insgesamt hat sich das Verhältnis der Menschen zu den Staaten, in denen sie leben, in den vergangenen Jahrzehnten bemerkenswert positiv entwickelt. Staatliche Repression und Unterdrückung gingen spürbar zurück, die Freiheit wuchs. Die Bilanz, also der Blick zurück, zeigt ein freundliches Bild. Doch am Horizont der Zukunft sind erste Wolken zu erkennen.

Die Selbstverständlichkeit der Freiheit in Deutschland

Wem die Gnade der westdeutschen Geburt zuteilwurde, dessen Wahrnehmung konzentriert sich beim Blick auf die Entwicklung der Freiheit in der Welt meist auf Versäumnisse, Rückschritte und Ziele, die noch nicht erreicht wurden. Die Erfolge werden leicht übersehen. Für einen Bundesrepublikaner sind die demokratischen Rechte selbstverständlich, naturgegeben, wie die Jahreszeiten. Aus der Perspektive eines verwöhnten Demokraten fällt es schwer, die Bedeutung der weltweiten Demokratisierung richtig einzuschätzen. Steven Pinker nennt das Ergebnis dieser Bewegung eine »Revolution der Rechte«.[47]

Es ist ein Privileg der Deutschen, dass die Liberalisierung ihrer Leben in den letzten Jahrzehnten weniger das Verhältnis zwischen Staat und Bürger betraf als die Beziehungen der Menschen untereinander. Gerade in dieser Frage haben wir einen weiten Weg zurückgelegt. Bereits in den 20er Jahren des letzten Jahrhunderts machte sich das urbane Großstadtmilieu locker. Berlin entwickelte sich zu einer Hauptstadt der Toleranz und Lebensfreude mit Strahlkraft nach ganz Europa. Die Nationalsozialisten beendeten diese Entwicklung und drehten sie in ihr Gegenteil. Noch Jahrzehnte nach dem Faschismus bestimmten Disziplin, Ordnung, Sauberkeit und entschiedene Intoleranz die nationale Leitkultur der Deutschen.

Das Milieu, aus dem meine Eltern stammen, ist typisch für die Kultur des Ressentiments. Es ist ein kleines, katholisches Dorf im Rheinland. Noch in den 70er Jahren war es dort undenkbar, einen Andersgläubigen zu heiraten. Gemeint waren Protestanten. Meine Tanten und Großmütter trugen selbstverständlich Kopftuch, wenn sie das Haus verließen. Schwule und Lesben gab es nicht. Punkt. Würde ich heute als Reporter das Heimatdorf meiner Eltern aus den 70ern porträtieren, ich käme ohne Bezeichnungen wie fundamentalistisch, intolerant, mittelalterlich, patriarchalisch oder repressiv nicht aus. Vermutlich würde ich mir Vergleiche zu afghanischen Bergdörfern unter Taliban-Herrschaft nicht verkneifen können.

Für Deutsche, die in diesem Jahrtausend geboren wurden, ist die verklemmte Spießigkeit, in der viele ihrer Eltern – die Babyboomer – aufgewachsen sind, schwerer vorstellbar als deren Jugend ohne Handy oder Internet. In meiner Grundschulzeit war der Aufklärungsunterricht das große Thema, über das unsere Eltern bei Elternabenden diskutierten. Bei Aufklärung ging es freilich nicht um Sex, sondern um Fortpflanzung und um »Ehehygiene«. Männer, die ihre Haare wachsen ließen, waren »Gammler«. Tolerant war, wer die langen Haare zähneknirschend akzeptierte. Aber gepflegt müssen sie sein! Der Korridor des akzeptierten Verhaltens war ein schmaler Pfad. Die normierte Gesellschaft mischte sich in sämtliche Lebensbereiche ein und duldete keine Abweichungen. Alles war einer engmaschigen sozialen Kontrolle unterworfen: Religion, Arbeit, Kleidung, Musik, Rasenmähen, Gardinen und der Sex. Der ganz besonders. Erst die Studentenbewegung Ende der 60er Jahre brach die starren Regeln allmählich auf. Endlich kam sie, die sexuelle Revolution.

Aber zunächst nur für Heterosexuelle. Offen schwul zu leben, war auch in den 70er Jahren in der alten Bundesrepublik nicht lediglich undenkbar, sondern gesetzlich verboten. Der berühmte Paragraph 175 des Strafgesetzbuches stellte sämtliche »unzüchtigen Handlungen« zwischen Personen männlichen Geschlechts unter Strafe. Erst seit seiner Streichung im Juni 1994 ist Homosexualität in Deutschland erlaubt. Der Staat verfolgte Schwule und Lesben nicht mehr. Doch ihre Diskriminierung war damit noch lange nicht beendet. Als Rosa von Praunheim 1991 die Prominenten Hape Kerkeling und Alfred Biolek in der RTL-Sendung »Der heiße Stuhl« öffentlich outete, war das noch ein Skandal und für viele ein Schock. Doch das Publikum verehrte beide Stars einfach weiter und beschenkte ihre Shows mit besten Einschaltquoten. Die gesellschaftliche Akzeptanz gleichgeschlechtlicher Sexualität hatte begonnen.

Zehn Jahre später outete sich Klaus Wowereit mit seinem berühmten Ausspruch: »Ich bin schwul – und das ist auch gut so.« Kurz darauf wählten die Berliner ihn zum Regierenden Bürgermeister und die SPD zur stärksten Fraktion im Abgeordnetenhaus. Heute sind Schwule und Lesben in der deutschen

Öffentlichkeit in allen Bereichen selbstverständlich. Die sexuelle Orientierung ist nicht bedeutsamer als die Frage, ob jemand Schwabe ist oder Rheinländer. 2017 wurde die letzte rechtliche Benachteiligung beseitigt und die Homo-Ehe eingeführt. Kurz zuvor hatte das Bundeskabinett beschlossen, die noch lebenden nach Paragraph 175 Verurteilten für das entstandene Unrecht zu entschädigen. Homosexuelle gehören zu den größten Nutznießern der rechtlichen und gesellschaftlichen Liberalisierung. Zum ersten Mal wächst in Deutschland heute eine Generation heran, für die Homosexualität keinen Grund zur Scham und zur Verheimlichung mehr darstellt und keine Bedrohung.

In kleinen Schritten Richtung Gleichberechtigung

Auch für Frauen gilt, dass sie heute ihr Leben freier und selbstbestimmter gestalten können als jemals zuvor. Doch verglichen mit anderen Verbesserungen verläuft diese Entwicklung zäh, in kleinen Schritten, von denen jeder mit maximaler Anstrengung erkämpft werden muss. Die Fortschrittskurve zeigt zwar nach oben, doch sie hat sich in den vergangenen Jahrzehnten merklich abgeflacht. Die großen Errungenschaften der Emanzipation wurden bereits zu Beginn des vergangenen Jahrhunderts durchgesetzt: Vor allem das aktive und passive Wahlrecht sowie die Teilhabe an höherer Schulbildung und die Möglichkeit zu studieren. 1923 lehrte bereits die erste ordentliche Professorin an einer deutschen Universität.

In die neue Bundesrepublik starteten Frauen rechtlich vollständig gleichberechtigt. So jedenfalls hatten es die Verfassungsmütter in den Artikel 3 des Grundgesetzes geschrieben. So weit die Theorie. Tatsächlich durften Frauen erst nach 1957 ihr eigenes Konto eröffnen, ohne den Ehemann um Erlaubnis zu fragen. Selbst solche Selbstverständlichkeiten zu erkämpfen, erforderte ungeheure Anstrengung. Und Zeit. Es dauerte weitere 20 Jahre, bis 1977 der Paragraph 1356 des BGB verändert wurde. Der hatte bestimmt: »Die Frau führt den Haushalt in eigener Verantwortung. Sie ist berechtigt, erwerbstätig zu sein, soweit dies mit den Pflichten in Ehe und Familie vereinbar ist.« Über die Vereinbarkeit entschied selbstredend der Ehemann. Das war nur konsequent, schließlich waren seine Bedürfnisse auch maßgeblich für die Erledigung der ehelichen Pflichten. Frauen mussten weitere 20 Jahre streiten, bis 1997 die Vergewaltigung in der Ehe endlich strafbar wurde.

Dass es auch schneller gehen kann, zeigte die DDR. Dort gehörte die Gleichstellung der Frau von Anfang an zu den offiziellen Zielen der Gesellschaftspolitik. Die Berufstätigkeit der Frauen war keine Angelegenheit des Ehemannes, sondern wurde vom Staat entschieden gefördert. Beispielsweise durch ein dichtes Netz von Kinderkrippen, Kindergärten und Hortplätzen. Frauen wurden ausdrücklich motiviert, auch Berufe zu ergreifen, die traditionell als Männerberufe galten. Und natürlich galt dabei das Prinzip gleicher Lohn für gleiche Arbeit. DDR-Frauen waren wirtschaftlich nicht von ihren Ehemännern abhängig, sondern weitgehend selbständig. Sie mussten keine unglückliche Ehe aus ökonomischen Zwängen weiterführen. Darum war die Scheidungsrate in der DDR stets deutlich höher als in der alten Bundesrepublik.[48] In den 70er Jahren galt die Deutsche Demokratische Republik sogar als »Scheidungsweltmeister«.

Die Vereinigung mit der rückständigen Bundesrepublik bedeutete für die acht Millionen Mädchen und Frauen aus dem Osten zunächst einmal eine Verschlechterung ihrer Position. Der Rückschritt ist noch nicht vollständig aufgeholt. Noch immer verdienen Frauen im vereinten Deutschland im Schnitt 21 Prozent weniger als Männer.[49] Im Bildungssystem ist die Gleichstellung von Frauen am weitesten verwirklicht. Doch in der Wirtschaft bleibt die Benachteiligung massiv. Das ist ein Ergebnis des Gender Gap Report den das Weltwirtschaftsforum jedes Jahr veröffentlicht.[50] Demnach hat sich Deutschland im weltweiten Vergleich von Platz fünf im Jahr 2006 auf Platz zwölf im Jahr 2017 verschlechtert. Obwohl im Mai 2015 das »Gesetz für eine gleichberechtigte

Teilhabe von Frauen und Männern in Führungspositionen« in Kraft trat, stieg der Anteil von Frauen in Aufsichtsräten nur leicht, auf 27,5 Prozent. In den eigentlichen Machtzentren der Unternehmen, in den Vorständen, beträgt der Frauenanteil weniger als sieben Prozent. Im Bereich Wirtschaft kommt Deutschland darum beim Gender Gap Report über Platz 43 von 145 untersuchten Staaten nicht hinaus.

Vermutlich wird Deutschland bei der nächsten Veröffentlichung des Gleichstellungsreports im internationalen Vergleich noch weiter zurückfallen. Denn bei der Verteilung von Ämtern in der Politik haben die Männer Terrain zurückerobert. Die ewige Kanzlerin Angela Merkel ist zwar seit vielen Jahren die mächtigste Politikerin der Welt, doch im Bundestag ist der Frauenanteil heute so gering wie seit 20 Jahren nicht mehr.

Die Scheidungsrate des vereinigten Deutschlands hat die der DDR inzwischen überholt.[51] Für Gesellschaften ist die Scheidungsrate nicht ausschließlich ein Maß des Scheiterns und der Instabilität. Sie ist auch ein Indikator für Freiheit. Die Freiheit, sich zu trennen, unabhängig von wirtschaftlichen Zwängen. Es gibt wenige Bereiche, bei denen die Deutschen sich insgesamt so deutlich entkrampft haben wie bei den Formen des Zusammenlebens. »Alternative Lebensformen haben zahlenmäßig an Bedeutung gewonnen«, stellt sogar das statistische Bundesamt fest.[52] Zwischen 2004 und 2014 erhöhte sich die Zahl der Alleinlebenden um 16 Prozent, die der unverheirateten Lebensgemeinschaften um 18 Prozent und die der Alleinerziehenden um acht Prozent. Einen Rückgang gibt es nur bei Ehepaaren, minus acht Prozent.

Ob Single, Wohngemeinschaften, Patchworkfamilien, unverheiratete Paare oder homosexuelle Ehepaare, heute kann jeder so wohnen und leben, wie er will. Oder sich den Beruf aussuchen, der zu ihm passt. Sich anziehen, wie es gefällt. Sich Ringe durch die Nase tackern oder jeden Zentimeter Haut tätowieren. Die Normierung ist für die deutsche Gesellschaft kein Ideal mehr. Ihren Platz hat die Individualisierung eingenommen.

Den größten Zugewinn an Freiheit haben die Deutschen nicht dem Staat oder einer Obrigkeit abgetrotzt. Es ist die Freiheit, die sie sich gegenseitig gewährt haben. Der Korridor des akzeptierten Verhaltens hat sich dramatisch verbreitert. Aus dem schmalen Pfad wurde eine vierspurige Autobahn.

Noch nie so umweltbewusst

Vom Balkon aus konnten wir die Umweltverschmutzung mit bloßem Auge sehen. In den 70er Jahren wohnte unsere Familie in einem Hochhaus unweit der Rhein-Main-Mündung. Die Main-Brühe schillerte in fantastischen Farben, die dem Fluss in den Farbwerken in Frankfurt-Höchst beigemischt wurden. Manchmal tanzten Schaumkronen den Main hinunter. Der Rhein hingegen war graubraun und sah weniger nach Chemiebaukasten aus als sein Zufluss, der Main. Dafür war sein Gestank intensiver. Wenn stromaufwärts in den Ludwigshafener BASF-Werken die Schleusen geöffnet worden waren, litt meine Mutter am nächsten Tag unter heftigen Kopfschmerzen. Nach der Mündung in Mainz vermischten sich schließlich die Flüssigkeiten zu einem Giftcocktail, der weiter Richtung Nordsee floss. Am 1. November 1986 brannte in Basel eine Lagerhalle des Schweizer Chemiekonzerns Sandoz. Mit dem Löschwasser gelangten viele Tonnen giftigen Pflanzenschutzmittels in den Rhein. Die letzten Fische starben. »Rheines Gift« titelte damals die *Zeit*.

Der Unfall bewirkte schließlich ein Umdenken bei Bürgern und Politikern entlang des Rheins. Die Umweltauflagen wurden spürbar verschärft. Das wirkte. 30 Jahre nach dem Chemieunfall schwimmen heute wieder Lachse im Rhein.

Jeder kennt solche Beispiele. Die Kapitäne der Ausflugsdampfer auf der Havel und dem Wannsee in Berlin werden täglich von erstaunten Fahrgästen gefragt, seit wann man denn wieder problemlos bis auf den Grund des Sees sehen kann. In der Ruhr war im Sommer 2017 erstmals wieder das Baden erlaubt, nachdem es 46 Jahre lang wegen der krankmachenden Wasserqualität verboten war. Und bei Greenpeace in Hamburg kann sich niemand mehr daran erinnern, wann die Umweltaktivisten zum letzten Mal zu einer »alternativen Hafenrundfahrt« ausgelaufen sind.

In den 80er Jahren gehörte das zu den Aufgaben von Gerhard Wallmeyer. Er war 1980 eines der Gründungsmitglieder von Greenpeace Deutschland und wurde kurz darauf der erste Angestellte des Vereins. Beinahe wöchentlich hat er Politiker, Journalisten und Umweltaktivisten mit dem Boot zu den gefährlichsten Stellen des Hamburger Hafens geschippert. »Da konnte man alle 300 Meter ein Abflussrohr besichtigen, aus dem stinkendes, dampfendes Gift in die Elbe lief«, erinnert sich Wallmeyer. »Heute sind die Rohre alle verschlossen.« Bei einigen hat Wallmeyer selbst Hand angelegt. »Das sind alles Erfolge der Umweltbewegung.«

Ende Dezember 2016 traf ich Gerhard Wallmeyer. An Silvester ging der längstgediente Greenpeace-Mitarbeiter in Rente. Mehr als 35 Jahre Kampf gegen Umweltzerstörer haben ihn nicht bitter gemacht, im Gegenteil: »Ich persönlich bin wirklich sehr zufrieden. Die Liste der Erfolgsgeschichten ist unglaublich lang.« Nicht weit entfernt von der Greenpeace-Zentrale in der Hamburger Hafen-City liegt eine der größten und ältesten deutschen Kupferhütten. Viele Jahrzehnte verpestete die Dreckschleuder die Umwelt. Die Proteste von Greenpeace bewirkten, dass die Emissionen um 98 Prozent reduziert wurden. Heute ist die Anlage eine der umweltfreundlichsten Kupferhütten der Welt. Der aktuelle Eigentümer, die Firma Auribis, verdient sein Geld inzwischen auch mit dem Verkauf seines Know-hows in der Umwelttechnik, das zu entwickeln die Aktivisten von Greenpeace den Konzern gezwungen hatten.

Seitdem die Giftrohre verschlossen sind und die Unternehmen verschärfte Umweltstandards einhalten müssen, stinkt das Hafenwasser nicht mehr. Das war eine der Voraussetzungen für den Bau der Hamburger Hafen-City, des neusten und teuersten Stadtteils der Hansestadt mit dem inzwischen weltberühmten Wahrzeichen, der Elbphilharmonie. Nicht nur in Hamburg, in vielen deutschen Städten, etwa in Düsseldorf, Mainz, Köln oder Frankfurt, sind in den vergangenen Jahren in den ehemaligen Binnenhäfen exklusive Wohnquartiere entstanden. Bei einer Wasserqualität wie in den 1980er Jahren, wäre das Wohnen dort unerträglich.

Das Wasser wird sauber

Wer älter ist als 40 Jahre, in dessen Hirnwindungen ist irgendwo vermutlich das Wort »Dünnsäureverklappung« noch gespeichert. Dünnsäure war ein Abfallprodukt bei der Herstellung von Lacken und Farben. Täglich fuhren Tanker der Firma Kronos Titan aus Nordenham in die Nordsee und verklappten viele Tonnen der hochgiftigen Säure ungefiltert im Meer. Wallmeyer gehörte zu denen, die in den 80er Jahren mit dem Schlauchboot gegen die Tanker antraten. Ein ganzes Jahrzehnt lang kämpften die Aktivisten gegen das Verbrechen an der Umwelt. Und gewannen. 1989 wurde die Dünnsäureverklappung verboten.

Gerhard Wallmeyer hat in der Vergangenheit oft erfahren, dass er, der Umweltaktivist, den Zustand der Erde deutlich optimistischer einschätzt als die meisten anderen Bürger, die sich für die Umwelt interessieren. »Viele Leute, die sich mit ökologischen Themen beschäftigen, bekommen erst mal Angst«, sagt Wallmeyer. »Wir Profis sind da etwas gelassener. Wir sehen, was wir erreicht haben. Wir haben erfahren: Man kann wirklich etwas machen.«

Zum Beispiel die Ozonschicht retten. Anfang der 80er Jahre machten Forscher eine beängstigende Entdeckung: Jedes Jahr im September verschwindet die Ozonschicht über der Antarktis. Schnell machte das Ozonloch Karriere. Es war eine der großen, berechtigten Ängste nicht nur der Deutschen. Durch das riesige und rasch wachsende Ozonloch erreichte vermehrt schädliche

UV-Strahlung den Boden. Vermutlich erkrankten dadurch viele Menschen an Hautkrebs. Schuld war Fluorchlorkohlenwasserstoff, kurz FCKW, das die schützende Ozonschicht auflöste. Vor allem in Spraydosen und als Kühlmittel in Kühlschränken wurde es verwendet.

Die Weltgemeinschaft reagierte schnell. Bereits 1987 verpflichteten sich 196 Länder und die Europäische Union im Protokoll von Montreal, die Produktion von FCKW bis 1999 zu halbieren. Ein großer Erfolg. Doch Greenpeace ging er nicht weit genug und die Umweltaktivisten forderten die führenden deutschen Kühlschrankbauer auf, einen FCKW-freien Kühlschrank zu bauen. Die »chlorreichen Sieben«, wie die Umweltschützer sie nannten, lehnten allerdings ab. Schließlich sammelte Greenpeace Spenden für das Projekt und beauftragte 1992 die Firma Foron aus dem Erzgebirge mit der Entwicklung des FCKW-freien Kühlschranks.

Die Ingenieure des ehemaligen VEB DKK Scharfenstein verhalfen der Menschheit zu einem ökologischen Durchbruch. Nachdem das Versuchsmodell funktionierte, gingen bei Greenpeace innerhalb weniger Wochen 65.000 Vorbestellungen ein für den weltweit ersten Kühlschrank ohne Ozonkiller. Der Erfolg zwang auch AEG, Liebherr, Bosch-Siemens und schließlich alle großen Hersteller dazu, das FCKW endgültig aus ihren Geräten zu verbannen. Heute ist Fluorchlorkohlenwasserstoff aus Spraydosen und Kühlschränken vollständig verschwunden.

Das Ozonloch schließt sich

Die Ozonschicht schwand zunächst weiter. Sie brauchte einige Jahrzehnte, bis sie auf das Umsteuern reagierte. Doch im Juli 2016 veröffentlichten Forscher des Massachusetts Institute of Technology (MIT) in dem Wissenschaftsmagazin *Science* sensationelle Messergebnisse: Das Ozonloch schließt sich wieder.[53] Die gute Nachricht ist kein vorläufiges Ergebnis, sondern inzwischen gesichert. »Ein wirklich überzeugender Nachweis«, sagt der Ozonloch-Forscher Markus Rex vom Alfred-Wegener-Institut, der an der Studie beteiligt war.[54] Der Kampf gegen das Ozonloch ist bislang der größte Erfolg der internationalen Umweltpolitik. Und ein Beweis für die Wirksamkeit des Engagements der Zivilgesellschaft für die Umwelt.

Die Öko-Bewegung hat gerade in Deutschland viele konkrete Verbesserungen bewirkt. Und sie hat ganz maßgeblich beigetragen zu einem völlig veränderten Bewusstsein für die Belange des Umweltschutzes. In seinen ersten Jahren bei Greenpeace musste Gerhard Wallmeyer sich noch regelmäßig als Spinner beschimpfen lassen. Als die Grünen 1983 mit Wollpullover und Sonnenblumen in den Bundestag einzogen, war das Verständnis für ökologische Themen bei der Mehrheit der Deutschen geringer als heute bei Trump-Anhängern im mittleren Westen der USA. Vor den Chemieunfällen im italienischen Seveso (1976), im indischen Bhopal (1984), bei Sandoz in der Schweiz (1986) und vor dem Gau in Tschernobyl (1986) machten die Deutschen sich keine ernsthaften Gedanken, welche Folgen ihr Handeln für die Umwelt haben könnte. In meiner Kindheit mussten die Autos noch spätestens alle 5000 Kilometer einen Ölwechsel machen. In unserer Straße fuhr man seinen Ford Taunus oder Opel Rekord ganz selbstverständlich über einen freien Gully, öffnete die Dichtungsschraube und ließ die schwarze, giftige Brühe in die Abwasserleitung laufen.

Das Bewusstsein für die Umwelt hat sich grundlegend geändert. Heute hindert die meisten Autofahrer nicht nur das Gesetz an der Altölverklappung nach Altväter Art, sondern der eigene Ekel vor einem solchen Umweltverbrechen. Inzwischen verklagen Golf-TDI-Besitzer das Unternehmen Volkswagen, weil ihr Auto mehr Schadstoffe ausstößt als versprochen. Das *smart home* dreht die Heizung ab, wenn wir nicht da sind, Mülltrennen ist Bürgerpflicht, E-Bikes der Verkaufsschlager der Saison und der Absatz von Bioprodukten wächst um zehn Prozent pro Jahr.[55] Das Bundesumweltministerium hat 2016 das Umweltbewusstsein in einer großen Studie untersuchen lassen. Die Auftraggeberin, die damalige Umweltministerin Barbara Hendricks (SPD), resümiert: »Die Idee der Nachhaltigkeit ist in der Mitte der Bevölkerung angekommen. Für die große Mehrheit ist der Umweltschutz eines der großen Zukunftsthemen. Sie wollen eine ambitionierte Umweltpolitik.«[56]

Das Bundesumweltministerium wurde erst 1986 von Helmut Kohl gegründet, als Reaktion auf die Reaktorkatastrophe in Tschernobyl. Davor hielt man ein eigenes Ministerium für unnötig. Für Kohl ging es dabei nicht um die Ökologie, sondern allein um Macht. Nach dem GAU in Tschernobyl wollte er das Thema Umweltschutz und Reaktorsicherheit besetzen und nicht diesen Grünen überlassen. Mit Walter Wallmann berief Kohl einen Politiker, der bis dahin nicht durch Sachverstand in Umweltfragen aufgefallen war. Ein Jahr später wurde er bereits von Klaus Töpfer abgelöst. Töpfer hatte so prominente Nachfolger wie Jürgen Trittin, Sigmar Gabriel oder Angela Merkel. Doch keiner hat bislang so lange als Umweltminister gedient und so nachhaltige Spuren in der deutschen Umweltpolitik hinterlassen wie er. Nach der Wahlniederlage der CDU 1998 wurde Töpfer Exekutivdirektor des Umweltprogramms der Vereinten Nationen. Kaum jemand kann besser beurteilen, was die Umweltpolitik in Deutschland und der Welt in den vergangenen 30 Jahren bewirken konnte. Für Klaus Töpfer ist die Verbesserung der Wasserqualität eine der vier großen Erfolge, die im Bereich des Naturschutzes in Deutschland gelungen sind. Die anderen sind: Luftreinhaltung, Einführung der Kreislaufwirtschaft (Recycling) in der Abfallentsorgung und die Energiewende.

Die Luft wird sauber

Vor allem um die Qualität der Luft hat Töpfer sich verdient gemacht. Seit dem Beginn der industriellen Revolution war die Luftverschmutzung eines der größten Umweltprobleme und bedrohte schließlich die Lebensgrundlagen in Deutschland massiv. Feinstaub, heute ein großes Problem von Dieselmotoren, war zunächst nicht das einzige Thema. Bis in die 1970er Jahre ging es nicht nur um feinen Staub, sondern um die groben Spuren der Verschmutzung. »Früher konnte man die Partikel sogar sehen und riechen«, erinnert sich Töpfer. Im Bundestagswahlkampf 1961 forderte Willy Brandt, der Kandidat der SPD: »Der Himmel über dem Ruhrgebiet muss wieder blau werden.« Brandts Wahlkampfslogan gilt heute als der Beginn der Umweltpolitik in Deutschland. Drei Jahre später wurden mit der »Technischen Anleitung zur Reinhaltung der Luft«, der TA Luft, erstmals so etwas Ähnliches wie Grenzwerte eingeführt.

Doch sie waren so großzügig, dass sie fast wirkungslos blieben. Als mit Klaus Töpfer in den 80er Jahren erstmals ein ambitionierter Umweltminister benannt wurde, hatte sich der Zustand der Luft inzwischen weiter dramatisch verschlechtert. Wer mit Töpfer über die Themen seiner Amtszeit spricht, fühlt sich wie in einer Zeitmaschine. Begriffe wie »saurer Regen« und »Waldsterben« werden wieder aus dem Gedächtnis gekramt. Dazu Bilder von Baumskeletten, tote Tannen oder Fichten, die in den Höhenlagen des Sauerlands und im Bayerischen Wald massenweise zu besichtigen waren. Mit lautstarker Unterstützung der Umweltbewegung setzte Töpfer eine deutliche Verschärfung der »TA-Luft« gegen den massiven Widerstand der Energiewirtschaft durch. »Wir haben Grenzwerte erarbeitet, von denen damals alle sagten: Das geht doch gar nicht. Die Forschung bewies: Natürlich ging das!« Die Luft erholte sich, der Regen ist nicht mehr sauer, über dem Ruhrgebiet ist der Himmel wieder blau. Und der Wald stirbt nicht, er wächst. Nach Berechnungen der Bundeswaldinventur ist die Waldfläche Gesamtdeutschlands seit 1970 um eine Million Hektar größer geworden.[57] Das ist fast zwei Mal der Schwarzwald.

Gerade der Begriff Waldsterben gilt heute vielen als Beispiel für eine hysterische Reaktion auf eine eingebildete Gefahr. Daraus leiten sie eine Rechtfertigung für Zurückhaltung in der Umweltpolitik ab. Nach dem Motto: Kommt ja doch nie so schlimm, wie die Ökos behaupten. Von wegen Waldsterben. Haben wir ja gesehen. Doch der Wald war tatsächlich bedroht. Das war keine Einbildung. Dass er überlebt hat, ist kein Beispiel für unangebrachtes Warngeheul, sondern für die Wirksamkeit von Umweltpolitik. Die Gesellschaften sind der Zerstörung der Umwelt nicht wehrlos ausgeliefert. Mit Engagement und entschiedener Politik können selbst große Probleme gelöst werden.

Für Politiker ist Umweltpolitik indes kein dankbares Geschäft. »Weil die Lösungen meist nicht gleich morgen fertig waren, wurde ich häufig als Ankündigungsminister gescholten«, sagt Töpfer. Heute, Jahrzehnte später, sind die meisten seiner Ankündigungen verwirklicht und viele Umwelt-Probleme in Deutschland gelöst. Doch an den Anteil, den etwa Töpfer an den Erfolgen hatte, erinnert sich kaum noch jemand. Nicht nur das: Auch die immensen Probleme selbst, die teilweise über Jahrzehnte die Nachrichten und die öffentlichen Debatten bestimmten, sind sehr schnell wieder aus dem Bewusstsein verschwunden. Aus den Nachrichten, aus dem Sinn. »In dem Moment, in dem eine Lösung wirkt, wird sie als Selbstverständlichkeit angesehen und nicht mehr als Erfolg gewertet«, sagt Töpfer. Die Gesellschaft leidet unter Erfolgs-Amnesie.

Gerade in Umweltfragen neigen wir dazu, die Probleme, die vor uns liegen, mit einem apokalyptischen Blick zu betrachten. In der Tat sind die Schwierigkeiten riesig und bedrohlich. Doch wir befinden uns nicht am Anfang des ökologischen Umbaus der Wirtschaft und der Gesellschaft. Wer seine Aufmerksamkeit auf die Vergangenheit richtet, für den wird klar: Früher waren die Belastungen der Umwelt oft größer. Ein Teil des Weges ist also bereits zurückgelegt. Der Blick nach vorne macht Angst. Der Blick zurück macht jedoch Hoffnung.

Kürzlich haben Forscher der Universität von Chicago 135 Jahre alte Vogel-Exponate untersucht.[58] Aus den Ruß-Rückständen im Gefieder der toten Vögel können die Wissenschaftler auf die Luftverschmutzung am Ende des 19. und am Beginn des 20. Jahrhunderts schließen. Ergebnis: Damals war die Luft im sogenannten Rostgürtel der USA erheblich stärker belastet als heute.

Das gilt nicht nur für Amerika, sondern auch für die Atemluft in deutschen Städten. Als im Sommer 2017 heftig über Fahrverbote für Diesel-Fahrzeuge gestritten wurde, stellte sich heraus, dass in vielen deutschen Städten die Grenzwerte für Schadstoffbelastung um ein Vielfaches überschritten werden. Die »Deutsche Umwelthilfe« (DUH) schätzt, dass durch die Belastung durch Feinstaub und Stickstoffdioxyd in Deutschland jährlich 47.000 Menschen mehr sterben, als dies bei Einhaltung der Grenzwerte der Fall wäre.[59] Politik, Behörden, Automobilhersteller und die gesamte Gesellschaft müssen also dringend an der Verbesserung der Situation arbeiten.

Gleichzeitig darf aber nicht vergessen werden, dass die Atemluft in den Städten seit dem Beginn der industriellen Revolution noch nie so sauber war wie heute. Zu Beginn der Industrialisierung, Anfang des 18. Jahrhunderts, lag die Feinstaubbelastung beispielsweise in London bei etwa 260 Mikrogramm pro Kubikmeter.[60] Bis zum Ende des 19. Jahrhunderts stieg sie an auf 600 Mikrogramm. Erst in den 1950er Jahren sank sie wieder auf das Niveau der frühen Industrialisierung. Heute liegt die Feinstaubbelastung in London bei 16 Mikrogramm. Besonders stark sank die Schadstoffbelastung in Deutschland seit der Wiedervereinigung. Das Umweltbundesamt gibt an, dass die jährlichen Stickstoffoxid-Emissionen in Deutschland zwischen 1990 und 2015 um fast zwei Drittel reduziert werden konnten.[61]

Die gute alte Zeit, in der die Luft noch sauber, das Wasser rein und die Äpfel noch schrumpelig und gesund waren – diese Zeit hat es nie gegeben. Natürlich war die Luft auf dem Planeten vor der industriellen Revolution insgesamt sauberer als heute. Aber nicht da, wo unsere Vorfahren sie atmeten. Die Menschen lebten in Hütten oder Häusern mit kleinen, schlecht belüfteten Räumen. Gekocht und geheizt wurde mit rußigen Öfen und am offenen Feuer. Die Nasenlöcher waren schwarz, die Augen rot. Bei der

Schadstoffbelastung, wie sie damals unvermeidlich war, würde heute jedes Ordnungsamt den Aufenthalt in solchen Räumen verbieten. Erst als sich zu Beginn des 20. Jahrhunderts die Zentralheizung allmählich verbreitete, verbesserte sich die Atemluft drinnen. Draußen verpesteten zu diesem Zeitpunkt jedoch schon die Schornsteine der Industrieanlagen die Luft.

Das Essen wird gesünder

Natürlich war auch das Wasser in Flüssen, Bächen und Seen vor der industriellen Revolution sauberer als heute. Aber leider nicht da, wo ein immer größerer Teil der Menschen lebte. In den dicht besiedelten Städten des Mittelalters und der frühen Neuzeit wurde Wasser in Wäschereien verbraucht und zur Verarbeitung von Leder genutzt. Und natürlich dienten die Flüsse als Kloake. Die Gewässer und die meisten Brunnen in der Nähe von menschlichen Siedlungen waren mit Fäkalien verseucht. Sauberes Wasser war knapp und teuer. Ersatzweise tranken die Menschen Unmengen Bier. Das war sauberer. Wegen der großen Nachfrage wurden zahllose Brauereien gegründet. Allein in Hamburg zählte man im Jahre 1376 ganze 457 Brauereien.[62] In Köln lag der Konsum zu dieser Zeit etwa bei 295 Liter pro Jahr und Kopf, zwei große Bier am Tag, Frauen und Kinder mitgerechnet. Heute dient Bier nur noch wenigen als Grundnahrungsmittel. Und die Qualität des Leitungswassers, mit dem wir unsere Toiletten spülen, ist in der Regel höher als das von Mineralwassern in Flaschen. Obgleich sauberes Wasser in Deutschland keine Mangelware mehr ist, gehen die Menschen hierzulande immer sparsamer mit der Kostbarkeit um. 1963 verbrauchte jeder Bundesbürger noch durchschnittlich 171 Liter am Tag. Heute sind es noch 123 Liter.[63]

Die Angst vor Schadstoffen in Lebensmitteln gehört zu den fünf größten Ängsten der Deutschen. 58 Prozent fürchten sich davor.[64] Doch die Geschichte von der angeblich immer schlechter werdenden Qualität der Produkte der heutigen Lebensmittelindustrie erweist sich bei näherer Betrachtung als Mythos. Was die Nostalgiker übersehen: Erst durch den Import und die Lagerung in modernen Kühlhäusern können wir heute das ganze Jahr über frisches Obst und Gemüse essen. Im Vergleich zu den 1950er Jahren hat sich der Verzehr frischer Ware pro Kopf etwa verdreifacht.[65] Wir essen heute nicht nur mehr gesunde, sondern vor allem viel weniger ungesunde Nahrungsmittel. Früher waren keine chemischen Konservierungsstoffe im Essen. Ein Vorteil war das jedoch nicht. Unsere Vorfahren aßen regelmäßig leicht verdorbene oder angeschimmelte, also hoch toxische Lebensmittel. Gammelfleisch kam täglich auf den Tisch. Die Bauern, die Müller oder die Lebensmittelhändler waren damals nicht ehrlicher und vertrauenswürdiger als die Betreiber von Legebatterien heute. Sie wurden nur schlechter kontrolliert.

Schon im 19. Jahrhundert wurden die ersten großen Lebensmittelskandale dokumentiert.[66] Mehl in der Wurst war ein gängiger Trick. Milch wurde oft bis zu 50 Prozent verdünnt und mit Wasser, Kreide, Gips, Gerste, Reis, zerhacktem Kalbshirn oder Seife gestreckt. Außerdem wurde regelmäßig saure, schleimige und sogar bluthaltige Milch von kranken Kühen in den Handel gebracht. Für den Fortschritt waren zwei Faktoren verantwortlich: die Lebensmittelchemie sowie der Staat. Die Regierung des Deutschen Reichs erließ 1879 das erste Nahrungsmittelgesetz und begann alsbald mit dem Aufbau einer staatlichen Lebensmittelüberwachung. Bürokraten ist es zu verdanken, dass wir heute gesünder essen als jemals Menschen zuvor.

Noch nie so gesund

Es passiert jede Woche, irgendwo in Deutschland: Menschenmassen schieben sich durch Messehallen. An den Verkaufsständen riecht es nach Gier, nach schnellem Geld. Angeboten werden Klangschalenmassagen, Aura-Fotografie oder ein »Bio-Scan«, wobei ein Metallstab am Körper vorbeistreicht und dabei in nur 90 Sekunden sämtliche Organe durchcheckt. Wie einst »Pille« in *Raumschiff Enterprise*. Die Ausstellungen heißen »Altermed«, »Feel Good«, »Energetika«, »BIOterra« oder »Paracelsus«. Sie touren das ganze Jahr als Veranstaltungen durch die Messezentren der Republik. Manchmal kommen über 20.000 Besucher an einem Wochenende.

Alternative Medizin ist ein Wachstumsmarkt in Deutschland. Wer bei Google »Krebs heilen« eintippt, bekommt als Erstes diese fünf Suchvorschläge angeboten: Krebs heilen ohne Chemo, Krebs heilen durch Ernährung, Krebs heilen mit Hanf, Krebs heilen mit Gold, Krebs heilen durch Fasten. Der Algorithmus kennt die wahren Interessen der User. Impfgegner demonstrieren regelmäßig in den Fußgängerzonen. Das Statistische Bundesamt schätzt, dass in Deutschland etwa 43.000 Heilpraktiker und Homöopathen ihre Dienste anbieten.[67] Hinzu kommen etwa 15.000 »geistige Heiler«.[68] Nicht alle sind harmlos. Der Medizinjournalist Bernhard Albrecht hat im *stern* aufgedeckt, dass Heilpraktiker für eine Serie von Todesfällen verantwortlich sind, weil sie sogar Krebskranke mit Pendeln, Handauflegen und wirkungslosen Kügelchen behandeln und vom Besuch richtiger Ärzte abhalten. Die sie vermutlich gerettet hätten.[69] Albrecht berichtet: Allein im Münchner Universitätsklinikum rechts der Isar tauche jeden Monat mindestens eine Patientin auf, deren Brustkrebs durch Alternativheiler verschleppt worden sei. Im Land von Rudolf Virchow, Robert Koch und Ferdinand Sauerbruch breitet sich der medizinische Aberglaube aus wie ein Virus.

Dabei gibt es wohl keinen Bereich, in dem der Fortschritt so offensichtlich und so lückenlos nachgewiesen ist wie in der klassischen Schulmedizin. Nur ein paar Highlights: Die Pocken, denen noch im 20. Jahrhundert Hunderttausende zum Opfer fielen, sind vollständig ausgerottet. Pest und Cholera tauchen nur noch in Krisengebieten auf. In meiner Kindheit hingen in allen Schulen Plakate, die für eine Polio-Impfung warben: »Schutzimpfung ist süß – Kinderlähmung ist grausam«. Das Impfprogramm wirkte. Die letzte Polio-Infektion in Deutschland diagnostizierte das Robert Koch-Institut 1992. Der Kampf gegen die Kinderlähmung ist auf der ganzen Welt erfolgreich. Die Weltgesundheitsorganisation WHO hat in 30 Jahren einen Rückgang der Polio-Fälle um 99,99 Prozent verzeichnet, von 350.000 im Jahr 1988 auf 37 Fälle 2016.[70] Für die nächsten Jahre rechnet die WHO mit der vollständigen Ausrottung der Kinderlähmung. Wieder ein Haken hinter eine der schlimmsten Plagen der Menschheit. Von diesem Erfolg ist der Kampf gegen die Masern noch ein Stück entfernt. Doch auch bei dieser hochinfektiösen Kinderkrankheit ging die Zahl der Toten allein seit 2000 um 84 Prozent zurück.[71]

Auch in den ärmsten Ländern der Welt dürfen sich die Menschen über eine besonders wirksame Verbesserung ihrer medizinischen Versorgung freuen. Wegen der breit angelegten Impfkampagnen konnten Malaria-Erkrankungen, Afrikas große Geißel, in diesem Jahrtausend halbiert werden. Es gibt nur noch eine Handvoll Länder, in denen weniger als 90 Prozent der Kleinkinder gegen Diphtherie, Tetanus und Keuchhusten geimpft sind.[72] Dazu haben auch viele, beinahe unbekannte Aktionen beigetragen wie die des Windelherstellers Pampers. Seit 2006 bezahlen Eltern im Westen mit jedem Windelkarton eine Impfdosis gegen Tetanus für Kinder in Afrika und Asien.[73] So konnten weltweit 100 Millionen Babys geschützt werden. In 20 Ländern wurde Tetanus seit Beginn der Aktion besiegt.

Es existiert keine vergleichbare Methode, mit der so viele Millionen Menschenleben gerettet werden wie mit den Chemiecocktails, die Schulmediziner in Labors zusammenrühren: Impfungen.

Als 2014 und 2015 das Ebola-Virus in Afrika ausbrach, starben in Liberia, Sierra Leone und Guinea rund 11.300 Menschen. Das Krisenmanagement der WHO und die langsamen Reaktionen der reichen Länder wurden damals heftig kritisiert. Doch schließlich reagierte die Welt der Medizin effektiv. Die Ausweitung der

Krankheit konnte vollkommen gestoppt werden. In nur drei Jahren entwickelten Pharmaforscher einen Impfstoff, der fast ausschließlich Menschen in den armen afrikanischen Ländern zugutekommt.

Beim Kampf gegen Aids wurde den Pharmaunternehmen lange mangelndes Engagement vorgeworfen, weil die weitaus meisten Infizierten Afrikaner sind. Fast fünf Prozent der Bevölkerung in den Staaten südlich der Sahara sind HIV-positiv.[74] Doch einen Impfstoff gegen das HI-Virus zu entwickeln ist unvergleichlich schwerer als gegen Ebola. Dennoch sind die Anstrengungen gegen die Ausbreitung der Immunkrankheit und vor allem für eine wirksame Therapie inzwischen erfolgreich. Die Zahl der weltweiten Neuinfektionen hat sich seit den 90er Jahren halbiert.[75] Noch wichtiger: Auch die Zahl der Menschen, die an den Folgen ihrer Infektion sterben, hat sich seit 2004 beinahe halbiert.[76] Inzwischen ist Aids kein Todesurteil mehr. Es gibt wirksame Medikamente. Die Zahl der Infizierten, die eine solche lebensrettende Therapie machen, verdoppelt sich alle fünf Jahre.

Fortschritt durch geniale Köpfe

Im 19. und 20. Jahrhundert galoppierte die Kunst des Heilens in riesigen Sprüngen nach vorne. Die meisten Fortschritte dieser Zeit waren das Ergebnis der Genialität einzelner Ärzte, Wissenschaftler oder Erfinder. Der Franzose René Laennec erfand das Stethoskop, ein Gerät, mit dem man in den Köper hineinhören kann. Wilhelm Röntgen baute einen Apparat, der den Blick ins Körperinnere erlaubt. Der Amerikaner William Thomas Green Morton entdeckte die schmerzstillende Wirkung des Äthers. Im Oktober 1846 operierte er erstmals einen mit Äther betäubten Patienten. Es war die erste schmerzfreie Operation in der Geschichte. Davor schnitten die Ärzte bei vollem Bewusstsein an ihren Patienten herum. Das Leiden dauerte meist nicht lange. Die Betroffenen wurden vor Schmerz schnell ohnmächtig. Oder starben. Die Anästhesie ist eines der größten Geschenke der Medizin an die Menschheit. Selbst fundamentalistische Anhänger alternativer Heilmethoden möchten darauf nicht verzichten.

Dem Ungarn Ignaz Semmelweis verdanken wir die Erkenntnis, dass sich Krankheiten durch mangelnde Hygiene verbreiten. Davor war es im Krankenhaus nicht üblich, medizinisches Besteck oder die Hände nach jeder Behandlung eines Patienten zu desinfizieren. Viele Ärzte brachten statt Heilung den Tod.

Durch eine Schlamperei gelangte ein Schimmelpilz in die Bakterienkultur in der Petrischale des Engländers Alexander Flemming. Als der Bakteriologe die Verunreinigung feststellte, hatte der Schimmel bereits die tödlichen Bakterien zerstört. Es war die Entdeckung des Penicillins, der Superwaffe gegen Infektionen.

Der Staat macht gesund

Auf Dr. med. Zufall und auf Geistesblitze brillanter Einzelkämpfer kann der medizinische Fortschritt schon lange nicht mehr warten. Bahnbrechende Innovationen in der Medizin sind heute Produkte großer Forschungsorganisationen. Die entscheidenden Voraussetzungen für den Erfolg sind massenweise Daten und noch mehr Geld. Es gibt weltweit vor allem eine Organisation, die bereit und in der Lage ist, das notwendige Risikokapital zur Verfügung zu stellen: der Staat. Die vielfach ausgezeichnete Ökonomin Mariana Mazzucato hat in ihrer Streitschrift *Das Kapital des Staates*[77] für die USA nachgewiesen, dass die Entwicklung von 75 Prozent der innovativsten Medikamente von den »National Institutes of Health« (NIH) finanziert wurden, also vom Staat. Allein in der ersten Dekade dieses Jahrhunderts bezahlten die amerikanischen Steuerzahler rund 600 Milliarden Dollar für die Entwicklung neuer Medikamente. Die Pharmaindustrie investiert ihr Geld lieber in Werbung als in Forschung. Eine Studie des »International Health System Program« (IHSP) der Universität Harvard kommt zu dem Ergebnis, dass von den 100 größten

Pharmakonzernen 89 mehr Geld für Marketing ausgeben als für Forschung. 58 dieser Firmen ist die Werbung dreimal so viel wert, 27 Firmen sogar zehnmal so viel.[78]

Entscheidend für die Gesundheit sind jedoch weniger die neuesten Innovationen als die Frage, ob die Patienten überhaupt Zugang zu den notwendigen Therapien haben. Staatliche Institutionen sind nicht nur für den medizinischen Fortschritt verantwortlich. Von der Leistungsfähigkeit öffentlicher Gesundheitssysteme hängen die konkreten Heilungschancen der Kranken ganz maßgeblich ab. Als Otto von Bismarck 1883 die gesetzliche Krankenversicherung einführte, war das eine Pioniertat, die allen Bürgern Zugang zu medizinischer Versorgung ermöglichte. Die Idee hat sich fast über den gesamten Globus ausgebreitet. Fast. Über 130 Jahre später ist Gesundheitsversorgung noch immer nicht für alle Menschen selbstverständlich. Die Fachzeitschrift *The Lancet* hat in dieser Frage jedoch Positives zu vermelden.[79] In einer Langzeitstudie haben Forscher die Entwicklung der Gesundheitsversorgung zwischen 1990 und 2015 untersucht. In 167 von 195 betrachteten Ländern hat sich die Versorgung verbessert. Im Schnitt bekamen die Länder ein Drittel mehr Punkte auf der Wertungsskala. Wie in vielen Kategorien ist allerdings auch bei der medizinischen Versorgung der Abstand gewachsen zwischen den besten Ländern – Andorra und die Schweiz – und den Ländern am unteren Ende – Afghanistan und die Zentralafrikanische Republik.

In Deutschland genießt das Gesundheitswesen absolute Priorität. Darum hat sich die Zahl der Beschäftigten in der Gesundheitsbranche seit der Jahrtausendwende spürbar erhöht, von vier Millionen auf fast fünfeinhalb Millionen im Jahr 2015.[80] Die Ausgaben für die medizinische Versorgung stiegen seit 2000 sogar um rund 70 Prozent auf 360 Milliarden Euro. Unterm Strich arbeitet gut jeder zehnte Beschäftigte im Gesundheitswesen und geben die Deutschen gut jeden zehnten erwirtschafteten Euro für die Gesundheit aus.

Das Ergebnis ist ein längeres Leben. Wer 1960 geboren wurde, hatte eine Lebenserwartung von knapp 70 Jahren. Der Jahrgang 2017 hat im Schnitt bereits 81 Jahre Leben vor sich.[81] Dass die Lebenserwartung der Deutschen kontinuierlich ansteigt, ist jedoch nicht allein das Ergebnis der verbesserten Gesundheitsversorgung. Lebensgefahren wie der Straßenverkehr verloren einen Teil ihres einstigen Schreckens. 1970 zählten die DDR und die BRD zusammen noch über 21.000 Verkehrstote. 2016 waren es im vereinten Deutschland noch 3206, ein Rückgang um 85 Prozent.[82]

Das Leben der Deutschen wurde ungefährlicher und gesünder. Die Raucher saugen ein Drittel weniger Tabakqualm in ihre Lungen als noch zu Beginn des Jahrtausends.[83] Der Alkoholverbrauch sank seit 2000 um gut zehn Prozent. Vor allem Jugendliche trinken so wenig Alkohol wie seit den 70er Jahren nicht mehr.[84] In Zeitungen und Zeitschriften sind Gesundheitsthemen die großen Auflagenschlager. Nichts interessiert die Deutschen mehr als ihre eigene Gesundheit. Aus der spießigen »Trimm-dich«-Kampagne aus den 70er Jahren mit Trimm-dich-Pfaden und einer Erkennungsmelodie gespielt von Max Greger ist inzwischen eine boomende Fitness-Branche geworden. Allein zehn Millionen Erwachsene sind Mitglieder in einem Fitnessstudio.[85] Und die Betreiber behaupten standhaft, darunter seien nur wenige Karteileichen.

Krebs: die letzte übrig gebliebene Todesursache

Lang ist die Liste der besiegten Krankheiten, doch Krebs steht noch immer nicht darauf. Nach derzeitigem Stand erkranken 43 Prozent aller Frauen daran und sogar jeder zweite Mann.[86] Krebs ist die zweithäufigste Todesursache in Deutschland (nach Herz-Kreislauf-Erkrankungen). Das Robert Koch-Institut hat festgestellt: In Deutschland hat sich zwischen 1970 und 2013 die Zahl der jährlichen Neuerkrankungen an Krebs verdoppelt. Der Krebs, so der Eindruck, breitet sich aus wie ein Krebsgeschwür.

Das ist die übliche Sichtweise auf die Entwicklung der Volkskrankheit.

Tatsächlich bekommen so viele Menschen einen bösartigen Tumor, weil sie so alt geworden sind. Krebs ist eine Krankheit, die vor allem ältere Menschen betrifft. Unsere Großeltern waren häufig schon an anderen Krankheiten gestorben, bevor sie das »Krebsalter« erreichten. Das ist eine Folge der gestiegenen Lebenserwartung. Vergleicht man die Fälle »altersstandardisiert«, also die 75-Jährigen mit den 75-Jährigen, ergibt sich kein Anstieg, sondern, im Gegenteil, ein signifikanter Rückgang der Neuerkrankungen. Noch deutlicher als bei den Neuerkrankungen ist die Verbesserung bei den Todesfällen. Altersstandardisiert starben 2014 rund 25 Prozent weniger Frauen an einem Krebsleiden als noch 1991. Bei Männern beträgt der Rückgang sogar 30 Prozent.[87] Wer heute an einer Tumorerkrankung stirbt, ist im Schnitt 74 Jahre alt, vier Jahre älter als noch 1980.[88] Durch Früherkennung und neue Therapiemethoden haben sich die Überlebensraten der häufigsten Krebsarten dramatisch verbessert. Das Krebsleiden breitet sich also nicht aus. Die Entwicklung der Volkskrankheit ist hingegen ein Beispiel für einen erfolgreichen Kampf des gesamten Gesundheitswesens.

Und dennoch prognostiziert der World Cancer Report weltweit fast eine Verdoppelung der Neuerkrankungen sowie der Todesfälle in den kommenden beiden Jahrzehnten.[89] Was sich anhört wie eine Horrormeldung, ist bei genauerem Hinsehen eine gute Nachricht. Denn sie basiert auf der weltweit erheblich steigenden Lebenserwartung. Und es werden so viele Menschen am Krebs sterben, weil ein Großteil der anderen tödlichen Krankheiten keine Gefahr mehr darstellt. Krebs ist also der letzte Massenkiller, der noch übrig geblieben ist.

Noch nie so gebildet

Niemand hat gefeiert. Vermutlich war der Erfolg einfach schon zu selbstverständlich. So wurde er nicht mehr als Sensation wahrgenommen. Oder es lag an dem komplizierten Wort: Studienberechtigtenquote. Damit ist der Anteil gemeint, der ein Abitur oder ein Fachabitur bestanden hat und somit studieren darf. 2011 war es so weit: Zum ersten Mal in der deutschen Geschichte verließen mehr als die Hälfte der Absolventen die Schule mit der Berechtigung zu einem Studium.[90] Der Jahrgang 1993 ist der erste, der mehrheitlich die Hochschulreife besitzt. So erlebten die deutschen Hochschulen im Wintersemester 2017/18 mit 2,85 Millionen eingeschriebenen Studierenden einen Rekord. Und ebenso einen Rekordzuwachs um 46 Prozent allein in den vergangenen zehn Jahren.[91]

Das ist der vorläufige Höhepunkt eines Anstiegs, den die Deutschen seit Jahrhunderten erklimmen. Es begann 1763, als Friedrich II. das Generalschulreglement erließ und damit die Schulpflicht in Preußen einführte. Es war die größte Errungenschaft im Dienste der sozialen Gerechtigkeit. Davor konnten nur die Kinder einer kleinen Elite lernen. Seitdem alle. In den 250 Jahren hat die Bildung eine unvergleichliche Karriere gemacht. Heute gilt sie als entscheidender Rohstoff der Volkswirtschaften, als der Schlüssel zu Wohlstand, Status, Freiheit, Gesundheit und Lebenszufriedenheit. Umgekehrt ist mangelnde Bildung der größte Risikofaktor für Armut, Unfreiheit und einen frühen Tod. Natürlich sind das Abitur oder ein abgeschlossenes Studium keine Garantie für wirtschaftlichen Erfolg. Lange war der Taxifahrer mit dem Magister in Soziologie ein verbreitetes Klischee. Doch die Skepsis gegenüber höherer Bildung war in Deutschland nie etwas anderes als Fake News der Ungebildeten, zu jeder Zeit. Seit in Deutschland Arbeitsämter oder Arbeitsagenturen Statistiken führen, waren nie mehr als vier Prozent der Hochschulabsolventen arbeitslos.[92] Bildung lohnt sich, sowohl aus der persönlichen

Perspektive als auch für den Staat. Eine höhere Rendite gibt es bei keiner anderen Investition. Auf ein Menschenleben gerechnet ist der Return on Investment höher als bei Apple oder Netflix. Schon im Jahr 2010 hat das Institut der deutschen Wirtschaft (IW) berechnet, dass nur ein zusätzliches Bildungsjahr das künftige Einkommen eines Menschen um etwa zehn Prozent erhöht.[93] Das Zentrum für Europäische Wirtschaftsforschung (ZEW) kommt 2014 zu dem Ergebnis, dass die Bildungsrendite des Staats etwa in derselben Größenordnung liegt. Wer besser gebildet ist, zahlt mehr Steuern und Abgaben und ist seltener auf staatliche Transferzahlungen angewiesen. Mit bis zu zehn Prozent verzinsen sich nach den Berechnungen des ZEW die staatlichen Bildungsausgaben.[94] Bildung macht alle reich, den Staat und seine Bürger.

Den gestiegenen Anstrengungen in der Bildung haben die Deutschen ihren steigenden Wohlstand zu verdanken. Um sich die Verbesserungen bewusst zu machen, reicht es mitunter aus, in den persönlichen Erinnerungen zu kramen. Als ich eingeschult wurde, waren wir 46 Kinder in der Klasse. Das war kein idealer Lernzustand, doch für Babyboomer ein durchaus üblicher. Die meisten von uns haben mehrere Schuljahre in provisorischen Klassenräumen oder Containern verbracht. Heute sind bundesweit im Schnitt 21 Kinder in einer Klasse.[95]

Wie steil die Bildungskurve nach oben zeigt, wird deutlich, wenn man sich die Zahlen für die Generation der Eltern und Großeltern der heutigen Schulabgänger anschaut: Bei den Eltern (heute 40 bis 55 Jahre) lag die Studienberechtigungsquote noch bei etwa einem Viertel, bei den Großeltern (über 65 Jahre) bei gerade mal 15 Prozent.[96] Den größten Sprung machten die jungen Frauen. Von ihren Großmüttern durfte nur jede Zehnte eine höhere Schule besuchen, halb so viele wie von den Großvätern. Inzwischen haben ihre Enkelinnen nicht nur zu den Enkeln aufgeschlossen, sondern sie längst überholt.

Der Analphabetismus stirbt aus

Diese Entwicklung ist nicht auf die »Bildungsrepublik Deutschland« beschränkt oder auf Europa und Nordamerika. Eine explosionsartige Expansion des Lernens ist in der gesamten Welt zu spüren. Die weltweit gültige Maßeinheit für Bildung ist jedoch nicht die Hochschulreife, sondern der Alphabetismus. Über Jahrhunderte war Lesen und Schreiben ein Privileg einer kleinen Minderheit. Noch zu Beginn des 20. Jahrhunderts konnten nur etwa 20 Prozent der erwachsenen Weltbevölkerung lesen.[97] Bis 1950 wuchs der Anteil langsam an auf etwa ein Drittel. Doch dann nahm die Entwicklung Tempo auf. Endlich wurde 1970 die 50-Prozent-Marke überschritten. Heute hat sich das Verhältnis umgekehrt: 84 Prozent aller Erwachsenen auf der Welt können lesen, 16 Prozent nicht.

Der Analphabetismus stirbt aus. Im Wortsinn. Denn die Ungebildeten gehören in der Regel zur älteren Generation. In Ländern wie beispielsweise Algerien oder dem Oman können nur gut 16 Prozent der über 65-Jährigen Buchstaben entziffern. Bei ihren 15- bis 25-jährigen Enkeln sind es hingegen rund 95 Prozent.[98] Viele Länder holen in nur zwei Generationen eine Entwicklung nach, für die Europa mehrere Jahrhunderte benötigte.

Der rasende Zuwachs an Bildung wird schon bald dazu führen, dass der Analphabetismus als Maßstab seine Aussagekraft verliert. Dann wird man in der ganzen Welt genauso rechnen wie in Deutschland: Wie hoch ist der Anteil der Menschen, der es bis zur Hochschulreife schafft. Das »Wittgenstein Centre for Demography and Global Human Capital« in Wien hat sich auf Prognosen in wesentlichen Menschheitsfragen spezialisiert. Die Wissenschaftler wagen eine Vorhersage, wann mehr als die Hälfte aller Erwachsenen auf der Welt die Hochschulreife haben. Lange müssen wir nicht mehr warten. Es geht nur noch um den für Bildungsfortschritte vergleichsweise kurzen Augenblick von etwa 20 Jahren.[99] Irgendwann zwischen 2035 und 2040 wird es so weit sein.

Noch nie so anpassungsfähig

Eines Morgens klopfte es an der Tür zu unserem Klassenraum. Es war die Sekretärin des Schuldirektors. An der Hand hatte sie einen Jungen mit dunklen Haaren und ängstlichen Augen. »Er heißt Mehmet«, sagte die Sekretärin, zog ihn quer durch den Raum und schob ihn auf einen freien Stuhl in der letzten Reihe. Unsere Klassenlehrerin protestierte zaghaft, doch da war die Sekretärin schon wieder auf dem Flur. Niemand hatte den neuen Schüler angekündigt. Es war Anfang der 70er Jahre, wir waren in der vierten Klasse und zum ersten Mal im selben Raum mit einem leibhaftigen Türken. Mehmet sprach kein Wort Deutsch. Niemand konnte sich mit ihm verständigen. Die Lehrerin war genauso hilflos wie wir Schüler. Was macht man mit so einem?

Die Antwort gab der Alltag: nichts. Mehmet saß den ganzen Vormittag still auf seinem Platz. Er sagte nichts, er störte nicht, nach wenigen Tagen hatten alle vergessen, dass er dahinten saß. Ein paar Monate später war das Schuljahr vorbei, die vierte Klasse löste sich auf. Was aus Mehmet wurde, weiß ich nicht. Ich bin mir nicht sicher, ob wir jemals seine Stimme gehört haben.

Die Behandlung der »Gastarbeiter« und ihrer Kinder ist das größte Versagen in der Geschichte der Bundesrepublik. Über Jahrzehnte unternahmen Politiker, Behörden und die große Mehrheit der Gesellschaft alles, um das zu verhindern, was wir heute Integration nennen. Der Besuch der Schule wurde erschwert, Sozialleistungen gekürzt, Familiennachzug ausgesetzt, Hürden gegen Einbürgerung aufgebaut. Die Fremden waren nicht willkommen, nicht im Fußballverein, nicht am selben Tisch in der Kantine, nicht in der Nachbarschaft, nicht in der Disko. Über Jahrzehnte war praktizierte Fremdenfeindlichkeit eine Säule der deutschen Leitkultur. Bis in die jüngste Zeit war die einzige Rolle, die Zuwanderern von der Mehrheitsgesellschaft zugestanden wurde, dieselbe, die Mehmet in unserer

Klasse hatte: mittendrin, aber nicht dabei. Der Platz, der den Einwanderern zugewiesen wurde, war die Parallelwelt.

Dann passierte das Wunder. Auf dem Höhepunkt des Flüchtlingszustroms im Sommer 2015 engagierten sich über Nacht Millionen Deutsche in nie gekannter Weise für Fremde. Offenbar hatten viele auf eine solche Gelegenheit für ein Gemeinschaftsengagement nur gewartet. Anders ist nicht zu erklären, was in Großstädten wie Hamburg plötzlich geschah. Als die Behörden beschlossen, 1200 Flüchtlinge in den Messehallen unterzubringen, dauerte es genau drei Stunden, bis die ersten Freiwilligen in den Messehallen anrückten, die sofort Regale aufbauten und sie mit Kleiderspenden füllten. Niemand hatte sie gerufen. Sie waren einfach da und bauten aus dem Stand eine Logistik auf, mit der man auch eine Supermarktkette betreiben könnte. Übers Wochenende organisierten private Initiativen ein Geldspendensystem, um für die Neuankömmlinge Toilettenartikel und Unterwäsche zu kaufen. Monatelang wurden in vielen Großstädten die Geflüchteten nicht vom Staat, sondern hauptsächlich von privaten Spontanorganisationen mit dem Nötigsten versorgt. Wer vorher eine solche humanitäre Gemeinschaftsleistung der Zivilgesellschaft vorausgesagt hätte, wäre als Spinner und Traumtänzer verlacht worden.

Bis heute staunt die Welt, wie in Deutschland Politik, Behörden und Zivilgesellschaft den Kraftakt der Unterbringung von 1,5 Millionen Flüchtlingen gemeistert haben. Die eigentliche Aufgabe hat indes gerade erst begonnen: Die Integration von Hunderttausenden Menschen, die in einer völlig anderen Kultur aufgewachsen sind. Unter ihnen sind 300.000 Kinder.

Doch diesmal werden die neuen Mitschüler anders behandelt als Mehmet. Die Schulen haben reagiert und fast 10.000 zusätzliche Lehrer eingestellt, die Deutsch als Fremdsprache unterrichten, dazu viele Hundert Sozialarbeiter. An jeder einzelnen Schule in Deutschland werden Konzepte ausprobiert, um die Neuen zu unterstützen. Manche Schulen richten spezielle

Integrationsklassen ein. Andere versuchen, die Flüchtlingskinder sofort in den Regelklassen zu integrieren. Die Belastungen für Lehrer, Schüler und Eltern sind gewaltig. Auch drei Jahre nach dem großen Ansturm funktioniert längst nicht alles reibungslos. Und natürlich werden bei der Integration Fehler gemacht.

Neue Fehler. Die alten aus den 70er und 80er Jahren werden nicht wiederholt. Letzte Reihe Klappe halten, das gibt es heute nicht mehr. Ich wünschte, wir hätten Mehmet damals so behandelt wie die Flüchtlingskinder heute. Die meisten können schon nach wenigen Monaten dem Unterricht weitgehend auf Deutsch folgen.

Der lange Marsch der Zuwanderer durch die Institutionen

Dennoch sind Zuwanderer – vom Flüchtling bis zum Einwandererkind in der dritten Generation – im deutschen Bildungssystem weiterhin benachteiligt. Doch die Benachteiligung hat sich in den vergangenen Jahren spürbar abgeschwächt. Zu diesem Ergebnis kommt der Bildungsbericht der Bundesregierung.[100] Die Verbesserungen wachsen sich von unten nach oben durch das System. Den Kindergarten besuchen inzwischen 90 Prozent der Kinder mit Migrationshintergrund. Ihre 15-jährigen Geschwister haben sich beim Pisa-Test in der Disziplin Lesekompetenz verbessert und zu den Leistungen der deutschen Unterschicht aufgeschlossen. Und immerhin 13 Prozent der Nachkommen der Einwanderer studieren an der Uni.

Das Markenzeichen des deutschen Bildungswesens ist nicht die Diskriminierung allein der Zuwandererkinder, sondern aller Kinder aus bildungsfernen Familien.[101] Das bescheinigen die Pisa-Tests der deutschen Politik mit unschöner Regelmäßigkeit. Die Einwanderer aus den 60er und 70er Jahren waren mehrheitlich Angehörige der ländlichen türkischen Unterschicht, die wenig Kompetenzen mitbrachten, um ihre Kinder in der Schule unterstützen zu können. Die deutschen Schulen halfen nicht beim Bildungsaufstieg. Darunter litten jedoch nicht nur Einwandererkinder, sondern genauso die Kinder der deutschen Unterschicht. Der Grund für die Benachteiligung in der Schule ist nicht die Herkunft aus einem anderen Land, sondern die Herkunft aus dem falschen sozialen Milieu.

Etwa jedes dritte Schulkind in Deutschland hat einen Migrationshintergrund. Diese Entwicklung hat das deutsche Bildungswesen über Jahrzehnte konsequent ignoriert und sich nie grundsätzlich auf die neuen Gegebenheiten eingestellt. Kinder hatten sich an die Erfordernisse der Schule anzupassen, nicht umgekehrt. Basta. Die 300.000 Flüchtlingskinder haben geholfen, dieses überkommene Prinzip umzukehren. Heute gibt es Integrationsklassen und Willkommensprogramme an jeder einzelnen Schule. Zum ersten Mal reagiert das deutsche Bildungssystem jetzt auf die Bedürfnisse von Einwandererkindern. Die Schulen sind nicht mehr ausschließlich Lehranstalten, sie lernen selbst.

Beim Umgang mit Zuwanderern war die deutsche Gesellschaft über Jahrzehnte wie ein Brummer, eine fette Fliege, die immer und immer wieder an derselben Stelle gegen die Fensterscheibe knallt: peng, peng, peng. Unfähig, den falschen Kurs zu korrigieren. Die Reaktionszeit war viel zu lang. Aber nicht endlos. Nun verändert sich das Land.

Deutschland ist die Summe seiner Fehler. Und fortwährend kommen neue dazu. Funktionierende Gesellschaften und politische Systeme zeichnen sich indes nicht durch Fehlerlosigkeit aus. Man erkennt sie nicht an ihren Erfolgen, sondern an ihrer Fähigkeit, Fehler zu korrigieren. Über viele Jahrzehnte war der Reformstau ein Wesensmerkmal der Bundesrepublik. Betonköpfe und ihre Veränderungsphobien prägten die Atmosphäre. Draußen nur Kännchen. Doch in der jüngsten Vergangenheit trauen sich die Deutschen etwas Neues zu: Anpassung. Deutschland hat sich als ein lernfähiges Gemeinwesen erwiesen.

Angefangen hat es mit einem Jahrhundertproblem, das heute schon beinahe vergessen ist: Massenarbeitslosigkeit. Während meines gesamten Erwachsenenlebens war sie das zentrale Thema der Politik. Im Frühjahr 2005 erreichte der Arbeitsmarkt eine Rekordmarke vermutlich für die Ewigkeit: über fünf Millionen Arbeitslose.

In den 90er Jahren und zu Beginn des neuen Jahrtausends gehörte ich zu den Journalisten, die jeden Winkel dieses Phänomens vermessen und ausgeleuchtet haben. Lange fehlte Deutschland der Mut und die Kraft zu einem entscheidenden Eingriff. Reformstau war 1997 das Wort des Jahres. In unzähligen Artikeln beschrieb ich die Situation von Arbeitslosen im Osten und im Westen, jung und alt, gut ausgebildet und ungelernt, faul und fleißig. Mal standen Arbeitgeber im Mittelpunkt, mal Gewerkschafter oder Politiker. Egal aus welcher Perspektive man die Arbeitslosigkeit betrachtete, man endete stets bei dem einen, zentralen Problem: Die staatliche Sozialversicherung sicherte zwar den Lebensstandard der Beschäftigten. Die immensen Kosten verhinderten aber Neueinstellungen und die Schaffung neuer Jobs. Für Arbeitgeber rentierte es sich nicht, Langzeitarbeitslose einzustellen, und für Langzeitarbeitslose ohne Ausbildung rentierte es sich nicht, zu arbeiten.

Frische Luft für den Sozialstaat

Der Kern der Hartz-Reform war die Abschaffung der »Arbeitslosenhilfe«, die durch das »Arbeitslosengeld II« (ALG II) ersetzt wurde. In den heutigen ideologischen Debatten wird genau dieser Teil der Reform stereotyp als unsozial dargestellt. Dabei war die Arbeitslosenhilfe schlicht ein Privileg der Besserverdienenden. Hätte ein *stern*-Redakteur seinen Job verloren, der Sozialstaat hätte ihn auf ewig mit einer Arbeitslosenhilfe belohnt, die merklich über dem Lohn beispielsweise einer Altenpflegerin lag. Von ihrem kleinen Lohn hätte die gehetzte Altenpflegerin den *stern*-Redakteur auch noch mit durchfüttern müssen, für den ein Job in der Pflege freilich unzumutbar gewesen wäre. Die Beseitigung dieser unerträglichen Ungerechtigkeit wurde schnell vergessen. In Erinnerung bleiben allein die Nachteile für den ehedem besserverdienenden Teil der Langzeitarbeitslosen.

Als Bundeskanzler Gerhard Schröder am 14. März 2003 die Agenda 2010 verkündete, setzte er die größte Sozialstaatsreform in der Geschichte der Bundesrepublik in Gang. Sie verlangte Opfer von einigen Langzeitarbeitslosen, brachte den Beschäftigten größere Unsicherheit, kostete Gerhard Schröder seine Kanzlerschaft und die SPD ihre Stellung als Volkspartei.

Doch Schröder hatte das Fenster geöffnet, kräftig durchgelüftet und den fetten Brummer nach draußen fliegen lassen. Das hat sich gelohnt. Die Arbeitslosigkeit hat sich halbiert, die Zahl der Erwerbstätigen ist von rund 39 Millionen im Frühjahr 2005 auf beinahe 44,5 Millionen Ende 2017 angewachsen.[102] Vom kranken Mann Europas ist Deutschland zur Stütze Europas geworden. Über Jahrzehnte gehörte die Angst vor Arbeitslosigkeit ganz selbstverständlich zu den größten Sorgen der Deutschen. In der Angststudie der R+V Versicherung fürchteten im Jahr 2005 noch 68 Prozent der Befragten, arbeitslos zu werden. Heute sind es nur noch 26 Prozent.[103] Das reicht nicht mal mehr für einen Platz unter den Top Ten der Ängste. Die große Geißel, die Deutschland und die Deutschen so lange geprägt hat, ist beinahe vergessen.

Der schnellste anzunehmende Atomausstieg

Die Arbeitsmarktreform war ein langer und mühsamer Prozess. Die nächste Blockade wurde in wenigen Tagen aus dem Weg geräumt. Am 11. März 2011 explodierte das Atomkraftwerk in Fukushima. Drei Tage später beschloss die damalige CDU/FDP-Koalition den Atomausstieg. Im Juni besiegelte der Bundestag die Entscheidung mit großer Mehrheit. Damit endete eine beinahe 40-jährige Auseinandersetzung um die Nutzung der Atomkraft. Sie spaltete Parteien, Betriebsbelegschaften, Redaktionen, die gesamte Gesellschaft, und war der eigentliche Grund für die Gründung der Grünen. Generationen wurden politisiert unter dem Schein der roten Sonne auf gelbem Grund. Brokdorf, Kalkar, Wackersdorf und Gorleben sind die Namen der Schlachtfelder der neueren deutschen Geschichte. Die Fotos vom Hochdruckstrahl der Wasserwerfer, von prügelnden Ordnungshütern und von Demonstranten, die mit dem Spaten auf einen Polizisten eindreschen, sie gehören zum kollektiven Gedächtnis der Nation.

Die Diskussionen über die Atomkraft konzentrierten sich von Anfang an vor allem auf eine Frage: Wie groß ist das Restrisiko? Die Befürworter der Atomenergie konnten sie nie schlüssig beantworten. Stattdessen drohten sie. »Ohne das Kernkraftwerk Wyhl werden zum Ende des Jahrzehnts in Baden-Württemberg die ersten Lichter ausgehen«, hatte 1975 Ministerpräsident Hans Filbinger (CDU) prophezeit. 1983 verzichtete sein Nachfolger Lothar Späth (CDU) auf den Bau. Das AKW werde nicht gebraucht, stellte er fest.

Der GAU in Fukushima beantwortete die Frage nach dem Restrisiko und der Erdbebensicherheit von Atomkraftwerken. Die Bundesregierung organisierte schließlich den schnellsten anzunehmenden Atomausstieg und widerlegte dabei ein für alle Mal das »Lichter-aus-Argument«, das die Stromindustrie über Jahrzehnte in Endlosschleife vorgebetet hatte. Und kein Atomkraftgegner musste überwintern bei Dunkelheit mit kaltem Hintern.

Die positiven Erfahrungen mit dem Wandel haben das Land eine neue Fähigkeit gelehrt. Deutschland kann jetzt Veränderung. So wurde viele Jahre leidenschaftlich über den Ladenschluss debattiert, auf Gewerkschaftstagen, in Parlamenten und in Talkshows. Seit Mitte 2007 kann man fast überall rund um die Uhr einkaufen. Heute fällt es schwer, sich noch an die wilde Jagd zu erinnern, die notwendig war, um es rechtzeitig vor 18.30 Uhr in den Supermarkt zu schaffen. Dabei bestimmte das viele Jahre lang unseren Alltag. Verändert – vergessen. Genauso wie die nach Aschenbecher stinkenden Hemden und Haare. Nach jedem Restaurantbesuch, nach jeder Kneipentour musste man entweder vor dem Zubettgehen die Haare schamponieren oder morgens die Bettwäsche wechseln. Und die Kleidung zum Lüften vors Fenster hängen. Die Raucherlobby hatte jahrzehntelang behauptet, der Gastronomiestandort Deutschland würde veröden, Millionen Köche und Bedienungen arbeitslos, wenn ein Rauchverbot erlassen werde. 2007 wurde es durchgesetzt. Heute kann sich kaum noch jemand an die Selbstverständlichkeit erinnern, mit der man die stinkenden Haare und Klamotten akzeptiert hat. Verändert – vergessen.

Wenderepublik Deutschland

Deutschland kann nicht nur Anpassung und Verbesserungen. Inzwischen hat das Mutterland der Veränderungsallergie sogar Gefallen gefunden an der kompletten Wende um 180 Grad. Das Wort Wende ist plötzlich positiv besetzt: Agrarwende, Verkehrswende, digitale Wende und natürlich die Energiewende. Deutschland wird zum Wendeland.

Der Ausstieg aus der Atomkraft war nur der Anfang. Der Klimawandel erfordert gleichzeitig ein Ende der Kohleverstromung. Und die alten Energieträger müssen durch unzählige Windräder, Sonnenkollektoren und Biogasanlagen ersetzt werden. Selbst die optimistischsten Prognosen hielten den Ersatz der alten Kraftwerke in absehbarer Zeit kaum für realistisch.

Zum Glück übertrifft das Ausbautempo der erneuerbaren Energie Jahr für Jahr sämtliche Prognosen. Zwischen 2009 und 2016 hat sich die Stromproduktion aus Wind, Sonne, Wasserkraft und Biomasse in absoluten Zahlen verdoppelt.[104] Ihr Anteil am Energiemix hat sich seit 2005 mehr als verdreifacht und ist heute mit etwa 37,6 Prozent so groß wie der von Steinkohle, Atomkraft und Gas zusammen.[105] Niemals konnten die großen deutschen Energieversorger so viel Atomstrom aus ihren Meilern herausholen, wie es den Leuten, die Franz Josef Strauß nur die »Gespinnerten« nannte, heute mit ihren Ökostrom-Anlagen scheinbar mühelos gelingt.

Ein deutsches Gesetz erobert die Welt

Entscheidend für den Boom ist das »Erneuerbare-Energien-Gesetz«, für das der ehemalige Umweltminister Jürgen Trittin verantwortlich ist. 2000 trat es in Kraft. Die EU-Kommission und die Internationale Energieagentur (IAE) loben das EEG als wirtschaftlich und effizient. Es ist eines der wenigen Werke deutscher Gesetzgebungskunst und wird weltweit anerkannt und sogar kopiert. Bis heute pilgern fortwährend Abgesandte ausländischer Regierungen nach Berlin, um sich das Regelwerk made in Germany erklären zu lassen. Mindestens 65 Länder haben es so oder so ähnlich übernommen.[106] Einzig die heimische Industrie hat das EEG zuerst bekämpft. Bis der Bundesverband der Deutschen Industrie (BDI) 2013 bei der Deutschen Energieagentur eine Studie in Auftrag gab. Ergebnis: Selbst die eigene Studie empfahl die prinzipielle Beibehaltung des EEG.[107]

Die Kritiker des EEG haben meist behauptet, das »bürokratische Monster« verteure den Strom. Anfangs traf das auch zu. Inzwischen sind die Anlagen jedoch so effizient, dass die Kosten der Stromerzeugung enorm sinken. Wie vorhergesagt, nur deutlich schneller. Bei der Ausschreibung großer Offshore-Windanlagen bewarben sich 2017 erstmals Windparkbetreiber, die gar keine staatlichen Zuschüsse mehr verlangten. Windenergie-Anlagen im Meer erfordern hohe Anfangsinvestitionen. Darum gingen Experten bislang davon aus, der Staat müsse den Strom aus dem Meer noch viele Jahre bezuschussen. Überraschung: Wieder einmal erreicht die erneuerbare Energie ein Entwicklungsziel deutlich vor dem Plan.

Der Ausbau der Fotovoltaik legt ein ähnliches Tempo vor. Auch hier sind die Kosten zuletzt dramatisch gefallen. Im Wissenschaftsmagazin *Science* prognostizieren Forscher, dass sich aufgrund des geringeren Kapitalaufwandes die installierte Solarleistung bis 2030 mindestens verzehnfachen werde.[108] In den sonnigen Regionen der Erde ist Sonnenenergie schon heute die günstigste Stromquelle. In den dortigen Anlagen kann die Kilowattstunde für drei Cent produziert werden. Da können weder Kohle noch Gas mithalten und schon gar nicht die Atomkraft. Investitionen in Gas- oder Kohlekraftwerke legen das Kapital für viele Jahrzehnte fest. Angesichts des rapiden Preisverfalls bei den Erneuerbaren gehen viele Experten davon aus, dass auch in Deutschland oder den USA langfristige Investitionen in konventionelle Kraftwerke ein unkalkulierbares Risiko darstellen.

»Mit der Energiewende in Deutschland schaffen wir Lösungen auch für andere«, sagt der ehemalige Umweltminister Klaus Töpfer. Die Revolution startete in Deutschland, doch sie ist längst dabei, sich über weite Teile des Globus auszubreiten. Natürlich machen die deutschen Pioniere all die Anfängerfehler, die andere Länder nun nicht mehr wiederholen müssen. Am Beispiel Deutschlands kann die Welt nicht nur lernen, wie man eine Energiewende macht, sondern auch, was man dabei dringend vermeiden sollte.

Dazu gehört die Verteilung der Kosten für den Umbau der Energie-Infrastruktur in Deutschland. Die Politik gab dem Lobbydruck der Industrie nach und finanziert die Energiewende hauptsächlich über den Strompreis, den die normalen Verbraucher zahlen müssen. Die großen Energiefresser aus der Industrie werden großzügig verschont. Eine unökologische und gleichzeitig ungerechte Regelung. Sie brachte das gesamte Projekt in Verruf. Für viele Menschen ist die Energiewende schlicht »Murks«. Wegen der hohen Kosten für kleine Verbraucher zweifeln viele Menschen prinzipiell am Sinn des aufwendigen Umbaus der Energieversorgung.

Dabei ist die Energiewende nicht lediglich ein Beispiel für Fortschritt. Sie ist eine wahre Verheißung: Eine sichere und saubere Energieversorgung ist möglich, die zudem keine Ressourcen verbraucht und unerschöpflich zur Verfügung steht. Davon konnten frühere Generationen nicht einmal träumen. Dennis Meadows hat ins Bewusstsein der Welt gebracht, dass die Erdölvorräte endlich sind. Um das Öl wurden Kriege geführt. Das schwarze Gold hat Landkarten gezeichnet und die politische, ökonomische und gesellschaftliche Realität in weiten Teilen der Welt geformt. Nun steht die Menschheit kurz davor, sich von den Umweltzerstörern Öl und Kohle und von den unkalkulierbaren Risiken der Atomkraft weitgehend zu befreien. Wir, die wir aufwuchsen mit den *Grenzen des Wachstums*, mit *Global 2000* und mit Robert Junks *Atomstaat*, wir werden die Vollendung der Energiewende noch erleben. Die Erfüllung der Verheißung.

Die Arbeitsmarktreform war eine von oben verordnete Veränderung. Beim Atomausstieg und bei der Energiewende nahm der Umschwung seinen Anfang in der Zivilgesellschaft, in Bürgerinitiativen und in der Umweltbewegung. Der Wandel machte sich auf den Marsch durch die Institutionen. Regierung und Parlament haben die Entscheidungen, auf die sich die Gesellschaft längst geeinigt hatte, lediglich vollzogen und besiegelt. Die Bürger, über Jahrzehnte ausgerichtet auf die Obrigkeit, sind selbstbewusst geworden und warten nicht mehr auf Impulse von oben. Längst noch nicht alle, wie im Grundgesetz bestimmt, doch ein Großteil der Macht geht heute vom Volk aus.

Die friedliche Revolution in der DDR ist in der jüngeren deutschen Geschichte fraglos das bedeutendste Beispiel für einen fundamentalen Wandel von unten. Doch es geht auch ein paar Nummern kleiner. In unzähligen Vereinen, Gruppen und Initiativen engagieren sich Bürger für den Wandel. So erzwingt etwa die Deutsche Umwelthilfe ein Fahrverbot in Innenstädten für besonders schmutzige Dieselfahrzeuge. Unzählige Flüchtlingshelfer warten nicht darauf, dass staatliche Hilfssysteme den Neuankömmlingen bei der Integration helfen. Sie geben selber Deutschunterricht, suchen Wohnungen und Arbeitsplätze für Geflüchtete, organisieren Paten, die den Fremden die Regeln des Zusammenlebens hierzulande nahebringen. Die deutsche Gesellschaft steht bei Veränderungen nicht mehr auf der Bremse. Sie ist immer häufiger Motor der Anpassung.

Noch nie so reich

Man kann den Wohlstand in Geld messen, in Vermögen und Einkommen. Oder man schaut auf den Besitz von Gütern. Mein Haus, mein Auto, meine Jacht. Oder man zählt die Kalorien, die ein Mensch täglich zu sich nehmen kann.

Oder man stoppt die Zeit. Genauer: Die Arbeitszeit, die notwendig ist, um sich und seine Familie zu versorgen. Wer sich heute über den Stress und die familienfeindlichen Arbeitszeiten beklagt, die bekanntlich fast zwangsläufig im Burn-out enden, sollte sich an seine Eltern oder Großeltern erinnern. Workaholic zu sein war damals eine selbstverständliche Pflicht. »Samstags gehört Vati mir!« Mit dem Slogan kämpften die Gewerkschaften in den 50er Jahren für einen arbeitsfreien Samstag. Damals gab es kein TGIF (Thank God It's Friday) und keinen Wochenendstau am frühen Freitagnachmittag. Das Wochenende begann am Samstag mit der Sportschau. Am siebten Tage sollst du ruhen, heißt es im Alten Testament. Daraus wurde: Freitag ab eins macht jeder seins.

Nach Berechnungen der Universität Duisburg-Essen malochten die Beschäftigten 1960 pro Jahr im Schnitt 2163 Arbeitsstunden.[109] Im Jahr 2016 waren es nur noch 1363 Stunden. 800 Stunden Differenz, das ist mehr als die Hälfte unserer jährlichen Arbeitszeit. Wären wir so fleißig wie unsere Väter und Großväter, hätten wir unser heutiges Jahrespensum schon Mitte August abgeleistet und könnten den Rest des Jahres freinehmen.

Um sich eine Waschmaschine leisten zu können, mussten Durchschnittsverdiener 1960 den kompletten Inhalt von fünf wöchentlichen Lohntüten investieren. Heute ist die Maschine in drei Tagen abgearbeitet.[110] Für einen Schwarz-Weiß-Fernseher waren sogar acht Wochen Arbeit notwendig. Um sich einen hochauflösenden, internetfähigen Flachbildfernseher von heute leisten zu können, ist Otto Normalverdiener in dreieinhalb Tagen durch. Wer sich ein Pfund guten Bohnenkaffee kaufen wollte, musste 1960 dreieinhalb Stunden malochen. Heute verdienen wir das Pfund Kaffee in der Kaffeepause.

Was machen wir in der gewonnenen freien Zeit? Wir geben Geld aus. In aller Welt. Seit Jahren ist Deutschland Reiseweltmeister. Am besten gleich zum Weihnachtsshopping nach New York. Two in one – Fliegen und Kaufen, zwei Konsum-Methoden auf einen Streich. In den vergangenen Jahrzehnten vervielfachte sich das zur Verfügung stehende Einkommen der Deutschen auf beispiellose Weise. Ein Großteil davon wurde für Konsumgüter ausgegeben. Heute nennt ein Deutscher im Schnitt zehntausend Dinge sein Eigen.[111] Meist merkt man erst beim Umziehen, dass man ein paar Tausend davon vollkommen vergessen hatte.

Wenn wir umziehen, dann selten in eine kleinere Bleibe. Beim Umzug vergrößern sich die meisten. Die durchschnittliche Wohnfläche pro Person hat sich zwischen 1991 und 2014 kräftig ausgedehnt, von 34,9 auf 46,5 Quadratmeter. Seit der Wiedervereinigung hat damit jeder Bürger im Schnitt ein Zimmer dazubekommen.

Klar, die größere Wohnung kostet mehr. Doch die Steigerung der Ausgaben für die Grundversorgung wie Wohnen oder Nahrungsmittel war vergleichsweise gering. Das Statistische Bundesamt hat akribisch Buch geführt, für welchen Verwendungszweck die Deutschen den wachsenden Reichtum verwenden. Verglichen mit 1970 gab es den steilsten Anstieg in den Kategorien »Freizeit, Unterhaltung«, bei »Beherbergungs- und Gaststättendienstleistungen« und »Einrichtungsgegenstände«.[112] Früher nannte man das Luxus.

Die Explosion des Reichtums in Deutschland kann die Statistik lückenlos belegen: mehr Autos, mehr Flugreisen, mehr Sofas, mehr Hähnchenbrustfilets, mehr, mehr, mehr. Doch Zahlen können die wahre Veränderung nur unzureichend beschreiben. »Der Konsum ist zum bestimmenden Merkmal unseres Lebens geworden«, schreibt der Historiker Frank Trentmann in seinem Buch

Herrschaft der Dinge. Darin beschäftigt er sich mit der Geschichte des Konsums vom 15. Jahrhundert bis heute.

Du bist, was du kaufst

Dass wir in einer Konsumgesellschaft leben, ist längst eine Binsenweisheit. Doch was bedeutet das? Frühere Epochen wurden durch Kriege geprägt, durch feudale Herrschaftssysteme oder die Reformation. Im 19. Jahrhundert drückte die industrielle Revolution den Gesellschaften ihren Stempel auf. Alles drehte sich um Arbeit, deren Organisation und die Verteilung der Gewinne. »Heute ist die Arbeit immer noch wichtig, aber sie definiert uns weit weniger als in der Blütezeit der Fabriken und Gewerkschaften. Statt Krieger oder Arbeiter sind wir mehr denn je Konsumenten«, schreibt Trentmann.[113] Dass wir wegen der Arbeitszeitverkürzung immer mehr Zeit zum Konsumieren haben, ist also nicht nur ein Bild, das den gewachsenen Reichtum veranschaulicht. Der Konsum übernimmt zunehmend die Bedeutung, die einst Fleiß, Leistung und Arbeit innehatten. »Du bist, was du arbeitest« wird zu: »Du bist, was du kaufst.«

Auf diese Sichtweise des Menschen als Konsumenten hat auch die Politik längst reagiert. Sie bietet ihre Botschaften und Versprechen wie ein Sortiment an Waren an. Parteien lassen den Wählermarkt von Marktforschungsinstituten nach den Methoden der Marktforschung analysieren. Die daraus resultierende Politik wird anschließend von Fachleuten der Produktwerbung wie jedes andere Produkt vermarktet. Der Wähler als Konsument von Politik.

Selbst im öffentlichen Dienst hat sich das Leitbild des Konsumenten bereits durchgesetzt. So werden Arbeitslose in den Jobcentern und Arbeitsagenturen offiziell als »Kunden« bezeichnet. Ob Sozialleistungen, ärztliche Versorgung, Bildung, Infrastruktur oder der Schutz vor Kriminalität – sämtliche Leistungen des öffentlichen Dienstes werden zu Waren. Die Beziehungen zwischen dem Staat und den Bürgern sind einem fundamentalen

Wandel unterworfen. Die öffentlichen Institutionen entwickeln sich zum Supermarkt der Leistungen. Und die Kunden verlangen stets volle Regale.

Mit dem Online-Handel hat das Konsumieren die nächste Stufe erklommen. Nicht nur zur Weihnachtszeit, aber ganz besonders im »vorweihnachtlichen Handel« wird deutlich, dass sich hier ein Mentalitätswandel durchgesetzt hat. Noch immer schreiben Kinder vor Weihnachten Wunschzettel. Das lange Warten erhöht die Vorfreude auf die Bescherung. Auch für Erwachsene gehörte zum Konsumieren stets die Sehnsucht nach der Erfüllung eines lange gehegten Traums. Der Online-Handel basiert auf einer anderen Logik. Alle Wünsche müssen sofort befriedigt werden. Am besten per Expresslieferung am selben Abend. Spätestens am nächsten Morgen. Warten und Vorfreude sind ja so was von 90er Jahre.

Nur in den ersten Kapiteln der Wohlstandsentwicklung der Bundesrepublik ging es um die Befriedigung der Grundbedürfnisse. Diese Kapitel sind längst abgeschlossen. Dann ging es um Luxusgüter für jedermann. Jetzt müssen die Wünsche nicht mehr nur befriedigt, sondern sofort befriedigt werden. Verzögerungen empfindet der Konsument als Verstoß gegen das Menschenrecht.

Halt! Halt! Werden Sie jetzt empört rufen. Was ist mit den Armen? Die können sich das nicht alles leisten. Das sind keine Prime-Kunden. Tatsächlich gelten 15,7 Prozent der Bevölkerung in Deutschland als arm. Ich korrigiere: als armutsgefährdet. Deutschland hat sich in einem politischen Prozess darauf geeinigt, das zu messen, was Armutsforscher das Armutsrisiko nennen: Wer weniger als 60 Prozent des mittleren Einkommens zur Verfügung hat, gilt als armutsgefährdet. Für Singles liegt die Grenze aktuell bei monatlich 942 Euro, für Familien mit zwei Kindern bei 1978 Euro.[114] Obgleich der Reichtum in Deutschland in den vergangenen zehn Jahren gewachsen ist, hat der Anteil der »Armutsgefährdeten« in dieser Zeit nicht abgenommen, sondern legte sogar leicht zu, um etwa ein Prozent. Das verleitet zu der

Annahme, die Armut habe sich in Deutschland ausgeweitet. Diese Überzeugung hat sich in den Köpfen als unumstößliche Wahrheit festgesetzt.

Die Reichen werden reicher. Wer diesen Satz sagt, der hört im Ohr schon den Chor antworten: Und die Armen ärmer. Es ist, wie wenn Mick Jagger singt: »I can't get no«, und die Fans ergänzen »satisfaction«. Die erste Strophe stimmt: Die Reichen werden reicher. Die zweite nicht, denn die Armen werden auch reicher. Genau genommen um satte 28 Prozent in den vergangenen zehn Jahren. So viel höher liegt die Grenze zur Armutsgefährdung für eine vierköpfige Familie als vor zehn Jahren.[115] Damit wuchs das Einkommen der Armutsgefährdeten sogar stärker als die durchschnittlichen Bruttoverdienste der Beschäftigten.[116]

Zu denjenigen, die unter die Definition »armutsgefährdet« fallen, gehören in Deutschland auch viele Geringverdiener, weil es im Gegensatz zu vielen andern Ländern Europas in Deutschland lange keinen Mindestlohn gab. Doch seit dem 1. Januar 2015 gilt auch in Deutschland ein allgemeiner gesetzlicher Mindestlohn. Eine neue Studie des DIW zeigt nun, dass die Maßnahme wirkt. »Unsere Ergebnisse zeigen tatsächlich, dass nach der Einführung des Mindestlohns ein starkes Wachstum im unteren Lohnsegment zu beobachten ist«, sagt die Autorin der Studie, Alexandra Fedorets vom DIW.[117] Die Forscher registrierten bei den niedrigsten Löhnen einen Anstieg von 15 Prozent in kurzer Zeit.

Der älteste Sozialstaat der Welt

Die Bedürfnisse der Schwachen und Bedürftigen zu beachten, ist keine neue Entwicklung. Der Sozialstaatsgedanke ist nicht nur eine Säule des Grundgesetzes, er gehört längst zum nationalen Wesenskern der Deutschen. Die systematische Bekämpfung der Armut ist sogar älter als die Bundesrepublik. Bereits im 19. Jahrhundert diskutierten Politiker und Wohlfahrtsverbände im »Deutschen Verein für öffentliche und private Fürsorge« (kurz Deutscher Verein) über das Existenzminimum. Wissenschaftler wurden beauftragt herauszufinden, wie viel Kalorien ein erwachsener Mann mindestens benötigt und wie viel weniger Frauen und Kinder. Die ersten Regelsätze gab es in der Fürsorge schon 1898: Wöchentlich 3 Mark für das Familienoberhaupt, 2,50 Mark für »die beim Manne lebende Ehefrau«.[118]

Auf dieser Welt hat niemand eine ähnlich lange Erfahrung mit der Berechnung von Regelsätzen und der Zusammenstellung von Warenkörben wie der deutsche Sozialstaat. Die Listen, in denen aufgeführt wird, was Bedürftigen als Existenzminimum zusteht, sind Spiegelbilder ihrer Zeit. In den 1970er Jahren hielt das Sozialamt für Frauen unter anderem sieben Schlüpfer, zwei Büstenhalter, zwei Hüfthalter und zwei Blusen für angemessen.[119] Über das Recht auf eine Zweithose für Männer wurde damals ausgiebig vor den Sozialgerichten gestritten. Später kamen Fahrrad, Radio, Schwarz-Weiß-Fernseher und schließlich Farbfernseher dazu. 1985 war der Warenkatalog der Dinge, die zur Minimalausstattung gehören, schon viele Seiten dick und geradezu absurd detailliert. Darin stand beispielsweise: »150 Gramm Delikatessgurken (nicht in Scheiben)«, »100 Gramm Eiscreme, Fürst-Pückler-Art, Haushaltspackung« oder ein Ticket »DB Schienenverkehr, Hin- und Rückfahrt, 2. Klasse, 30 km«.[120] Schon vor 30 Jahren wurde die Armut in Deutschland mit einer Haushaltspackung Fürst-Pückler-Eis versüßt.

Wer sich die Geschichte der Warenkörbe anschaut, wird feststellen: Alle paar Jahre lag mehr im Körbchen. Auch diejenigen, die von Leistungen des Sozialstaats abhängig sind, haben an der Steigerung des materiellen Wohlstandes in Deutschland teilgenommen. Der hundertjährige Kampf gegen die Armut endete hierzulande schon vor langer Zeit mit einem triumphalen Sieg. Wer das leugnet, missachtet die grandiosen Erfolge des deutschen Sozialstaats.

Die Armen werden reicher, aber die Armut nimmt zu – wie kann das sein? Grund ist die Armutsdefinition. Wie abwegig die Fixierung auf die relative Armut ist, macht ein Ländervergleich deutlich. Deutschland ist eines der reichsten Länder in Europa, eines der reichsten Länder der Welt. Dennoch ist das statistische Armutsrisiko in Ländern wie Slowenien oder in der Slowakei erheblich geringer.[121] In Tschechien ist das Armutsrisiko sogar nur rund halb so hoch wie in Deutschland. Das ist erstaunlich, denn das Lohnniveau erreicht in Tschechien nur ein Drittel des deutschen.[122] Die Preise liegen indes bei zwei Dritteln des hiesigen Niveaus.[123] Darum ist die Kaufkraft in Tschechien erheblich geringer. Für die Tschechen mit dem niedrigsten Einkommen bedeutet das: Sie können sich zwar nichts leisten, sind aber immerhin nicht arm. Herzlichen Glückwunsch.

Die geltende Armutsdefinition degradiert die Benachteiligung zu einem schlichten mathematischen Algorithmus. Dessen goldene Regel lautet: Relative Armut kann niemals überwunden werden, unter keinen Umständen, auch nicht durch Wohlstand. Erst wenn alle nichts haben, ist keiner mehr arm.

»Die meisten Menschen dürften es für absurd halten, auf der Grundlage eines rigiden, relativen Armutskonzepts zu behaupten, die Armut heute sei genauso hoch oder gar höher als in den Jahren unmittelbar nach dem Krieg, als viele Menschen Hunger litten und in Notquartieren wohnten«, schreibt Georg Cremer in seinem Buch *Armut in Deutschland*.[124] »Damit löst sich der Armutsbegriff von den gängigen Vorstellungen, die mit einem Leben in Armut verbunden sind.« Cremer war von 2000 bis 2017 Generalsekretär der Caritas in Deutschland. Kaum jemand kennt die Probleme der Hilfsbedürftigen sowie die komplizierten Windungen des deutschen Sozialstaats so gut wie Cremer. Er kritisiert die »schrille Übertreibung« und die »Rhetorik des Skandals« in den ritualisierten öffentlichen Diskussionen über das, was in Deutschland Armut genannt wird. »Die Superlative der Skandalisierung rütteln nicht auf, sondern stumpfen ab«, resümiert Cremer.

Im Zentrum der Skandalrhetorik ist der Begriff Armut selbst. Es ist ein besonders wirksames Wort, das Bilder im Kopf projiziert.

Die Lobbyisten der Sozialindustrie haben das erkannt und für sich ausgenutzt. Ulrich Schneider ist Hauptgeschäftsführer des Paritätischen Wohlfahrtsverbandes und so etwas wie der Chef-Lobbyist der Armutsszene. Der Mann mit den auffällig buschigen Koteletten taucht zuverlässig in den Talkshows auf, sobald es neue Zahlen zur Kinderarmut oder zur Altersarmut gibt. Einst erklärte er mir, wie er und einige seiner Sozialmanager-Kollegen sich in einer strategischen Entscheidung auf das Wort »Armut« geeinigt haben: »Armut war für uns immer auch ein politischer Kampfbegriff«, hat er zugegeben. Eine Anleitung zum Kampf mit dem Begriff gibt er in seinem Buch *Armes Deutschland*: »Armut ist ein zutiefst interessengebundener Begriff. Eingebettet in parteitaktisches oder machtpolitisches Kalkül, eignet er sich trefflich, um Regierungen in Erklärungsnöte zu bringen und ihr Versagen nachzuweisen.«[125]

Das machtpolitische Kalkül ist überaus erfolgreich. Die populistischen Alarmmeldungen über die angeblich wachsende Armut haben vor allem eine Wirkung: Sie machen Angst. Vor sozialem Abstieg. Georg Cremer ist der Überzeugung, die permanente Diskreditierung des Sozialstaats »verfestigt die Angst in der Mitte der Gesellschaft, die sich ohnehin bereits im Abstieg wähnt. Angst untergräbt die Bereitschaft zur Solidarität. (...) Wer unbedacht oder aus strategischem Kalkül die Angst in der Mitte anheizt, nutzt populistischen Parteien.«[126] Dabei ist die Versorgung von Menschen, die auf Hilfe angewiesen sind, einer der größten Erfolge in der Geschichte des deutschen Gemeinwesens. Es gibt wenig, auf das die Deutschen mit so viel Berechtigung stolz sein dürfen.

Die Inflationierung des Begriffs Armut zwingt zur permanenten Steigerung der Skandal-Rhetorik, sonst verliert sie ihre Wirkung. Inzwischen wird bereits von den »Ärmsten der Armen« gesprochen. Gemeint sind damit Familien in Deutschland. Die »Ärmsten der Armen«, das war ursprünglich die Bezeichnung für Slumbewohner in Kalkutta, auf deren Schicksal Mutter Theresa das Scheinwerferlicht der Weltöffentlichkeit lenkte. Diese absolute Armut hat mit der relativen Armut in Deutschland nur eines gemein: das Etikett. Es ist eine Verhöhnung des Elends von Millionen Menschen in Indien, Äthiopien oder der Zentralafrikanischen Republik, die täglich um das physische Überleben kämpfen müssen. Ihr Leid darf nicht genauso bezeichnet werden wie ein Leben in einer eigenen Wohnung, mit eigenem Bad, mit vollem Kühlschrank und vollem Kleiderschrank, mit Geschirrspüler und einem Auto, um damit in Urlaub zu fahren. Dazu eine der besten Gesundheitsversorgungen, die man für Geld kaufen kann, für die man aber nichts bezahlen muss. Verglichen mit der Mehrheit der Menschen auf der Welt sind die relativ Armen in Deutschland absolut reich.

Das erfolgreichste Mittel gegen Armut: Globalisierung

Auch die absolute Armut kommt nicht ohne Definition aus. Am gebräuchlichsten ist der Wert, den die Weltbank in ihren Statistiken benutzt: Wer heute mit weniger als 1,9 Dollar am Tag auskommen muss, gilt als absolut arm. Unterhalb dieser Grenze ist bei den heutigen Preisen die physische Existenz eines Menschen akut bedroht. Als Ende des 19. Jahrhunderts in Deutschland der Kampf gegen die Armut begann, lebten weltweit noch fast 90 Prozent aller Menschen in absoluter, existenzieller Armut. Spätestens seit dem Wirtschaftswunder Mitte der 1950er Jahre ist die absolute Armut in Deutschland Geschichte. Zu diesem Zeitpunkt waren weltweit jedoch noch rund drei Viertel der Menschen davon betroffen.[127] Das Tempo der globalen Verbesserung war noch immer enttäuschend langsam.

Erst in den 1970er Jahren nahm der Fortschritt spürbar Fahrt auf. Obwohl die Bevölkerung auf dem Globus zahlenmäßig explodierte, reduzierte sich die Zahl der absolut Armen erstmals erheblich. Nach Berechnungen der Weltbank lebten 1970 noch 2,2 Milliarden in absoluter Armut, 2015 waren es 705 Millionen. Damit sank der Anteil der Armen an der Weltbevölkerung auf geradezu atemberaubende Weise. Zum ersten Mal in der Geschichte waren 2015 weniger als zehn Prozent aller Menschen absolut arm.

Der Grenzwert von 1,90 Dollar ist beschämend niedrig und 705 Millionen Schicksale sind unerträglich viele. Die Aufgabe ist bei weitem nicht erfüllt. Dennoch ist der Rückgang der Armut einer der bedeutendsten Erfolge der jüngeren Geschichte. 300.000 Jahre lebten 90 Prozent unserer Vorfahren am Existenzminimum, oft darunter. In nicht einmal 150 Jahren ist es gelungen, dieses Verhältnis umzukehren.

Zu verdanken ist diese Entwicklung ganz maßgeblich Funktionären der Kommunistischen Partei der Volksrepublik China und ihrer radikalen Wachstumsstrategie. Die Partei investierte massiv in die industrielle Infrastruktur, in Kraftwerke, Eisenbahnlinien, Straßen, Häfen und in den Bau von Fabriken. In wenigen Jahrzehnten entwickelte sich China zur Werkbank der Welt. Das bewirkte ein atemberaubendes Tempo beim Wirtschaftswachstum. Allein in diesem Jahrtausend verzehnfachte sich die Wirtschaftsleistung der chinesischen Volkswirtschaft.[128] Davon profitierten hunderte Millionen von Chinesen. Noch zu Beginn der 80er Jahre lebten 90 Prozent der Bevölkerung im Reich der Mitte unterhalb der absoluten Armutsgrenze. Heute sind es unter fünf Prozent.[129]

Eine ähnliche Entwicklung, wenn auch nicht in derselben Dimension, vollzog auch Chinas südlicher Nachbar Indien. Die jährliche Wirtschaftsleistung des Milliardenvolkes hat sich in diesem Jahrtausend vervierfacht.[130] Im gleichen Zeitraum halbierte sich die absolute Armut auf heute 20 Prozent der Bevölkerung.[131] Indien ist die größte Demokratie der Welt, China das größte kommunistisch regierte Land. Die unterschiedlichen Regierungssysteme dieser größten Völker der Welt entschieden sich in den 90er Jahren beide für eine Wende in ihrer Wirtschaftspolitik um 180 Grad: eine radikale Öffnung der Volkswirtschaft für den internationalen Markt.

Viele Millionen Aufsteiger haben in der jüngsten Vergangenheit nicht nur die Armut überwunden, sondern gleich den Sprung in eine neue globale Mittelschicht geschafft. Vor allem in Indien und China, aber nicht nur dort. Auch Thailand, die Philippinen oder Indonesien sind Teil dieser Entwicklung. Bei den Aufsteigern geht es nicht mehr ausschließlich um das Einkommen, sondern um die nächste Stufe des Wohlstands: Vermögen.

Der Global Wealth Report des Allianz-Konzerns schwärmt bereits von einem »stürmischen Wachstum der globalen Vermögensmittelklasse«.[132] Zu diesem Club gehören Menschen mit einem Netto-Geldvermögen von über 3600 Euro. »Die Zahl ihrer Mitglieder hat sich in diesem Zeitraum (seit 2000) von 444 Millionen auf über eine Milliarde Menschen mehr als verdoppelt.« Damit ist die neue globale Mittelschicht um so viele Menschen gewachsen, wie die Europäische Union Einwohner hat.

Die Bergleute in der Lausitz oder im britischen Yorkshire, die Stahlkocher im Ruhrgebiet oder im amerikanischen Pittsburgh – sie mögen sich als Opfer der Globalisierung fühlen. Doch am anderen Ende dieser weltweiten Entwicklung sind Milliarden Menschen der absoluten Armut und ihren unmenschlichen Folgen entkommen. Sie leben nicht mehr in Wellblechhütten und müssen keinen Müll mehr sammeln. Ihre Kinder gehen zur Schule, und wenn sie krank sind, können sie einen Arzt aufsuchen. Zum ersten Mal sind sie sogar in der Lage, bescheidene Beträge zu sparen. Sie sind Profiteure der offenen Märkte, des freien Handels, des erfolgreichsten Armutsbeseitigungsprogramms in der Geschichte: Globalisierung.

Noch immer ungerecht

Der Crash – längst vergessen. Die Weltwirtschaft wächst wieder um jährlich dreieinhalb Prozent. Und der Internationale Weltwährungsfonds (IWF) prophezeit, dass die Party bis 2022 so weitergehen wird. Mindestens.[133] Dazu jubiliert der Global Wealth Report der Credit Suisse: »Das weltweite Gesamtvermögen hat heute 280 Billionen US-Dollar erreicht und ist damit 27 Prozent größer als beim Ausbruch der Finanzkrise vor einem Jahrzehnt.«[134] Noch nie war die Menschheit so reich. Na also: Läuft doch!

Für die Reichen. Besonders für Multimilliardäre. Allein die 42 reichsten Menschen der Welt besitzen genauso viel wie die ärmere Hälfte der Welt, wie 3,7 Milliarden Menschen. Zu diesem Ergebnis kommt eine Studie im Auftrag der Entwicklungshilfeorganisation Oxfam.[135] 2009 musste noch das Vermögen der 380 Reichsten zusammengerechnet werden, um die untere Hälfte zu übertreffen. Die Entwicklung läuft für die Milliardäre und gegen die Milliarden Menschen. In jedem Januar, wenn Oxfam die neusten Zahlen zur Ungleichheit veröffentlicht, werden sie umgehend kritisiert. Weil beispielsweise die Studienkredite amerikanischer Studenten womöglich nicht richtig gewichtet wurden. Die Kritik konzentriert sich stets auf solche Details, Nebensachen. Die Hauptaussage wird indes von niemandem angezweifelt: Eine absurd kleine Gruppe extrem reicher Personen verfügt über einen gewaltigen Teil aller Vermögenswerte der Menschheit. Die grundsätzliche Verteilung des Reichtums hat sich in den vergangenen Jahrhunderten nicht verbessert. Nicht im Prinzip, nicht mal in der Größenordnung.

Zu diesem Ergebnis kommt auch das Werk des französischen Ökonomen Thomas Piketty: *Das Kapital im 21. Jahrhundert*. Das Buch sei eine »Wasserscheide«, schreibt der wohl bekannteste Wirtschaftswissenschaftler der Welt, Paul Krugman. Es werde »unser Denken über die Gesellschaft und unser Denken über die Ökonomie« verändern.[136] Die bahnbrechende Erkenntnis, die Piketty nachgewiesen hat, lautet »r ist größer als g«. Dabei steht »r« für die Kapitalrendite (Return on Capital) und »g« für das Wirtschaftswachstum (Economic Growth). Das Vermögen wächst also schneller als die Wirtschaftsleistung.

Das sind großartige Nachrichten für alle Vermögenden. Sie müssen nichts tun, warten reicht. Ihr Vermögen wächst von ganz alleine. Der weitaus größte Teil der Menschen besitzt jedoch wenig oder nichts außer der eigenen Arbeitskraft. Diese Mehrheit muss für ihr Auskommen arbeiten. Leistung nennen wir das. Pikettys Forschung widerlegt eine der Grundannahmen des Wirtschaftssystems westlicher Prägung: das Leistungsprinzip. Leistung ist der Motor des Kapitalismus. Leistung ist die moralische Rechtfertigung für wirtschaftliche Unterschiede und für die Existenz von Reichtum. Wir nennen unser Gemeinwesen »Leistungsgesellschaft«. Leistung muss sich lohnen, lautet darum eine der Grundregeln unseres Zusammenlebens. Alles Illusion: Nicht Leistung lohnt sich, sondern Reichtum und Vermögen. Wer hat, dem wird gegeben. Wer mehr hat, dem wird mehr gegeben. Viel mehr.

In den vergangenen Jahrzehnten ist die Weltwirtschaft explosionsartig gewachsen. Trotz Finanzkrise registrierte die Weltbank eine Verdopplung der Wirtschaftsleistung in nicht mal 15 Jahren.[137] Durch den weltweiten Aufschwung ist der Verteilungsspielraum größer geworden. Das hat zu einem Rückgang der Armut und zum Entstehen der neuen globalen Mittelschicht geführt, womit sich dieses Buch bereits beschäftigt hat. Das ist ein großer Erfolg. Doch für den Rückgang der Armut musste das Kapital keine großen Opfer bringen. Er hat sich selbst finanziert. Milliarden weniger Arme bedeuten Milliarden zusätzliche Konsumenten. Eine Win-win-Konstellation. Weder die Existenz der neuen Mittelschicht in den ehemals unterentwickelten Ländern noch die Sozialstaaten und die Umverteilung durch die Steuerpolitik in den reicheren Ländern haben an den Prinzipien der Verteilungsmechanik grundlegend etwas geändert. Vom Zuwachs, also vom Reichtum, der in den Boomjahren zusätzlich erwirtschaftet wurde, davon hat sich das reichste eine Prozent unserer Spezies den weitaus größten Teil gesichert. Nach Berechnungen von Oxfam gingen 2017 genau 82 Prozent des Vermögenszuwachses an den Ein-Prozent-Club.[138]

Nicht Leistung lohnt sich, sondern Reichtum

Pikettys Formel, $r > g$, ist kein theoretisches Konstrukt, das nur verstehen kann, wer in Mathe promoviert hat. Dass die jüngste Vergangenheit goldene Jahre für die Geldelite waren, konnte jeder beobachten. Und dass man durch Anstrengung, Fleiß und noch so große Leistung allein, nicht Mitglied in diesem exklusiven Club werden kann, das ist eine gemeinsame Erfahrung von vielen Milliarden Menschen in Afrika, in Asien, in den USA und auch in Deutschland. Durch Arbeit und Fleiß kann man zwar seine Lebenssituation verbessern, aber der Abstand zu den Besitzenden verringert sich dadurch nicht. Für diesen Tatbestand gibt es ein simples Wort: Ungerechtigkeit.

In Deutschland sind die Opfer der Ungerechtigkeit nicht zuerst die Armen oder die Hilfsbedürftigen, sondern die Angehörigen der tatsächlichen Leistungselite. Früher nannte man sie »arbeitende Bevölkerung«. Ihre Leistung ist die Grundlage jedes Gewinns. Doch die Leistungselite wird nicht angemessen an ihrem eigenen Gewinn beteiligt. Den weitaus größten Teil davon hat sich eine andere Elite gesichert hat: die Geldelite. Sie trägt zum Verdienst keine Anstrengung, keine Arbeit und keine Leistung bei. Ihr Beitrag beschränkt sich aufs Besitzen.

Wenn in Deutschland über Ungleichheit diskutiert wird, steht meist das Einkommen im Zentrum. Piketty zeigt: Es ist der falsche Maßstab. Einkommen ist nur eine Messlatte für Leistung. Wer mehr leistet, bekommt einen höheren Lohn, bestenfalls. Selbst ein hohes Einkommen ist jedoch nur Wohlstand für Anfänger. Richtiger Reichtum beginnt erst, wenn man Vermögen anhäufen kann, das mehr Profit abwirft als die schnöde Arbeit. Reichtum wird darum nicht an der Höhe des Einkommens gemessen, sondern an der Größe des Vermögens.

Die Regeln der Verteilungsungerechtigkeit sind auf der gesamten Welt gültig. Für die Menschen in den armen Ländern ist die Erkenntnis besonders bitter. Sie besitzen meist nichts, nicht mal das Land, das zu bewirtschaften man ihnen erlaubt. Noch erlaubt. Banken, Investmentfonds und internationale Agrarkonzerne kaufen auf dem gesamten Globus landwirtschaftliche Flächen auf, um dort im gigantischen Maßstab Produkte für den internationalen Markt zu produzieren: Palmöl, Viehfutter und Pflanzen, aus denen Biotreibstoffe hergestellt werden, sind besonders beliebt. Weil sich die Kleinbauern, denen das Land zuvor gehörte, gegen die milliardenschweren Konzerne nicht wehren können, sprechen Menschenrechtsorganisationen und viele Wissenschaftler inzwischen von Landraub oder Landgrabbing. Die Internetseite Landmatrix.org, die unter anderem von der staatlichen Deutschen Gesellschaft für Internationale Zusammenarbeit unterstützt wird, gibt an, dass allein in diesem Jahrtausend rund 70 Millionen Hektar an internationale Konzerne verkauft wurden.[139] Das ist eine Fläche etwa doppelt so groß wie Deutschland. Eine Studie von Oxfam geht sogar von 230 Millionen Hektar aus.[140] Demnach haben reiche »Investoren« den armen Bauern weltweit ein Gebiet »abgekauft«, das deutlich größer ist als die gesamte landwirtschaftliche Nutzfläche der Europäischen Union.

»Weltweit spitzen sich Landkonflikte immer mehr zu«, warnt das Oxfam-Papier. Auch das Kieler Institut für Weltwirtschaft stellt in einer Studie zu dem Thema fest: »Für die lokale Bevölkerung (...) entstehen durch große Landinvestitionsprojekte viele Risiken und nur wenig Vorteile.«[141] Die armen Bauern müssen ihr Land oft zu einem unfairen Preis verkaufen. Einige wenige werden von den Unternehmern als schlecht bezahlte Arbeiter beschäftigt. Die meisten bleiben arbeitslos.

Wegen der intensiveren Nutzung und besseren Anbaumethoden wird auf den Äckern nach dem Verkauf meist mehr erwirtschaftet als zuvor. Das ist wichtig, um die Nahrungsmittelsicherheit auf der Welt zu gewährleisten. Auf der Fläche wird indes nicht nur mehr Ertrag produziert, sondern auch ein Vielfaches verdient. Doch von den Profiten profitieren die kleinen Bauern nicht. Auch nicht die Volkswirtschaften der armen Länder. Der

Strom der Gewinne kennt nur eine Richtung: ins Ausland. Am Ende kommen die wirtschaftlichen Erträge ausschließlich den neuen Eigentümern zugute: den Aktionären.

Die Vermehrung der Vermögen und die niedrigen Zinsen haben in den vergangenen Jahren eine gigantische Menge an Kapital produziert, das dringend auf der Suche nach Anlagemöglichkeit ist. Das Kapital kauft nicht nur Land. Gerade in trockenen Gebieten sichern sich Konzerne wie etwa Nestlé die Rechte an Quellen und Brunnen: Watergrabbing. Die Vermögenden sind auf Shoppingtour. Sie kaufen Bodenschätze, Schürfrechte und Minen. Die neuen Kolonialmächte sind Anleger börsennotierter, multinationaler Konzerne.

China und Indien haben ihre Volkswirtschaften befeuert, für den globalen Markt geöffnet und große Teile der Bevölkerung aus der absoluten Armut befreit. Die beiden Milliardenvölker wurden dabei nicht von ausländischen Unternehmen ausgebeutet. Indien hat seine Lektion über die Mechanik der Ausbeutung bereits als Kolonie der englischen Krone gelernt. Das kommunistische China hat trotz der rasanten Reformentwicklung stets die Kontrolle über die Schaltstellen der Wirtschaft behalten. So blieben in China und Indien die Eigentumsrechte an Ackerland, Bodenschätzen und bei den wichtigsten Produktionsstätten vorwiegend im Land. Und damit der Profit. Das war ein entscheidender Faktor für den Erfolg und den Aufstieg beider Nationen. Heute gehören sie zu den zehn Ländern, die weltweit am meisten Agrarflächen aufkaufen.[142] Sie wurden selbst zu Kolonialmächten.

Unser Reichtum ist deren Fluchtursache

Spätestens beim großen Flüchtlingszustrom 2014 bis 2016 wurde vielen Europäern bewusst, dass die Ungerechtigkeit in den Wirtschaftsbeziehungen für Europa nicht folgenlos bleiben kann. Tausende Afrikaner machen sich auf denselben Weg, den die Reichtümer ihrer Heimatländer schon hinter sich haben: Follow the money. Seitdem gehört in jede Sonntagsrede das Versprechen, man werde künftig die Fluchtursachen bekämpfen. Dabei wird verschwiegen: Unser Reichtum ist deren Fluchtursache.

Seit Jahren verlassen beispielsweise die jungen Männer aus dem Senegal ihre Heimat. Ihre Väter und Großväter waren Fischer. Die Meeresgründe vor der Küste Westafrikas gelten als die fischreichsten der Welt. Doch die Netze der senegalesischen Fischer bleiben heute leer. Ganze Flotten der größten Fischtrawler, die jemals über die Weltmeere fuhren, räumen den Atlantik vor Afrika leer, von Marokko bis Südafrika. Oceangrabbing. Allein im Senegal bedrohen die »Fischereimonster«, wie Greenpeace die riesigen Fabrikschiffe nennt, die Lebensgrundlage von 52.000 Fischern.[143] »Die Plünderung der natürlichen Ressourcen ist organisierter Diebstahl maskiert als Handel«, nennt das der frühere Generalsekretär der Vereinten Nationen, Kofi Annan.[144]

Der Diebstahl wird von der EU nicht nur geduldet, sondern mit Steuergeldern subventioniert. Dabei haben die Bürger Europas nichts davon. Auf den Schiffen arbeiten fast ausschließlich extrem schlecht bezahlte Besatzungen aus Asien. Und der Profit landet auf den Konten von internationalen Fischereikonzernen, die ihre Steuern außerhalb der EU bezahlen. Wenn überhaupt. Nicht mal der Fisch kommt in die Kochtöpfe Europas. Er wird noch auf See, in den schwimmenden Fabrikschiffen, verarbeitet und auf dem afrikanischen Markt verkauft. Die Afrikaner werden nicht nur arbeitslos, sie müssen den Dieben ihren eigenen Fisch auch noch abkaufen.[145] Den Opfern bleibt oft keine andere Perspektive für ihr Leben als die Flucht in die Heimat der Plünderer.

Umverteilung made in Germany: nach oben

Wenn sie es bis nach Deutschland schaffen, kommen die Menschen in ein Land, in dem die Wohlstandsverteilung fraglos gerechter ist als in den Ländern, aus denen sie fliehen. Dennoch empfindet nur ein knappes Viertel der Deutschen, in ihrem Land gehe es alles in allem gerecht zu.[146] Frauen verdienen noch immer weniger als Männer, Leiharbeitnehmer weniger als Festangestellte, und Mütter beziehen im Schnitt weniger Rente als kinderlose Frauen. Für viele Ungerechtigkeiten sind nach Ansicht der meisten Deutschen der Staat und seine Steuerpolitik verantwortlich. Dass Kapitaleinkünfte der Anleger niedriger besteuert werden als der Lohn und Alleinerziehende mehr Steuern zahlen müssen als kinderlose Ehepaare, hält die übergroße Mehrheit der Deutschen für ungerecht.

Wenn hierzulande in den zurückliegenden Jahren über Gerechtigkeit gestritten wurde, dann meist unter dem Stichwort »soziale Gerechtigkeit«. Thema war die Höhe der Transferzahlungen und die Regeln, nach denen sie gezahlt werden. Meist ging es nicht um die Mittelschicht, nicht um die Arbeitnehmer, nicht um das Steuersystem, sondern um die Bedürfnisse der Menschen am unteren Ende der Gesellschaft, die inzwischen als »abgehängt« bezeichnet werden.

Der deutsche Sozialstaat ist so differenziert und umfassend wie kaum ein zweiter. Deutschland ist nicht Amerika. Hierzulande geben die öffentlichen Haushalte mehr als die Hälfte für soziale Aufgaben aus, für Kranke, Alte und Bedürftige. Das ist fast ein Drittel der gesamten Wirtschaftsleistung.[147] Die USA haben dafür nur 19 Prozent übrig.[148] Und die Sozialausgaben steigen in Deutschland deutlich schneller als die übrige Wirtschaft. Deutschland kann es sich leisten. 2017 hat das Land zum vierten Mal in Folge keine neuen Schulden aufgenommen.

Die deutsche Ungerechtigkeit ist weniger ein Problem der Unterschicht als der »hart arbeitenden Mitte«. Seit 1990 ist die Wirtschaft insgesamt um gut ein Drittel gewachsen. Die Reallöhne der Arbeitnehmer konnten da nicht annähernd mithalten. Wo also ist das zusätzlich erwirtschaftete Geld geblieben? Wie auf der ganzen Welt haben sich auch in Deutschland die oberen zehn Prozent den Zugewinn beinahe komplett gesichert. Genau genommen sogar nur die oberen vier bis fünf Prozent: Die Eigentümer der Unternehmen und ihre treuesten und teuersten Angestellten, die Top-Manager. Die Deutschen erlebten eine gewaltige Umverteilung aus der Mitte nach ganz oben. Noch 1970 besaßen die reichsten 10 Prozent etwa 44 Prozent des gesamten Vermögens.[149] Nach Berechnungen des Deutschen Instituts für Wirtschaftsforschung (DIW) ist ihr Vermögensanteil inzwischen jedoch auf über 70 Prozent angewachsen.[150] Allein dem reichsten einen Prozent gehört heute ein Drittel von allem, und dem reichsten Promille ganze 17 Prozent. Nimmt man als Maßstab die Verteilung des Reichtums, der in den vergangenen Jahren zusätzlich erwirtschaftet wurde, dann sind in Deutschland nicht 20 oder 30 Prozent der Bevölkerung abgehängt, sondern 95 Prozent.

Solche gewaltigen Umverteilungen gibt es sonst nur nach Kriegen oder Revolutionen. Jedenfalls nicht unblutig. Doch den Deutschen geht es wie dem Frosch im Kochtopf. Wirft man den in kochendes Wasser, springt er sofort wieder heraus. Steckt man ihn in kaltes Wasser, das man ganz langsam erhitzt, ist er irgendwann gar, ohne rechtzeitig aus dem Topf gehüpft zu sein. Die friedliche Revolution des Geldes passierte ganz allmählich, geräuschlos, ohne jeden Knall. Niemandem ging es schlechter. Alle haben von dem größer gewordenen Reichtum etwas abbekommen. Das gilt ausdrücklich auch für die Bezieher von Transferleistungen, die in den vergangenen Jahren nicht ärmer wurden, wie oft behauptet wird. Dennoch ging die Reichtumsschere extrem weit auseinander.

Um die Ungerechtigkeit zu verstehen, muss man sich die Entwicklung des Wohlstands wie eine deutsche Autobahn vorstellen: Vor 20 Jahren betrug die Durchschnittsgeschwindigkeit auf der rechten Fahrbahn 90 Stundenkilometer, in der Mitte 110 und links 150. Heute tuckert man rechts mit 95 km/h. Auch in der Mitte wurde minimal beschleunigt, auf 115 km/h. Doch links, auf der Überholspur, wird inzwischen mit über 250 Sachen durchgebrettert. Die automatische Abregelung der Höchstgeschwindigkeit ist deaktiviert. Die Mitte konnte zwar ganz leicht zulegen, doch wenn die Bessergestellten mit über 250 Sachen an einem vorbeifliegen, fühlt sich das an, als ob man steht. »In der wachsenden Ungleichheit sehe ich ein historisches Scheitern der Politik«, sagt Marcel Fratzscher, Präsident des DIW.

Der Staat steht dieser Entwicklung der Ungleichheit und der Ungerechtigkeit nicht machtlos gegenüber. Und tatsächlich greift die deutsche Finanzpolitik ganz energisch in den Verteilungskampf ein. Allerdings steht sie dabei nicht auf der Seite der 95 Prozent. Dafür ist die Firma BMW ein Paradebeispiel. Der Autobauer hat in den vergangenen Jahren ein Rekordergebnis nach dem anderen erwirtschaftet. Fast zehn Jahre war Norbert Reithofer Vorstandsvorsitzender von BMW, bevor er 2015 in den Aufsichtsrat wechselte. Zuletzt verdiente er 7,25 Millionen Euro im Jahr. Eine gewaltige Summe, doch Reithofer war ganz maßgeblich für den Erfolg mitverantwortlich. Die Firma BMW gehört fast zur Hälfte den Quandt-Erben, Stefan Quandt und seiner Schwester Susanne Klatten. Über das Einkommen ihres Angestellten Reithofer können die beiden nur lächeln. Sie kassierten 112-mal so viel: 815 Millionen Euro jährlich.[151]

Jetzt kommt der Staat ins Spiel, das Finanzamt. Den Autobauern, die mit ihrer Leistung die Rekordgewinne erwirtschaftet haben, von Reithofer über die Ingenieure bis zu den vielen Leiharbeitern, werden vom Lohn die hohen Einkommensteuern abgezogen. Bis zu 42 Prozent. Plus Sozialabgaben. Die Quandts, die nicht zu den Produktivkräften in dieser Wertschöpfungsgemeinschaft gehören, zahlen für ihre 815 Millionen die niedrige Kapitalertragsteuer von 25 Prozent. Das ist kein Steuertrick, das ist Gesetz.

Kapitalerträge sind Einkünfte, für die Anleger oder Eigentümer nichts leisten müssen. Der Staat bevorzugt also das leistungslose Einkommen und bestraft den Lohn der Arbeit. Für eine Leistungsgesellschaft ist das nicht nur ein falscher ökonomischer Anreiz. Es ist auch ein moralisches Problem. Deutschland ist keine Neidgesellschaft. Die Deutschen gönnen den Reichen ihren Reichtum.

Jedoch nur, wenn er aufgrund von Leistung zustande gekommen ist. Leistung ist die moralische Rechtfertigung für den unterschiedlichen Wohlstand. Wenn die wegfällt, wird aus Ungleichheit Ungerechtigkeit. Und Wut.

Die Umverteilung nach oben ist nicht einfach so passiert. Deutschlands Finanzpolitik hat nach Kräften nachgeholfen, egal, wer gerade regierte. Die typischen Steuern für Reiche wurden entweder drastisch gesenkt oder gleich ganz abgeschafft: Börsenumsatzsteuer – heute würde man das Finanztransaktionssteuer nennen – weg. Vermögenssteuer – weg. Erbschaftsteuer, Kapitalertragssteuer, Körperschaftssteuer – runter. Die Reichen sind dabei, sich aus der Finanzierung des Staats zurückzuziehen.

Die revolutionäre Umverteilung nach oben hat also gleich zwei Motoren: Zum einen haben die Vermögenden dafür gesorgt, dass vom Gewinnkuchen das größte Stück stets auf ihrem Teller landet. Zum anderen verzichten die Staaten großzügig darauf, dass die Geldelite sich mit ihrem unangemessen großen Gewinn angemessen an der Finanzierung der Gemeinschaftsaufgaben beteiligt. Entweder wurden die Steuergesetze zu ihren Gunsten verändert. Oder die Finanzbehörden schauen bei der legalen und bei der illegalen Steuertrickserei demonstrativ weg.

Die Welt als Ganzes und insbesondere unsere kleine Welt in Deutschland ist in den vergangenen Jahrzehnten friedlicher geworden, freier, gesünder, lernfähiger und menschlicher. Doch die Verteilung des Reichtums, den alle gemeinsam erarbeiten, ist unverändert geprägt von obszöner Ungerechtigkeit. Diese Unfairness ist mehr als ein unerledigter Job in einer ansonsten großartigen Bilanz. Sie ist der Missklang, der die gesamte Symphonie übertönt. Der faulige Mundgeruch, der alle Anziehungskraft vergessen lässt. Das Gift, das die Erfolge ungenießbar macht.

Und die Ungerechtigkeit ist eine Erklärung, warum es so schwerfällt, die fantastischen, unbestreitbaren Verbesserungen in anderen Bereichen wahrzunehmen.

II

Warum wir die Erfolge ignorieren

Der Pessimismusreflex

Die tödlichsten Krankheiten besiegt. Das Waldsterben rechtzeitig abgewendet. Gewalt, Kriminalität, Analphabetismus, Armut und Hunger entscheidend zurückgedrängt. Den Ost-West-Konflikt überwunden. Die Mauer eingerissen und die Wiedervereinigung vollendet. Die Massenarbeitslosigkeit niedergerungen. Hunderttausende Flüchtlinge aufgenommen und den Selbstmord der Menschheit durch den dritten Weltkrieg verhindert. Das ist nur ein Teil der historischen Errungenschaften der vergangenen Jahrzehnte. Die Bilanz kann sich sehen lassen. Keine Generation hat eine bessere vorzuweisen. Die heutigen Menschen haben das Privileg, in der besten aller Welten leben zu dürfen.

Doch es fühlt sich überhaupt nicht so an.

Im allgemeinen Bewusstsein hat sich etwas verfestigt, das der Publizist Matthias Horx »Immerschlimmerismus« nennt.[1] Alles wird immer schlimmer: Die Polizei kann die Bürger nicht mehr schützen, der Euro zerbricht, die Gesellschaft zerbricht, die Familien zerbrechen, die SPD zerbricht, immer mehr Gift im Essen, immer mehr Kriege, immer mehr Terroristen, immer mehr korrupte Politiker, immer mehr Armut, immer mehr Überfluss, immer mehr Kriminalität, die Sprache verarmt, die Jugend verwahrlost und wird immer gewalttätiger. Selbst Nutella ist nicht mehr, was es mal war.

Alle genannten angeblichen Beweise für den scheinbaren Untergang sind nachweislich falsch. Einzig die Nutella-Katastrophe, die hat tatsächlich stattgefunden.

Es scheint, als wachse unser Pessimismus, je besser die objektive Lage ist. Wir vergessen selbst die bedrohlichsten Probleme, die uns über viele Jahre gequält haben, meist schon in dem Moment ihrer Lösung. Ihren Platz in unseren Gehirnen übernehmen noch ungelöste Schwierigkeiten. Und die neusten Ängste sind immer die größten.

Eigentlich müssten wir die Lage besser einschätzen können. Schließlich war noch keine Generation so gebildet wie wir. Zudem ist das Wissen über die unzähligen positiven Veränderungen kein Geheimnis. Wir leben im Zeitalter der Information. Alle Daten, Fakten und Erkenntnisse, die Menschen jemals zusammengetragen haben, sind nur ein paar Mausklicks entfernt. Es ist die Vollendung der Aufklärung. Die objektiven Informationen sind verfügbar wie nie zuvor. Aber sie dringen nicht vor bis in unser Bewusstsein.

Die eindeutige Faktenlage, wonach in nahezu allen Lebensbereichen große, mitunter sogar bahnbrechende Verbesserungen zu verzeichnen sind, deckt sich auch mit unseren persönlichen Erfahrungen. Wir haben miterlebt, wie die Gewässer sauberer wurden, wie wir mit weniger Arbeit immer größeren Wohlstand anhäufen konnten, wie Schwulsein selbstverständlicher wurde, wie weniger Menschen arbeitslos waren und die eigenen Eltern und Großeltern im Alter immer fitter blieben. Doch weder die objektiven Fakten noch das subjektive Erleben haben eine Chance gegen den Reflex, alles automatisch pessimistisch zu werten.

Zu erkennen, dass unser persönliches Leben reicher, freier und sicherer geworden ist, bewahrt uns offenbar nicht vor dem Pessimismusreflex. Er wird aktiv bei der Beurteilung der Lage der Welt, des Landes oder der Gesellschaft. Menschen neigen dazu, ihre eigene Situation erheblich besser zu bewerten als die der Allgemeinheit. Das Phänomen des persönlichen Optimismus bei gleichzeitigem sozialen Pessimismus haben Sozialwissenschaftler vielfach nachgewiesen. Das zeigt sich auch regelmäßig bei Umfragen in Deutschland.

Das Gapminder Ignorance Project des Schweden Hans Rosling hat in unzähligen Studien und in vielen Ländern gezeigt, dass die große Mehrheit der Menschen maßgebliche Errungenschaften der vergangenen Jahrzehnte vollkommen falsch einschätzt.[2] So sind die Verlängerung der Lebenserwartung, die Reduzierung des Hungers und der Armut sowie die Verbesserung der medizinischen Versorgung in der Welt nur einer kleinen Minderheit der Befragten bewusst.

Vom Pessimismusreflex ist also nicht nur die Bevölkerung in Deutschland betroffen. Es ist eine weltweite Erscheinung. Das internationale Marktforschungsinstitut Ipsos vergleicht in 38 Ländern die Wahrnehmung der Bevölkerung zu gesellschaftsrelevanten Fragen mit der Realität.[3] Gefragt wird etwa nach der Mordrate, dem Anteil ausländischer Gefängnisinsassen oder Teenagerschwangerschaften. Ergebnis: In allen Ländern ist die Wahrnehmung negativer als die Realität, zum Teil erheblich. Beim »Verschätzungsindex« liegen Südafrika, Brasilien und die Philippinen auf den ersten drei Plätzen. Die realistischste Einschätzung haben Schweden, Norweger und Dänen. Deutschland liegt im Mittelfeld.

Drei Viertel (74 Prozent) der Deutschen denken, die Mordrate im Land sei im Vergleich zum Jahr 2000 gestiegen oder gleich geblieben. Tatsächlich ist sie um 33 Prozent gesunken. Nach Meinung der Deutschen haben 45 Prozent aller Gefängnisinsassen einen Migrationshintergrund. Tatsächlich sind es nur 31 Prozent. Besonders weit liegen die Befragten bei den Teenagerschwangerschaften daneben. Sie glauben, hierzulande würden 16 Prozent aller 15- bis 19-jährigen Mädchen ein Kind zur Welt bringen. Tatsächlich sind es nur 0,6 Prozent.

Der Pessimismusreflex ist so sehr zur unbestrittenen Haltung geworden, dass er sogar Karriere als Kalenderweisheit gemacht hat: Pessimisten sind Hellseher, die schwarzsehen. Oder: Ein Pessimist ist ein Optimist, der nachgedacht hat. So lauten die beliebtesten Sprüche. Warner und Apokalyptiker gelten als klug, verantwortungsbewusst und unabhängig. Wer hingegen eine Veränderung positiv beurteilt, dem wird Naivität und Verantwortungslosigkeit vorgeworfen. Sein Urteil steht häufig unter dem Verdacht, gekauft zu sein.

Wir leben in der besten aller Welten bei gleichzeitigem Immerschlimmerismus. Die tatsächliche, nachgewiesene Realität und die empfundene Wahrheit könnten nicht weiter voneinander entfernt sein. Ein so massiver Widerspruch kann unmöglich von einem Auslöser allein verursacht worden sein. Die Gründe für die generelle Wahrnehmungsstörung müssen umfassender sein, vielschichtiger. Vier Faktoren werde ich in diesem Teil des Buches genauer erörtern. Es sind sicher nicht die einzigen Erklärungen, aus meiner Sicht sind es jedoch die wichtigsten. Kein Phänomen allein ist für die Erfolgsblindheit der Deutschen verantwortlich. Nur zusammen bewirken sie den Pessimismusreflex.

Pessimismus ist sexy

Der Tag beginnt mit dem Morgengrauen.

Radionachrichten beim Zähneputzen: Bombenanschlag in Kabul, Firmenpleite in Brandenburg. Tageszeitung beim Frühstück: Hinrichtung in Saudi-Arabien, Schlägerei im Flüchtlingsheim, Gefahr eines Vulkanausbruchs im Urlaubsparadies. Autoradio auf dem Weg zur Arbeit: Spaziergänger entdecken Frauenleiche, UN warnt vor Hungerkatastrophe im Süd-Sudan, US-Polizisten erschießen wehrlosen Afroamerikaner, erneut Kämpfe im Donbass. Kurz unterbricht die Fahrt in die Tiefgarage den Empfang der schlechten Nachrichten. Doch schon im Aufzug vibriert das Handy in der Hosentasche. Push-Nachricht: Beamte von Scotland Yard vereiteln einen Anschlag in London.

Noch bevor wir am Arbeitsplatz eintreffen, haben wir ein Inferno von angstmachenden Nachrichten überlebt. Erholung gibt es auch den restlichen Tag über keine. Zwischendurch klicken wir uns immer wieder durch die neusten Horrormeldungen bei Spiegel Online. Welches Grauen haben unsere Freunde bei Facebook gepostet? Abends dösen wir uns durch die Tagesthemen und lassen uns erklären, welchem Land Donald Trump gerade mit Krieg gedroht hat. Vor dem Wetter noch schnell ein paar schockierende Bilder von einem riesigen Teppich aus Plastikmüll im Ozean.

Die bedrohlichsten Informationen aus den entferntesten Ecken der Welt drängen sich in unser Bewusstsein und versetzen uns in einen dauerhaften Alarmzustand, 24/7. Jede einzelne Nachricht ist wahr und verdient es, verbreitet zu werden. Doch die vielen richtigen Meldungen erzeugen in ihrer Gesamtheit ein falsches Bild: Alles verschlechtert sich. Die Probleme überwältigen uns. Die Welt steht am Abgrund.

Auch in früheren Jahrzehnten starben Menschen bei Terroranschlägen und Kriegsgefechten, Unschuldige wurden ermordet, Straftäter hingerichtet und Schwarze von US-Polizisten erschossen. Es gibt jedoch zwei entscheidende Unterschiede: 1. Vor 20, 30 oder 50 Jahren geschah das Grauenhafte weitaus häufiger. 2. Die Menschen in Deutschland haben es meist nicht erfahren.

Nur wenige Kilometer entfernt vom Heimatort meiner Eltern kamen 1930 bei einem Grubenunglück im Bergwerk Anna II 297 Bergleute ums Leben. 150.000 Menschen säumten bei der Trauerfeier die Straßen des Städtchens Alsdorf bei Aachen. Man braucht wenig Fantasie, um sich den Hype vorzustellen, den eine solche Katastrophe heute auslösen würde. Doch 1930 gab es kein Fernsehen, kein Internet, keine Live-Berichterstattung, keine Brennpunkte. Schon die Zeitungen außerhalb von Nordrhein-Westfalen nahmen von dem Ereignis kaum noch Notiz.

Als im August 2010 in dem Kupfer- und Goldbergwerk San José in Chile 33 Bergleute verschüttet wurden, schickten Redaktionen aus allen Kontinenten ihre Reporter nach Chile. Millionen Fernsehzuschauer auf der ganzen Welt bangten mit den chilenischen Bergleuten und weinten bei der Live-Übertragung ihrer Rettung.

Katastrophen, Kriege, Gewalt und all das Böse in der Welt – das wird nicht immer mehr, sondern im Gegenteil immer weniger. Eine wirkliche Steigerung, die gab es nur bei der Berichterstattung darüber. Das Grauen geschieht seltener, aber wir sind häufiger dabei. So entsteht die Täuschung. In den vergangenen Jahrzehnten hat sich unsere Wahrnehmung der Welt verschoben. Wir sehen mehr fern, wir verbringen viel Zeit im Internet und checken alle paar Minuten die News auf unserem Smartphone. Schon Mitte der 1960er Jahre verbrachten die Deutschen im Schnitt rund 200 Minuten am Tag mit Medien. Diese Zeit hat sich inzwischen beinahe verdreifacht. Fast 600 Minuten, also zehn Stunden, nutzen die Deutschen Fernsehen, Radio, Zeitungen, Zeitschriften und das Internet.[4] Das lässt sich noch steigern. US-Amerikaner bringen es auf durchschnittlich zwölf Stunden täglichen Medienkonsum.[5] In über der Hälfte der Wachstunden bestimmt der mediale Filter den Blick des modernen Menschen auf die Realität, auf die kleinen Alltagsprobleme und besonders auf die großen, weltbewegenden Themen. Einst war die mediale Wahrnehmung auf einen kleinen Teil der Lebenszeit beschränkt. Heute ist sie allgegenwärtig.

Wer verstehen will, wie dieser Filter funktioniert, muss wissen, wie Journalisten arbeiten. Seit über 25 Jahren bin ich einer von ihnen. Wir Journalisten wählen aus, worüber berichtet wird und worüber nicht. Wir lenken die öffentliche Aufmerksamkeit auf ein Thema. Wir sind die Brille der Gesellschaft. Mehr Medienstunden am Tag bedeuten mehr Stunden, mit denen die heutigen Menschen die Welt durch diese Brille wahrnehmen. Darum sind die optischen Eigenschaften der journalistischen Brille heute um ein Vielfaches relevanter als in früheren Generationen. Es ist eine Brille, die das weit entfernte Geschehen nah heranzoomt. Sie vergrößert das Detail, den Einzelfall, den Täter, das Opfer, das Besondere, das Einzigartige. Für den Überblick und für das Alltägliche ist diese Optik nicht geschaffen.

»News is something that someone doesn't want to be printed.

All the rest is advertisement.« Das Zitat wird sowohl George Orwell zugeschrieben als auch dem legendären Medientycoon William Randolph Hearst sowie Katharine Graham, der langjährigen Verlegerin der Washington Post. Unabhängig von seiner Urheberschaft ist diese Definition für guten Journalismus seit Generationen die goldene Regel, die jeder Journalist in seiner Ausbildung lernt. Gerade der Qualitätsjournalismus sieht sich als kritischen Journalismus. Die Kritik an den Herrschenden ist der Kern des Selbstverständnisses der vierten Gewalt. Wir Journalisten sind die Wächter der Demokratie. Wir kontrollieren die Mächtigen. Wir decken Fehler, Missstände und Skandale auf. Wir legen den Finger in die Wunde.

Die Evolution hat Löwen zu hochspezialisierten Lebewesen gemacht. Sie blicken auf eine Herde von Zebras und filtern aus der Masse von tausend gesunden Tieren das eine heraus, das nicht ganz rundläuft. Von nun an haben sie nur noch Augen für das hinkende Zebra. Auch wir Journalisten sind hochspezialisierte Wesen. Wir scannen die Welt wie der Löwe die Zebraherde auf der Suche nach etwas, das hinkt. Nur dafür haben wir Augen. Nur das ist unsere Beute. Die tausend gesunden Zebras interessieren uns nicht.

Von dem *stern*-Erfinder Henri Nannen erzählt man sich, wie er seinen Reportern erklärt habe, worüber berichtet wird und worüber nicht: Auto fährt auf der Landstraße. Es kommt an einen Bahnübergang. Schranke geht runter. Auto hält an. Zug fährt durch, Schranke geht hoch. Auto fährt weiter – das ist keine Geschichte.

Der Zug ist das sicherste Verkehrsmittel. Tödliche Unfälle sind extrem selten. Dennoch zeigen die Nachrichtensendungen regelmäßig kurze Filmchen von Autowracks, die irgendwo auf der Welt am Bahnübergang von einem Zug überrollt wurden. Oder Entgleisungen. Das Zugunglück gehört zu den Standards der Fernsehnachrichten, weil die Bilder über internationale Netzwerke einfach und billig zu haben sind und dem Publikum eine bunte, bewegte Abwechslung liefern in dem Einheitsbrei optisch langweiliger Schreibtischinterviews. Sie sind ein beliebtes Füllmaterial, wenn gerade keine andere Katastrophe im Angebot ist. So kommen Zugunglücke häufig in die Nachrichten, obwohl sie selten passieren.

Eine entgleiste Lok in Pakistan oder Bolivien beunruhigt den Bahncard-Besitzer in Deutschland nicht. Junge, männliche Flüchtlinge hingegen schon. Als Riaz Khan A. im Sommer 2016 in einem Zug bei Würzburg mehrere Fahrgäste angriff und schwer verletzte, wurde der Afghane sogleich zum »Axtmörder« hochgestuft.[6] Dabei war glücklicherweise niemand getötet worden und die Tatwaffe war keine Axt, sondern lediglich ein Beil. Gewalttaten mit der Axt wirken besonders brutal und archaisch, sind aber gar nicht so selten. Die Polizei hatte allein im ersten Halbjahr 2016 bereits 18 Körperverletzungen mit Äxten registriert. Dabei waren vier Menschen getötet worden. Die meisten Täter waren Deutsche ohne Migrationshintergrund.[7] Schlagzeilen machte indes nur eine Tat ohne Axt und ohne Tote. Aber mit Flüchtling.

Dass sogenannte Nafris, Nordafrikaner aus den Maghreb-Staaten, überdurchschnittlich häufig straffällig werden, ist ein immer wiederkehrender Refrain der Flüchtlingsberichterstattung. Dass Syrer in der Kriminalstatistik relativ unauffällig sind, ist nicht mal eine Nachricht wert.[8]

Gute Nachrichten werden nicht vermeldet

Wenn der neue Armuts- und Reichtumsbericht vorgestellt wird, löst das stets eine Lawine an Berichten aus, in denen vor allem die gestiegene »Armutsgefährdungsquote« skandalisiert wird. Dass die Einkommen der Menschen, die »armutsgefährdet« sind, im Schnitt schneller wachsen als die Durchschnittslöhne der Beschäftigten, bleibt unerwähnt.[9] Und die gute Nachricht, dass nach der Einführung des gesetzlichen Mindestlohns die Löhne der Geringverdiener tatsächlich um 15 Prozent gestiegen sind, wird gar nicht erst vermeldet.[10]

Wenn es in Ghana oder im Senegal nach demokratischen Wahlen regelmäßig zu friedlichen Regierungswechseln kommt, muss man in deutschen Medien nach der guten Nachricht suchen. Wenn sich in Kenia nach den Wahlen die Anhänger der Opposition und der Regierung Straßenschlachten liefern, sehen wir die Bilder der brennenden Barrikaden kurz darauf in allen Nachrichtensendungen.

Der Terror des selbsternannten »Islamischen Staates« dominierte mehrere Jahre sämtliche journalistischen Formate aller Medien. Als der irakische Regierungschef Haider-al-Abadi im Dezember 2017 den Krieg gegen den IS für beendet erklärte, war für die Erfolgsmeldung kein Platz in den großen Schlagzeilen.

Im Frühjahr 2017 erkrankten an einigen Schulen in Deutschland vermehrt Kinder an Masern. Vielen Zeitungen, Radiosendern und Fernsehstationen war das ausführliche, warnende Berichte wert. Zu Recht. Eltern wollen alles über gesundheitliche Risiken für ihre Kinder erfahren. Als im Herbst die Weltgesundheitsorganisation WHO vermeldete, dass die Zahl der Todesfälle durch Masern in diesem Jahrtausend um 84 Prozent zurückgegangen ist, schaffte es die Erfolgsmeldung nicht in die Top-News.[11] Etwa 20 Millionen Menschen sind wegen der weltweiten Impfkampagnen nicht an Masern gestorben. Sie sind wie das Auto, das nicht vom Zug überrollt wurde.

Journalisten sind dafür ausgebildet, über Ereignisse zu berichten, die tatsächlich passieren. Kinder, die nicht hungern und nicht an Tetanus, an Polio oder an Malaria sterben, liefern keine Bilder und hinterlassen keine weinenden Eltern. Nicht stattgefundene Verbrechen, ausgebliebener Lehrstellenmangel, beendete Kriege, Dünnsäure, die nicht mehr verklappt wird, und überwundene Armut gehören darum nicht zum klassischen Beuteschema des Journalismus.

Doch genau das sind die Sensationen unserer Zeit: Es sind Katastrophen, die verhindert wurden. Die wahrhaft atemberaubende Veränderung ergibt sich aus dem Zurückdrängen der großen Geißeln der Menschheit: Hunger, Armut, Krankheit, Krieg und Gewalt. Es sind Nicht-Ereignisse ohne Datum, ohne Opfer, ohne Täter, ohne Gipfel, ohne Pressekonferenz. Zu zeigen und zu beschreiben gibt es meist nur Zahlen und Daten. Die frohen Botschaften sind nicht sexy. Darum ignoriert auch der Qualitätsjournalismus systematisch die positiven Sensationen in seiner Berichterstattung.

Doch sein Anteil an deren Zustandekommen kann kaum überschätzt werden. Das Aufdecken und Bewusstmachen von Missständen ist eine der entscheidenden Erfolgsmethoden unserer Gesellschaften. Eine kleine, willkürlich zusammengestellte Kollektion journalistischer Leistungen: Journalisten enthüllten den Watergate-Skandal, die Flick-Spenden-Affäre, den Missbrauch von Kindern in der katholischen Kirche, den Skandal um die Neue Heimat und die schwarzen Kassen der CDU. Kriegsreporter und -fotografen trugen maßgeblich zum Ende des Vietnamkrieges bei. Als 25 Jahre später Kriegsreporter der nächsten Generation im Norden Bosniens Gefangenenlager entdeckten, in denen Muslime und Kroaten gefoltert, vergewaltigt und umgebracht wurden, bewirkten ihre Artikel die Befreiung der Gefangenen und führten schließlich zum Eingreifen der Weltgemeinschaft in den Bürgerkrieg. Und ohne die Berichte im Fernsehen, in Zeitungen und Zeitschriften blieben die Aktionen von Greenpeace oder Amnesty International wirkungslos.

Die Arbeit von freien und aggressiven Reportern ist die Basis des lernenden Gemeinwesens. Sie versetzen die Gesellschaften in die Lage, aus den Fehlern der Vergangenheit zu lernen. Penetrantes Hinterfragen, lautes Anprangern, Benennen der Verantwortlichen, Wühlen im Dreck und die ununterbrochene Suche nach Ungereimtheiten, also nach dem hinkenden Zebra – all das ist kein übler Auswuchs dieses Gewerbes, sondern seine eigentliche Funktion für die Gemeinschaft. Dadurch entfaltet sich die Heilkraft der Aufklärung.

In schillernden Farben schwarzmalen

Jedoch nur zum Teil. Um die Erfahrungen vollständig nutzen zu können, müssen Gesellschaften nicht nur am Misslingen lernen, sondern auch am Gelingen. Voraussetzung dafür ist jedoch das Erkennen, das Benennen und das Bewusstmachen der Erfolge. Dazu liefern wir kritischen Journalisten derzeit keinen hilfreichen Beitrag. Heute gehört es zum selbstverständlichen Allgemeinwissen, dass viele Unternehmen und Millionäre ihre Vermögen und Gewinne in der Karibik oder in Panama vor dem deutschen Finanzamt verstecken. Journalisten haben den Skandal aufgedeckt und die unfrohe Botschaft so lange wiederholt, bis jeder sie verinnerlicht hat. Solch wirkungsvolle Kampagnen führen aber dazu, dass die frohen Botschaften nicht verkündet werden. Das ist einer der Gründe, warum der Rückgang von Hunger und Armut, warum das Basiswissen über die tatsächliche Lage der Welt nicht Teil der heutigen Allgemeinbildung wurde.

»Der Medienberichterstattung, besonders dem Fernsehen, wohnt ein Hang zum Negativismus (...) inne«, beschreibt die große alte Dame der SPD, Gesine Schwan, die Grundhaltung in der veröffentlichten Meinung.[12] Wir Journalisten können in den schillerndsten Farben schwarzmalen. »All the rest is advertisement.« Unser Metier ist das Scheitern, die Katastrophe, der Alarm. Doch um Herausforderungen wie den Klimawandel ähnlich produktiv zu bewältigen, reicht das Lernen am Misserfolg allein nicht aus. Die positiven Entwicklungen müssen in der Berichterstattung mehr sein als eine neue Nische in der Wohlfühlabteilung, neben Reisen, Partnerschaftsthemen und der neuen Häuslichkeit. Die frohen Botschaften sind die wahren Sensationen. Und Sensationen gehören auf die Titelseiten, in die Brennpunkte, in die Sondersendungen.

In den letzten Jahren wurden Journalisten immer stärker von Kritikern zu Kritisierten. Im dritten Teil dieses Buches werde ich mich damit befassen, dass derzeit alle wesentlichen

Erfolgsmethoden, die für die großen Fortschritte unserer Epoche verantwortlich sind, unter Druck stehen: Freier Handel, internationale Zusammenarbeit, die Herrschaft des Rechts, ein starker Staat und eben auch unzensierte Medien werden fast überall massiv und systematisch angegriffen. Seit Joseph Goebbels ist die freie, unabhängige Berichterstattung nicht mehr so fundamental infrage gestellt worden wie derzeit von der rechtspopulistischen Szene.

Sie kritisiert jedoch nicht den »Negativismus«. Im Gegenteil: Der Vorwurf »Lügenpresse« behauptet im Kern, Journalisten der »Systemmedien« würden existierende Probleme verschweigen und beschönigen. Die Realität, so die Überzeugung der »besorgten Bürger«, sei erheblich bedrohlicher und insgesamt negativer, als von »den Medien« dargestellt.

Doch Journalisten, die Skandale nicht veröffentlichen, sind ungefähr so häufig wie vegane Löwen. Ohne Beute überleben beide nicht. Für verschwiegene Informationen bekommt man keinen Journalistenpreis, keine Beförderung und keine Gehaltserhöhung. Sie steigern nicht die Auflage und nicht die Quote. Selbst unter Anwendung verwegener Verschwörungstheorien ist kein Anreiz konstruierbar, der Reporter, Chefredakteure und Verleger zum gemeinschaftlichen Unterdrücken von Missständen veranlassen könnte. Die Konkurrenzmechanismen der Branche und die Logik des journalistischen Handwerks verhindern das entstehen einer »Lügenpresse«.

Der Kampf um Aufmerksamkeit

In den vergangenen Jahrzehnten hat nicht nur die Zeit zugenommen, die Menschen mit Medien verbringen. Der Zuwachs ereignete sich nicht nur beim Publikum, sondern genauso beim journalistischen Angebot. Die Inhalte haben sich quantitativ vervielfacht, ihre Verbreitung hat sich immens beschleunigt und sie sind jederzeit beinahe an jedem Ort verfügbar. Noch in den 80er Jahren waren Reportagen aus dem Ausland mit einem logistischen und finanziellen Aufwand verbunden, den sich nur wenige Redaktionen leisten konnten. Manche Staaten konnte man lange Zeit mit einem Pass der Bundesrepublik nicht oder nur mit großen Problemen bereisen. Um das zu umgehen, hatte Henri Nannen für den *stern* Fotoreporter mit den unterschiedlichsten Staatsangehörigkeiten und Pässen eingestellt.

Bis die Reporter mitsamt den belichteten Filmrollen wieder zurück in der Redaktion waren, vergingen in der Regel einige Wochen. Heute findet man von jedem Terroranschlag, jeder Demonstration, jedem Erdbeben und jeder Schießerei spätestens nach wenigen Minuten die ersten Handyfotos und -filme im Netz. Der Krieg in Syrien war der erste, bei dem Drohnen aus dem MediaMarkt zwischen den feindlichen Stellungen schwebten, um das Morden in die Wohnzimmer der Welt zu übertragen.

Die Allgegenwart medialer Inhalte wird geprägt durch ein unendlich ausdifferenziertes Angebotssortiment. Bei allen Konsumgütern wurde in den vergangenen Jahrzehnten das Sortiment erweitert. Im Supermarktregal stehen heute mehr als 30 Sorten Joghurt, Schokokekse und Fruchtmarmeladen. Dennoch hat kein anderes Gewerbe ein so explosionsartiges Wachstum seiner Produktpalette erlebt wie die Medienbranche.

Angst ist die Ware der Amateur-Publizisten

In den 60er Jahren konnten die Fernsehzuschauer zwischen drei Programmen auswählen, die am späten Abend nach dem Abspielen der Nationalhymne den Betrieb einstellten. Sendeschluss – die Älteren erinnern sich. Heute zählen die Landesmedienanstalten rund 400 deutschsprachige Fernsehsender, die niemals Pause machen.[13] Hörfunkprogramme gibt es sogar 450. Ein gut sortierter Bahnhofskiosk ist inzwischen größer als die Supermärkte meiner Kindheit, und dennoch findet nur ein Bruchteil des verfügbaren Angebots an Zeitungen und Zeitschriften in den Regalen Platz. 2017 publizierten die Verlage in Deutschland allein 1600 Publikumszeitschriften.[14] Zusätzlich bietet nahezu jeder Sender, jede Zeitung und jede Zeitschrift der Kundschaft ein komplettes Programm im Internet an, das fortwährend aktualisiert wird. Der Medienbericht der Bundesregierung geht von etwa 1050 journalistischen Online-Angeboten aus plus 400 Nachrichten-Apps.[15]

Die Medienzeit des Publikums hat sich in 50 Jahren verdreifacht, aber das Angebot hat sich mehr als vertausendfacht. Das hat den Konkurrenzkampf brutal verschärft, der um die eigentliche Währung der Branche ausgebrochen ist: Aufmerksamkeit. Wer gehört werden will, muss brüllen. Die Berichterstattung wird darum zwangsläufig immer greller und bedrohlicher, denn schockierende Botschaften werden besonders gut wahrgenommen.

Das wussten schon die amerikanischen Verleger Joseph Pulitzer und William Randolph Hearst. Bereits Ende des 19. Jahrhunderts trieben sie die Auflagen ihrer Zeitungen mit drastischen Fotos und Sensationsberichten über die Misshandlungen der kubanischen Bevölkerung durch spanische Soldaten in bis dahin ungekannte Höhen. Heute schaukeln sich nicht nur Verleger gegenseitig hoch. Der Wettbewerb wird von Millionen Mitspielern befeuert. Der Mechanismus ist derselbe, doch in der digitalen Informationsgesellschaft potenziert sich die Wirkung.

Man kann sich die Entwicklung der Medienlandschaft vorstellen wie eine große Veranstaltungshalle, gefüllt mit einigen tausend Menschen. Zuerst gab es eine Bühne, auf der ein Mensch sprach, dem alle anderen zuhörten. Das Angebot wurde immer weiter ausgeweitet. Mehr Bühnen, mehr Redner, höherer Geräuschpegel. Schließlich bekam die Veranstaltung den Charakter einer Verkaufsmesse mit vielen kleinen Ständen. Aus den Rednern wurden Marktschreier, die mit Lautsprechern, blinkenden Lichtern und allerlei Tricks um Aufmerksamkeit kämpften. Der Wettbewerb um Aufmerksamkeit erreichte einen ersten Höhepunkt.

Dann geschah die eigentliche Revolution: »soziale Medien«. Milliarden Menschen bloggen, produzieren Filmchen für ihre

YouTube-Kanäle oder posten Bilder ihrer Haustiere oder Abendessen auf Facebook. Jetzt sind alle Personen in der Halle Marktschreier und Publikum zugleich. Der Unterschied zwischen Sender und Empfänger hat sich aufgelöst. Alle brüllen ihre Botschaft hinaus. Der Lärm ist unerträglich. Jedes Smartphone hat eine hochauflösende Videokamera und kann live in alle Welt senden. Milliarden Mobiltelefonbesitzer haben damit eine publizistische Technik in der Hosentasche, von der Pulitzer und Hearst nicht einmal träumen konnten.

Die neuen Amateur-Publizisten haben zwar die Technik, aber nicht das notwendige Know-how. Sie können eine zuverlässige Quelle nicht von reiner Propaganda unterscheiden. Macht nichts. Ob eine Information korrekt und überprüfbar ist, spielt keine Rolle. In den Echokammern der neuen Medienwelt geht es längst nicht mehr um Informationen. Was zählt, ist Aufregung.

Im nächsten Kapitel werden wir sehen, dass unser Gehirn nichts so schnell verarbeitet wie Gefahr, Alarm und Warnung. Das sichert Aufmerksamkeit. Darum ist Angst die wertvollste, die eigentliche Ware der neuen, entfesselten Medienwelt.

Wer sich also fragt, warum der pessimistische »Immerschlimmerismus« unsere Zeit prägt, wo doch die frohen Botschaften allen Anlass zur Zuversicht geben, findet in der Entwicklung der Medienrealität tatsächlich Antworten. Schon die Qualitätsmedien konzentrieren sich vor allem auf Missstände und Fehlentwicklungen. Die Allgegenwart der apokalyptischen Beschreibungen in den neuen Medien erzeugt schließlich fast zwangsläufig eine Endzeitstimmung, der sich kaum jemand entziehen kann. Der Lärm übertönt die frohen Botschaften. Diese sind sensationell, spannend und von größter Relevanz. Aber sie regen uns nicht auf. Sie machen keine Angst. Sie sind zu leise.

Pessimismus ist ein Hirngespinst

Zuerst eine Binsenweisheit: Krieg macht Angst. Die Einwohner von Aleppo oder Homs, die viele Nächte im Keller lagen und bei jeder Bombenexplosion zusammenzuckten aus Furcht, das Haus würde über ihnen zusammenstürzen, können diese Todesangst so schnell nicht vergessen. 2015 und 2016 habe ich mit vielen syrischen Flüchtlingen gesprochen, die ihre Angst mitgebracht hatten ins friedliche Deutschland. Noch immer zuckten sie bei lauten Geräuschen erschrocken zusammen, obwohl sie längst in Sicherheit waren und sich sogar sicher fühlten. Solche seelischen Verletzungen nennen wir Traumata.

Die Neurowissenschaftlerin Elaine Fox, Professorin an der Universität Oxford, dort Leiterin des Centre for Emotions and Affective Neuroscience, beschreibt in ihrem Buch *In jedem steckt ein Optimist*[16] eine Begebenheit aus den 70er Jahren. An ihrer Schule im friedlichen Dublin war Sandra, ein Mädchen aus dem umkämpften Belfast in Nordirland, aufgenommen worden. Auf dem Nachhauseweg warf Sandra sich plötzlich auf den Gehweg. Die Ursache war eine Fehlzündung bei einem vorbeifahrenden Auto. Elaine Fox hatte das Geräusch kaum wahrgenommen. Für das Mädchen aus Belfast hörte es sich an wie ein Gewehrschuss. »Sandra dachte mit Sicherheit an alles andere als an Gewehrschüsse, als wir an jenem sonnigen Tag auf dem Heimweg von der Schule waren, doch sobald die Fehlzündung an ihr Ohr drang, wurde ihr Alarmzentrum aktiv und übernahm die Kontrolle.«[17]

Dass Angst noch einige Zeit andauert, obwohl die objektive Bedrohung längst vorbei ist, kann man auch ohne Trauma erfahren, wenn das Erlebte ein paar Stufen weniger dramatisch war. Anfang der 90er Jahre berichtete ich regelmäßig aus dem Bürgerkrieg im ehemaligen Jugoslawien. Noch Jahre später mochte ich an Silvester nicht feiern. Das Explosionsgeräusch der Kracher und der Pulverdampf in der Nase drückten sofort den Angstknopf in meinem Kopf. Ich atmete schnell, mein Herz raste, ich verdrückte mich in eine Ecke und meine Augen suchten die Umgebung nach Unterschlupf und Fluchtwegen ab. Die Vernunft sagte: keine Gefahr. Aber die Angst war stärker.

Nichts verarbeitet unser Gehirn so schnell wie Informationen über mögliche Gefahren. Das hat oberste Priorität. Im Selektionsprozess der Evolution hat sich diese Überlebensstrategie herausgebildet. Besonders mutige Exemplare unserer Vorfahren schafften es oft gar nicht, unsere Vorfahren zu werden. Sie waren tot, bevor sie sich fortpflanzen konnten. Erfolgreich waren hingegen die Angsthasen, die ihre Umgebung ununterbrochen nach möglichen Gefahren abscannten und sofort flüchteten, bevor sie nachdenken konnten. Deren DNA tragen wir in uns. Wenn wir uns fragen, warum wir beunruhigende Nachrichten viel schneller und intensiver wahrnehmen als die beruhigenden frohen Botschaften, dann finden wir einen Teil der Antwort in der Biologie.

Verantwortlich für die Angstverarbeitung in unserem Gehirn ist ein mandelförmiges Gebilde namens Amygdala. Noch bevor sie an unser Bewusstsein gelangen, werden sämtliche Sinneswahrnehmungen von der Amygdala auf die kleinsten bedrohlichen Anzeichen überprüft. Der Geruch von Feuer, das Geräusch schreiender Menschen oder der Anblick gefährlicher Tiere wie Spinnen oder Schlangen lösen sofort Alarm aus. Die Neuronen feuern bereits, bevor wir mit dem Denken beginnen. »Die Amygdala handelt also schnell und muss auch unterhalb der Schwelle unserer bewussten Wahrnehmung operieren«, schreibt die Hirnforscherin Fox. Sobald die Amygdala Gefahr auch nur vermutet, »signalisiert sie dem Rest des Gehirns, mit dem aufzuhören, womit es gerade befasst ist«.[18]

Wie rasend schnell das Angstzentrum aktiviert werden kann, haben Forscher schon in den 1990er Jahren nachgewiesen.[19] Wenn man Probanden ein Bild einer Schlange nur für 14 Millisekunden zeigt, ist in den Handflächen bereits gesteigerte Schweißabsonderung nachzuweisen. Den Probanden ist nicht bewusst, was sie gesehen haben. Ein kurzes Aufflackern genügt, schon übernimmt das Angstzentrum die Kontrolle. Schlangen stellen für Europäer seit Jahrhunderten keine relevante Gefahr mehr dar. Dennoch funktioniert der uralte Angstreflex weiter.

Die Dauerreizung des Angstzentrums

Der Londoner Neurowissenschaftler Ray Dolan beschäftigt sich in seinen Experimenten mit einem Angstauslöser, der für uns heute von ungleich größerer Bedeutung ist. Er zeigt seinen Probanden Fotos von Gesichtern und misst dabei die Hirnströme. Wenn die Gesichter ängstlich sind, misst er sofort eine gesteigerte Aktivität der Amygdala. Das Angstsystem hat umgeschaltet, vom Standby-Modus in den Arbeits-Modus. Menschen sind soziale Wesen. Die Reaktionen anderer Menschen richtig zu deuten, ist von entscheidender Bedeutung für das Überleben. Wenn ein anderer Angst hat, wird das sicher einen Grund haben.

Menschen sind also von Natur aus und sogar jenseits ihres Bewusstseins ausgerichtet auf Angst und Gefahr, in jeder Form. »Es überrascht daher nicht, dass schlechte Nachrichten sich gut verkaufen. Die Anziehungskraft von Gefahr ist dauerhaft und lässt sich nicht leicht überwinden. (...) Ein flüchtiger Blick in die Zeitung oder auf die Fernsehnachrichten verrät einem schon, dass die Medien gern über Negatives berichten. Wir wissen jetzt, warum das so ist.«[20] So erklärt die Neurowissenschaftlerin Elaine Fox den Immerschlimmerismus in der Berichterstattung.

Der Blick in panisch aufgerissene Augen, Gesichter mit bebenden Nasenflügeln und Mündern, die hektisch Luft einsaugen, gehört zu unserem heutigen Alltag. Wir verbringen viel Zeit mit dem Betrachten von Schreckensgesichtern. Nicht in der realen Welt, sondern auf Bildschirmen. Die permanente mediale Reizung unseres Angstzentrums bleibt nicht ohne Auswirkung auf unsere Sicht auf die Welt. »Zeitungen, Fernsehen, Radio, Internet bombardieren uns mit negativen Meldungen. (...) Zusammen mit der natürlichen Tendenz, sich auf negative Nachrichten zu konzentrieren, kann das zu einem erdrückenden Pessimismus führen«, schreibt Fox. »Die häufige Aktivierung der Amygdala kann alles Übrige unseres Alarmsystems (...) überempfindlich werden lassen und aus dem Gleichgewicht bringen. Und wenn das Alarmzentrum stärker wird und die hemmenden Strukturen schwächer, werden wir langsam zu einer pessimistischen Weltsicht hingedrängt. Wir rechnen dann immer mit dem Schlimmsten.«[21]

Objektiv leben die Menschen zumindest in Mitteleuropa in der sichersten aller Welten. Schlangen, Spinnen, Wölfe, giftige Beeren oder Pilze spielen in ihrem Alltag keine Rolle mehr. Der Brandschutz hat die Gefahr des Feuers stark eingedämmt. Vor allem aber ist das Risiko, durch einen gewalttätigen Mitmenschen verletzt oder gar getötet zu werden, um ein Vielfaches geringer als jemals zuvor. Ohne wirkliche Gefahren müsste die Amygdala eigentlich verkümmern, wie die Rückenmuskulatur eines Schreibtischmenschen. Doch durch die Allgegenwart bedrohlicher Berichterstattung steht das Angstzentrum permanent unter Strom. Und solange die Amygdala das Kommando übernommen hat, werden alle positiven Wahrnehmungen degradiert und auf einen hinteren Rang in der Prioritätenliste geschoben. »Das Problem besteht darin, dass, ist das Angstzentrum einmal aktiviert, das logische Denken für eine gewisse Zeit aussetzt, und das kann in unserer modernen Zeit zu wirklichen Schwierigkeiten führen«, erklärt Elaine Fox.[22]

Die Evolution hat den Menschen als Fluchttier konstruiert. Menschen suchen ständig nach etwas, das Angst macht. Auch, wenn es dafür keinen Grund gibt. Vorsichtshalber. Aus Prinzip. Diese natürliche Angstfixierung wird durch den Dauerstress multipliziert, in den der ununterbrochene Strom negativer Nachrichten die Amygdala versetzt. Die empfundene Angst hat sich schließlich vollkommen von der tatsächlichen Bedrohung gelöst. Wenn sich ein Mädchen auf den Boden wirft, heißt das nicht unbedingt, dass jemand geschossen hat. Wenn der Gedanke an einen fremdländischen Nachbarn bei den besorgten Bürgern den

Angstmechanismus auslöst, bedeutet das nicht, dass die Panik auch berechtigt ist. Dass viele Menschen sich fürchten, bedeutet also nicht automatisch, dass es eine reale Gefahr gibt. Nicht jede Angst muss ernst genommen werden.

Die Hirnforschung lehrt uns: Der übergroße Pessimismus unserer Zeit ist ein Hirngespinst.

Pessimismus ist idiotensicher

Der moderne Mensch ist ein Esel. Nicht irgendeiner, sondern Buridans Esel. Angeblich hat sich der Philosoph Johannes Buridan im 14. Jahrhundert die Geschichte ausgedacht: Ein Esel steht zwischen zwei Heuhaufen. Weil er sich nicht entscheiden kann, welchen er zuerst auffressen soll, verhungert er. Das berühmte Gleichnis beschreibt perfekt die Qualen eines Samstagnachmittags in der Shopping-Mall. Vom Überangebot überfordert, kapituliert so mancher Kunde. Dann eben kein neuer Pulli. Erst mal Kaffeepause. Aber welcher Kaffee? Laktosefreie Milch mit Karamellsirup, oder lieber decaf mit Crushed Ice? »Choice overload«, nennt das Theresa Eyerund. Der überforderte Konsument ist das Thema der Wirtschaftswissenschaftlerin am IW in Köln. An ihrem Wohnort kann sie zwischen 95 Stromanbietern wählen, im Supermarkt zwischen 50 Sorten Rotwein, und wer blickt schon bei Mobilfunkverträgen durch? »Wenn wir uns angesichts der Joghurtauswahl nicht entscheiden können oder beim Lieblingsitaliener immer dasselbe essen, ist der negative Effekt von Choice overload sicher nicht ganz so verheerend. Verschieben wir aber wichtige Entscheidungen wie die Geldanlage oder die private Altersvorsorge, weil die Fülle von Optionen so groß ist, wird es problematisch«, schreibt Eyerund.[23]

Die »Tyrannei der Auswahl«, wie es der amerikanische Psychologe Barry Schwartz nennt, ist nur ein Kapitel in einer der großen Erzählungen unserer Zeit.[24] Die Überschrift lautet: Überforderung. Der Journalist und Buchautor Gabor Steingart sieht uns gar in einem »Zeitalter der Überforderung«.[25] Längst haben auch die Umfrage-Institute das Phänomen als Tätigkeitsfeld entdeckt. Nach den neusten Ergebnissen fühlen sich nahezu alle Bevölkerungsgruppen überfordert. Die Mehrheit der Studenten vom Zeit-, Leistungs-, Erwartungsdruck.[26] Die Älteren vom digitalen Wandel.[27] Viele Jüngere erstaunlicherweise auch.[28] Von Überforderung betroffen sind zudem Arbeitnehmer, Schüler, Eltern, Lehrer. Und natürlich die Konsumenten, die Esel. Das bleibt nicht ohne Folgen für die Volksgesundheit. Psychische Erkrankungen, häufig hervorgerufen durch Überforderung, sind inzwischen zur zweithäufigsten Ursache für Krankschreibungen geworden. Nach Rückenproblemen, die bekanntlich auch ein Symptom von Überforderung sein können.[29]

Die Stress-Studien vergleichen in der Regel den aktuellen Zustand nicht mit früheren Ergebnissen. Das Thema Überforderung ist noch nicht lange ein weithin beachtetes und gut erforschtes. Womöglich fühlten sich Arbeitnehmer, als sie noch erheblich länger arbeiten mussten, Studenten, als man beim Examen noch durchfallen konnte, oder Lehrer, als sie noch 45 Kinder in der Klasse hatten, ähnlich überfordert wie heute. Doch niemand fragte sie.

»Der Mensch im Zeitalter der Überforderung taumelt von einem Kontrollverlust zum nächsten«, schreibt Steingart.[30] Die Ursache der heutigen Überforderung ist weniger die Belastung durch zu viel Arbeit oder zu wenig Freizeit. Viele Menschen leiden offenbar unter dem wachsenden Gefühl von Unsicherheit. Eine Allensbach-Umfrage hat herausgefunden: 58 Prozent der Deutschen haben das Gefühl, in einer besonders unsicheren Zeit zu leben.[31] Von der Angst vor Kriminalität bis zur »allgemeinen Unsicherheit, wie es weitergeht« identifizieren die Demoskopen einen »Sorgenkatalog« von acht Sorgen, die sich die Mehrheit der Befragten machen. Die Angststudie der R&V Versicherung kommt sogar auf zehn Ängste, vor denen sich jeweils eine Mehrheit fürchtet.[32] Zu den Angstmachern gehören auch die Überforderung der Politiker und die Überforderung der Behörden.

Unsicherheit und Kontrollverlust werden in Deutschland prinzipiell als Katastrophe empfunden. Die Deutschen sind ein Volk mit Unsicherheitsintoleranz. Kaum irgendwo wird diese Grundhaltung so deutlich wie beim Geld. Zu den fünf größten Banken der Welt gehört keine aus Deutschland. Doch die weltgrößte Versicherung, die Allianz, ist ein deutsches Unternehmen. Genauso wie die Munich Re, die weltgrößte Rückversicherung, also die Versicherung der Versicherungen. Banken stehen für Wagnis, Versicherungen für das Gegenteil.

Überforderung, Kontrollverlust und Unsicherheit haben eine gemeinsame Quelle: Veränderung. Darum nennt Thomas Petersen seine bereits erwähnte Allensbach-Umfrage: »Die Angst vor Veränderung«. In der Analyse seiner Umfrageergebnisse schreibt Petersen: »Anscheinend haben viele das Gefühl, die Orientierung, den Halt zu verlieren.« Der permanente, sich beschleunigende Wandel erzeugt das Gefühl der Unsicherheit. Veränderungen stellen bisherige Gewissheiten infrage. Das bedeutet Stress. Nicht wenige Menschen lehnen Veränderungen daher prinzipiell ab.

Auch, wenn sie davon gar nicht betroffen sind. Die Ehe für alle ist für Schwule und Lesben ein bedeutendes Zeichen der Anerkennung. Für alle anderen ändert sich dadurch exakt nichts. Durch die Akzeptanz gleichgeschlechtlicher Partnerschaften ist nicht der kleinste Nachteil für Heterosexuelle konstruierbar. Dennoch wird sie von einigen vehement abgelehnt, mitunter sogar bekämpft. Es ist die Veränderung an sich, die sie überfordert. Ein lange gültiges Tabu gilt »plötzlich« als akzeptiertes Verhalten. Das nährt die Befürchtung, weitere Regeln und Wertvorstellungen könnten womöglich auch über Bord geworfen werden. Regeln, die bislang Orientierung gaben und ein Gefühl von Zugehörigkeit und Sicherheit schufen. Manche würden das »Heimat« nennen. Die Mehrheit der Brexit-Befürworter bejahten vor dem

Referendum den Satz: »Britannien hat sich in letzter Zeit zur Unkenntlichkeit verändert, es fühlt sich manchmal wie ein fremdes Land an, was in mir Unwohlsein auslöst.«[33] In der Allensbach-Umfrage unter Deutschen sagen 50 Prozent der AfD-Anhänger, es bereite ihnen Sorgen, »dass sich hier in der Region vieles verändert, die Gegend ihren Charakter verliert«. Zwei Länder, dasselbe Phänomen.

Die frohen Botschaften verunsichern

Was die bisherige Ordnung stört, schafft Unordnung. Das Neue beeinträchtigt so das Sicherheitsgefühl und macht das Leben komplexer und komplizierter. Darum sind viele Menschen aus Prinzip feindselig gegenüber Reformen und dem Wandel eingestellt. Wem Veränderungen Angst machen, der fühlt sich bedroht, wenn Revolutionen Alltag sind. Das gilt ausdrücklich auch, wenn es bei den Neuerungen nicht um Verschlechterungen, sondern um Fortschritte und Verbesserungen geht.

Die Überzeugung, der Zustand der Welt verschlechtere sich grundsätzlich, vermittelt die Illusion, die Mechanismen der Entwicklung begriffen zu haben. Selbst diese düstere Verlässlichkeit gibt Halt. Die frohen Botschaften hingegen bedrohen dieses Weltbild und schaffen Unordnung. Um sich vor Verunsicherung des neuen Denkens zu schützen, müssen Informationen über Verbesserungen als unglaubwürdig oder irrelevant abgetan werden: Da ist er wieder, der Pessimismusreflex.

Psychologen haben das Phänomen schon lange erforscht und beschrieben. Sie nennen es »confirmation bias«. Informationen, die unsere Ansicht bestätigen, werden von Menschen schneller aufgenommen, besser erinnert und eher geglaubt als solche, die unserer Meinung widersprechen. Wenn sich also im allgemeinen Bewusstsein die Überzeugung festgesetzt hat, das Leben werde immer gefährlicher, Leid und Elend nähmen zu und die Menschheit insgesamt stehe am Abgrund, passen Katastrophen-Nachrichten bestens ins Bild. Weil sie die bestehende Haltung unterstützen, werden sie aufmerksam beachtet und als glaubwürdig eingestuft. Nachrichten über erfreuliche Entwicklungen wird hingegen misstraut. Sie stören das Bild.

Dass der Anteil der Menschen, die in absoluter Armut leben oder gar hungern müssen, in den vergangenen Jahren deutlich reduziert werden konnte, widerspricht einem fest verwurzelten »confirmation bias«. Selbst auf die glaubwürdigsten Nachweise für einen Rückgang von Gewalt und Kriminalität reagieren viele Menschen zunächst mit Abwehr und Unglauben. Kann doch gar nicht sein! Die weltweite Ausbreitung der Demokratie, der durchschlagende Erfolg von Impfprogrammen oder die beeindruckende Verbesserung der Wasserqualität in deutschen Seen und Flüssen passen nicht in das Schema einer schwarzseherischen Grundhaltung. Eine Ursache, warum die vielen positiven Informationen nur sehr schwer wahrgenommen werden, liegt also in dem weit verbreiteten Pessimismus. Die frohen Botschaften müssen stets das solide Hindernis eines negativen »confirmation bias« überwinden, um ins Bewusstsein zu gelangen.

Gute Nachrichten sind nicht immer eine Erleichterung. Weil sie eingeübte Gewissheiten bedrohen, verstärken sie mitunter die Überforderung sogar. »In heutigen Zeiten sind Gewissheiten zu einem knappen Gut, Ungewissheit und Unsicherheit dagegen zur alltäglichen Erfahrung geworden«, schreibt Ernst-Dieter Lantermann in seinem Buch *Die radikalisierte Gesellschaft*.[34] Für den Sozialpsychologen widersprechen die »Veränderungsschübe und die damit verbundenen Unsicherheiten und Verstörungen (...) dem grundlegenden Bedürfnis nach Überschaubarkeit, Gewissheit, Kontrollierbarkeit und Sicherheit«.[35] Seit vielen Jahren arbeitet Lantermann zum Themenkomplex Unsicherheit und Überforderung. Zwischen 2003 und 2011 befragte er mit seinem Team in sechs bundesweiten Interviewstudien mehrere Tausend Menschen jeden Alters, Geschlechts und Milieus. In den Belastungen durch die immer komplexer werdende Realität sieht Lantermann die Wurzel für viele Formen der Radikalisierung.

Um Situationen der Überforderung zu simulieren, ließ Lantermann Probanden am Computer Aufgaben von größter Komplexität lösen. So sollten beispielsweise gelernte Landwirte einen Bauernhof über mehrere (simulierte) Jahre hinweg bewirtschaften. Erschwert wurde die Aufgabe durch Unwetter, Schädlinge oder unvorhersehbare Marktentwicklungen. Die erfolgreichen Probanden behielten den Überblick, weil sie akzeptierten, dass sie hin und wieder auch falsche Entscheidungen trafen. Sie konzentrierten sich auf das große Ganze.

Im Gegensatz zu den Gescheiterten: »Getrieben von wachsender Sorge, dass ihnen die Kontrolle entgleiten könnte, stürzten sie sich nach ersten Misserfolgen entschlossen auf solche Teilprobleme, die ihnen vertraut waren und die sie, wie sie aus Erfahrung wussten, mit hoher Sicherheit beherrschen würden. (...) Dabei verloren sie nach und nach den Überblick über das Gesamtbild und verzettelten sich immer mehr.«[36] Der Hof ging vor die Hunde, aber das Bewässerungssystem funktionierte wie im Katalog.

Das Erstaunliche: Nicht nur die Erfolgreichen waren mit sich zufrieden, sondern auch die Gescheiterten. »Indem sie sich bei der Problemlösung ganz auf das konzentrierten, was sie konnten, erfuhren sie sich selbst auch in dieser Situation als kompetent und handlungsmächtig – selbst wenn sie alles zugrunde gerichtet hatten.«

Diese Strategie, sich vor einer unüberschaubaren Realität in abgrenzbare, kontrollierbare Details zu flüchten, nennt Lantermann »Komplexitätsreduktion«. Diese Verhaltensweise kennt viele Erscheinungsformen. Die neue Religion des richtigen Essens ist eine, die immer beliebter wird. Eine wachsende Zahl von Menschen sind Vegetarier oder Veganer, verzichten auf Kohlenhydrate oder Milchprodukte. Die Ernährung ist ein perfekt abgrenzbarer Lebensbereich. Man hat nicht alles unter Kontrolle, aber das Essen, immerhin. Ein beruhigendes Gefühl.

Andere optimieren ihren Körper durch ausgetüftelte Fitness-

Programme. Sie vermessen ihre Körperfunktionen mit »selftrackern« und befriedigen so ihre Sehnsucht nach Selbstkontrolle. Doch nicht jeder hat die notwendige Selbstdisziplin. Denen verspricht die plastische Chirurgie den Wunschkörper und die Kontrolle über ihr Aussehen. Nach Angaben der »Vereinigung der Deutschen Ästhetisch-Plastischen Chirurgen« (VDAPC) wächst die Zahl der Schönheitsoperationen jährlich um rund zehn Prozent.[37] Brust-OPs liegen inzwischen auch bei Männern an der Spitze der Korrektur-Statistik, gefolgt von Fettabsaugen.

Wem der Körper nicht als geeignetes Herrschaftsinstrument über das Leben erscheint, dem bietet womöglich das eigene Heim einen sicheren Fluchtpunkt. Der Rückzug in eine neue Häuslichkeit zeigt sich auch im Erfolg von Zeitschriften wie *Landlust* oder *Hygge*. Dort lernt man, dass einfache Tätigkeiten wie das Dekorieren der Fensterbank, das Flechten von Weidenkörben oder das Einkochen von Erdbeermarmelade Erlösung bieten von der erschöpfenden Vielschichtigkeit des wahren Lebens draußen. Die Heile-Welt-Version des Eskapismus liegt augenblicklich voll im Trend. »Die freiwillige Selbstabschließung, der entschlossene Rückzug in eine übersichtliche Lebenswelt gehört zu den typischen Antworten auf die allerorts spürbaren Verunsicherungen, mit denen Menschen ihre Selbstsicherheiten zurückgewinnen möchten«, schreibt Lantermann.[38]

Die frohen Botschaften sind zu komplex

Aufklärung differenziert das Weltbild. Komplexität ist das Wesen der Aufklärung. Doch das widerspricht dem Bedürfnis nach Komplexitätsreduktion. Das haben Populisten in der ganzen Welt verinnerlicht. Mit den Methoden populistischer Vereinfachung werde ich mich im Teil III dieses Buches auseinandersetzen.

Doch auch jenseits des Missbrauchs macht es der aufklärerische Charakter den frohen Botschaften mitunter schwer, gehört und wahrgenommen zu werden. Oft verbergen sich die Sensationen in Daten und Zahlenreihen. Die Dimension der Entwicklung wird erst im historischen Vergleich deutlich, wenn man sich genauer mit dem Vorher beschäftigt, der Ausgangssituation. Und häufig ist der Erfolg das Verhindern von Leid und Elend. Die Verbesserungen sind oft nicht leicht zu verstehen. Sie lassen sich nur selten in einem emotionalen Bild vermitteln oder in einer aufrüttelnden Schlagzeile bündeln. Negative Informationen erfüllen das Bedürfnis nach Einfachheit und Eindeutigkeit in der Regel perfekt.

Ein Beispiel: Die Versorgung der Flüchtlinge kostet die Steuerzahler viele Milliarden Euro. Zur wirtschaftlichen Rechnung gehört jedoch auch die Tatsache, dass die Flüchtlinge beinahe 100 Prozent ihrer Transferzahlungen in der deutschen Volkswirtschaft verkonsumieren. Das Geld landet in den Kassen von Aldi, Lidl und KIK oder auf den Konten von Mobilfunkanbietern. Zusätzlich erlebt die heimische Hilfsindustrie aus Unterkunftsbetreibern, Sozialarbeitern und Sprachlehrern einen beispiellosen Aufschwung. Inzwischen ist eine regelrechte Flüchtlingsbranche entstanden, Existenzgrundlage für viele deutsche Familien. Wirtschaftswissenschaftler werten die Flüchtlingshilfe als ein Konjunkturprogramm, das die heimische Wirtschaft ankurbelt. Vor allem aber sehen Volkswirte in den vielen jungen Familien und in ihren Kindern eine Investition in die Zukunft. Der demografische Wandel, wodurch immer weniger junge arbeitende Menschen immer mehr Rentner versorgen müssen, ist eine der größten Bedrohungen für den künftigen Wohlstand dieser Gesellschaft. Genau rechtzeitig, wenn um das Jahr 2030 die Welle der Babyboomer in die Rentensysteme schwappt, ist mit dem Eintritt der Kinder der Flüchtlinge in den Arbeitsmarkt zu rechnen.

Die negative Nachricht von den teuren Flüchtlingen ist kurz und schlicht. Die gute Nachricht, dass die Flüchtlinge das Rentensystem stabilisieren, ist komplex und voller Bezüge zu anderen komplizierten Mechanismen. Um sie zu verstehen, müssen mehr Zeit und Gedanken investiert werden. Das passt nicht zum Wunsch nach Komplexitätsreduktion.

Die frohen Botschaften sind anstrengend und verstecken sich oft in nüchternen Daten. Das klingt so spannend wie ein Statistikseminar. Doch ein schwedischer Professor für Statistik und internationales Gesundheitswesen hat mit Vorträgen über die »Wunder«, von denen diese Daten berichten, weltweit Hallen gefüllt. Hans Rosling hat die Weltgesundheitsorganisation WHO und das Kinderhilfswerk UNICEF beraten und konnte wie kein Zweiter die revolutionären Verbesserungen veranschaulichen, die der Menschheit in den vergangenen Jahrzehnten gelungen sind. 2017 verstarb Rosling. Die Vorbehalte gegenüber guten Nachrichten waren ein Lebensthema des »Missionars des gesunden Menschenverstandes«.[39] Den »confirmation bias« nannte er schlicht Ignoranz.

Zu seinen bevorzugten Objekten der Ignoranzforschung gehörten schwedische Studenten. Immer wieder ließ er sie auf Fragebögen ankreuzen, wie sich der Hunger, die Kindersterblichkeit oder die Anzahl der Kinder, die eine Frau zur Welt bringt, seit den 1960er Jahren verändert hat. Dabei konstruierte er die Fragebögen so, dass es meist drei Antwortmöglichkeiten gab, besser, schlechter, gleich. Jedes Mal entschied sich nur eine kleine Minderheit für die richtige Lösung. Sie schätzten entscheidende Entwicklungen der Welt zu pessimistisch ein. Der Zufallsgenerator hätte auf jede Antwort ein Drittel der Stimmen verteilt. Oder, wenn die Probanden keine Studenten, sondern Affen gewesen wären. Die berühmteste Aussage Roslings ist daher: »Ich habe gezeigt, dass schwedische Studenten statistisch signifikant weniger über den Zustand der Welt wissen als Schimpansen.«[40] Auch Roslings Professorenkollegen schnitten bei den Tests schlechter ab als die Schimpansen, die tierischen Zufallsgeneratoren.

Hans Roslings Ignoranz-Forschung liefert zahlreiche Beispiele für den pessimistischen »confirmation bias«. Die Tatsache, dass auch Studenten und Professoren die bedeutenden Fortschritte der Menschheit nicht bewusst sind, zeigt, dass die Voreingenommenheit gegenüber den frohen Botschaften keine Frage der Bildung ist. Gerade unter Bessergebildeten ist eine skeptische Haltung gegenüber allen Fortschritten beinahe Pflicht. Mitunter gar Teil ihrer Identität. Das gibt man so leicht nicht auf.

Pessimismus sells

Pünktlich zur Weihnachtszeit, wenn das Mitleid nach Betätigung sucht, stellen die Hilfsorganisationen ihre Sammelbüchsen auf, verschicken Mails und Spendenbriefe, klingeln an Haustüren und stehen in der Fußgängerzone. Weihnachtszeit ist Erntezeit für Helfer. Damit sich die Herzen und die Portemonnaies öffnen, brauchen die Sammler Broschüren, in denen die Arbeit der vergangenen Saison gezeigt wird. Diese Jahresberichte sind für die Organisationen stets ein Eiertanz. Zeigt man darin, wie erfolgreich die Arbeit war, erweckt das den Eindruck: Problem gelöst. Die brauchen mein Geld nicht mehr. Stellt man hingegen weiter das Elend ins Schaufenster, demonstriert man damit die Wirkungslosigkeit der Projekte.

Bei einer Hilfsorganisation, die in Afrika sehr aktiv ist, führte das zu einem internen Streit. Ich habe versprochen, den Namen der Organisation nicht zu nennen.[41] Die Mitarbeiter, die vor Ort aktiv waren, schlugen vor, auf die Titelseite des Jahresberichts ein Foto einer Bäuerin aus Kenia zu drucken. Aber: Die Frau hatte ein Handy in der Hand. Mobiltelefone sind inzwischen auch bei afrikanischen Bauern ein Alltagsgegenstand. So ist die Realität. Afrika liegt hinter dem Mittelmeer, aber nicht hinter dem Mond. Doch die Manager der Hilfe in Deutschland entschieden sich gegen das Bild. Eine Frau mit Handy löst keinen Spendenreflex aus.

Der Spendenmarkt ist ein Milliardengeschäft. 2016 spendeten die Deutschen rund 5,3 Milliarden Euro.[42] Doch um die milden Gaben konkurrieren immer mehr Organisationen. Weltweit hat sich seit den 60er Jahren die Zahl der international agierenden

Nichtregierungsorganisationen (NGO) versiebenfacht. Allein in diesem Jahrtausend sind mehr als 3000 Konkurrenten hinzugekommen.[43] Die Zahl der Mitesser wächst schneller als der Spendenkuchen. Im Wettbewerb greifen die mildtätigen Organisationen darum zu Methoden, die ansonsten nur von gewinnorientierten Unternehmen bekannt sind. Die *taz* deckte auf, dass in Deutschland die Organisationen BUND, WWF, World Vision, Amnesty International sowie das Deutsche Rote Kreuz professionelle Spendensammler beschäftigten, besser bekannt als Drückerkolonnen.[44]

NGOs sammeln jedoch nicht nur Geld. Sie bündeln und organisieren das Engagement der Zivilgesellschaft. Enthusiastische Helfer haben weltweit Millionen Menschen geimpft, gefüttert, getröstet, geheilt und gerettet, vor Hunger, Krankheit, Krieg und Unterdrückung. Oft gegen den Widerstand der Mächtigen und mit hohem persönlichem Risiko. Viele der fantastischen Fortschritte, über die dieses Buch berichtet, wurden von den unerschrockenen Mitarbeitern der NGOs bewirkt. Spendenfinanzierte Organisationen sind eine entscheidende Erfolgsmethode in der jüngsten Geschichte der Menschheit.

Doch auch Helfer haben Interessen. Bäcker backen Brötchen, um damit Geld zu verdienen. Ingenieure bauen Autos, um damit Geld zu verdienen. Und Helfer kümmern sich um Bedürftige, weil sie gute Menschen sind. Diese naive Vorstellung hat mit der Realität nichts zu tun. Auch Helfer wollen an normalen Arbeitsplätzen arbeiten, in wirtschaftlich gesunden, wachsenden Unternehmen. Die beste Hilfe leisten gut ausgebildete, erfahrene Profis. Solche Spezialisten kosten Geld. Sie haben Familien und träumen von einer geräumigen Altbauwohnung mit Stuck an der Decke. Um die eigene sowie die wirtschaftliche Basis ihrer Hilfsorganisation abzusichern, müssen die Spenden ununterbrochen fließen.

Das geht nur, wenn die Spender permanent in Spendierlaune gehalten werden mit drastischen Bildern, anrührenden Einzelschicksalen und dramatischen Appellen. Weil das Publikum von der Allgegenwart der Katastrophenmeldungen zunehmend abgestumpft wird, erhöhen auch die Hilfsorganisationen fortwährend die Schockdosis in ihren Botschaften. Auch wenn sich die Situation an vielen ihrer Einsatzfronten objektiv gebessert hat.

Frohe Botschaften verhindern Spenden

Die frohen Botschaften vom Rückgang des Hungers und der Armut, vom Entstehen einer neuen Mittelschicht in zahlreichen aufstrebenden Ländern Afrikas sind eine Bedrohung für viele NGOs. Würden sie die erfolgreichen Entwicklungen der vergangenen Jahre offensiv präsentieren, bestünde die Gefahr, dass zu viele ihrer Unterstützer der Meinung sind, sie hätten sich mit ihrer Arbeit überflüssig gemacht. Gute Nachrichten gefährden die Existenz der Hilfsorganisationen. Die Helfer brauchen die Not. Da stören realistische Fotos von modernen Afrikanerinnen mit Handy.

Viele NGOs sind im Ausland aktiv und zeichnen so mit am Bild, das sich die Öffentlichkeit vom Zustand der Welt macht. Andere haben sich auf die Unterstützung der Bedürftigen in Deutschland spezialisiert. Doch anders als im Ausland wird die Hilfe in Deutschland nicht über Spenden finanziert, sondern vom Staat. Die Bundesrepublik ist ein Sozialstaat. Niemand muss Bitte oder Danke sagen. Wer Hilfe braucht, dem garantiert das Grundgesetz ein Recht darauf. Diese zentrale Staatsaufgabe kann nicht von ehrenamtlichen Helfern nach Feierabend geleistet und von Spendengeldern finanziert werden. Darum muss das Helfen eine Angelegenheit von Profis und professionellen Organisationen sein. Die staatlichen Institutionen beschäftigen in der Regel keine eigenen Sozialarbeiter, Behindertenhelfer, Pfleger oder Suchtberater. Sie beauftragen Unternehmen mit der konkreten Hilfe vor Ort, meistens Tochterunternehmen der großen Wohlfahrtsorganisationen.

Die Professionalisierung macht aus der Hilfe eine Branche,

eine Industrie: die Hilfsindustrie. Wer glaubt, dabei handle es sich um einen kleinen, unbedeutenden Wirtschaftszweig, könnte die Wahrheit nicht weiter verfehlen. Die heimische Hilfsindustrie beschäftigt mehr Menschen als die Autoindustrie. Mehr auch als das Bauhauptgewerbe. Mehr sogar als beide zusammen. Plus Stahlindustrie, plus Bergbau, plus Schiffbau, plus Flugzeugbau, plus Fischereiwirtschaft.[45] Zusammen mit dem Handel und der Gesundheitswirtschaft gehört die Hilfsindustrie zu den größten Branchen der deutschen Volkswirtschaft. Darum ist es auch nicht verwunderlich, dass Deutschlands Unternehmen mit den meisten Mitarbeitern nicht Daimler heißt oder Telekom, sondern die Caritas, mit aktuell 620.000 Beschäftigten.[46] Gefolgt von der Diakonie mit 525.000 Mitarbeitern.[47] Zählt man noch die Angestellten der Arbeiterwohlfahrt (AWO), des DRK sowie des Paritätischen Wohlfahrtsverbands hinzu, dann stehen allein in den fünf großen Wohlfahrtsverbänden insgesamt deutlich über zwei Millionen Helfer in Lohn und Brot. Um deren Arbeit zu finanzieren, müssen die öffentlichen Kassen in Deutschland mindestens 120 Milliarden Euro ausgeben.[48] Dies sind nicht die Transfergelder wie Sozialhilfe, Behindertenhilfe oder Arbeitslosengeld II, die an die Bedürftigen direkt gezahlt werden, sondern lediglich die Honorare, die Unternehmen der Hilfsindustrie den Ämtern in Rechnung stellen. Verglichen mit diesen Summen sind die fünf Milliarden, die NGOs in Deutschland an Spenden sammeln, nur das Kleingeld für die Kaffeekasse.

Die Hilfsindustrie gehört nicht nur zu den größten Wirtschaftszweigen, sie wächst auch überdurchschnittlich schnell. Im ersten Jahrzehnt des Jahrtausends wuchs die Branche siebenmal schneller als die gesamte deutsche Volkswirtschaft. Ein so bedeutender, staatlich finanzierter Hilfsboom ist nur möglich, wenn die Öffentlichkeit von der Notwendigkeit der Hilfe überzeugt ist. Sie muss auch wirklich glauben, dass im reichsten Deutschland aller Zeiten die Bedürftigkeit rasant wächst. Und zwar gleich siebenmal schneller als die Wirtschaft. Naheliegend ist das nicht. Das geht nicht ohne Öffentlichkeitsarbeit. Genau wie ihre kleinen Geschwister, die NGOs, sind auch die Wohlfahrtsverbände daher aus eigenem Interesse darauf angewiesen, die Situation der Hilfsbedürftigen möglichst drastisch und in düsteren Farben darzustellen. Ohne den Immerschlimmerismus der sozialen Situation in Deutschland gäbe es keine Rechtfertigung für immer mehr Hilfe.

Ein Beispiel: Einige Jahre war in der Wohlfahrtsbranche das therapeutische Reiten angesagt. Deutschland ist weltweit die Hochburg der Reittherapie, genau genommen die einzige Burg. In keinem anderen Land ist die »Hippotherapie« verbreitet. Auch hierzulande konnten wissenschaftliche Untersuchungen keinen Nutzen der teuren Methode nachweisen. Damit die örtlichen Jugendämter und Sozialämter dennoch die notwendigen Gelder dafür genehmigen, gaben die Kreisgeschäftsführer der Wohlfahrtsverbände den Lokalzeitungen bereitwillig Interviews über die dramatische Situation von sozial benachteiligten Kindern und Jugendlichen. Das wirkte. In wenigen Jahren entstanden mehr als 150 Zentren für Reittherapie in Deutschland.

Lobbyisten gegen die frohen Botschaften

Die Verbreitung der pessimistischen Botschaft von der angeblich immer schlimmer werdenden sozialen Wirklichkeit wird von der Helfer-Lobby lückenlos organisiert, vom Orts- über den Kreis- und den Landesverband bis hinauf in die nationale Ebene. In den bundesweiten Arenen streitet Ulrich Schneider für die Interessen der Hilfsindustrie. Seit 1999 ist er Chef des Paritätischen Wohlfahrtsverbandes. Schneider hat erkannt, dass Unverwechselbarkeit in der Mediendemokratie von großem Nutzen ist. Darum hat er sich lange, breite Koteletten wachsen lassen. Wenn die Zuschauer ihn in einer Talkshow sitzen sehen, in denen er Dauergast ist, wissen sie: Heute geht es um Armut. Seit Jahren warnt Schneider dort vor einer Lawine der Altersarmut, die auf

Deutschland zurolle. Immer wenn ein neuer Armutsbericht vorgestellt wird, ist der selbsternannte »Lobbyist der Armen« zur Stelle, um zu verkünden: »Nie war die Armut in Deutschland so hoch.« Mit der angeblichen Armut in Deutschland habe ich mich in diesem Buch bereits beschäftigt. Dort wird deutlich, dass die Armutsdefinition von einer rein statistischen Größe ausgeht. Die Anzahl der so definierten Armen ist beinahe unabhängig von der wirtschaftlichen und sozialen Entwicklung in Deutschland. Tatsächlich aber ist der Wohlstand der »Armen« in Deutschland in den vergangenen Jahren schneller gewachsen als das Einkommen der Beschäftigten. Das hält Ulrich Schneider nicht davon ab, die soziale Situation mit möglichst drastischen Worten zu skandalisieren.

Auch wenn bei den Zuschauern der Eindruck entstanden ist: Schneider ist nicht der Sprecher der Bedürftigen. Er verteidigt lediglich das Geschäftsmodell der rund 10.000 Hilfsunternehmen, die sich seinem Verband angeschlossen haben. Die anderen großen Wohlfahrtsverbände (DRK, AWO, Diakonie und Caritas) sind mit seiner aggressiven Krisenrhetorik oft nicht einverstanden. Georg Cremer, der langjährige Generalsekretär des Deutschen Caritasverbandes, ist der Sichtweise Schneiders auf das Phänomen der Benachteiligung sogar in einem Buch entschieden entgegengetreten. »Die derzeitige Armutsdebatte in Deutschland nützt den Armen nicht«, schreibt Cremer. »Die Superlative der Skandalisierung rütteln nicht auf, sondern stumpfen ab.«[49]

Schneiders grelles Armutsbild wird von Wirtschaftswissenschaftlern regelmäßig widerlegt und von der Mehrheit in der Hilfsbranche kritisiert und abgelehnt. Er vertritt eine absolute Außenseiterposition. Dennoch ist er und damit seine Sichtweise in den Nachrichten und den Talkshows so präsent wie kein zweiter Vertreter des Themas. Der Mann mit dem Backenbart ist so etwas wie der Anchorman der Armutsdebatte in Deutschland. Er ist nicht repräsentativ, seine Behauptungen sind nicht nachgewiesen. Aber er ist laut, kämpferisch, benutzt drastische Formulierungen und wirkt mitunter sogar ein wenig unsympathisch – ein Garant für Krawall und damit die perfekte Besetzung für Talkshows. So kommt es, dass das Elendsbild der sozialen Situation des Landes von einem dogmatischen Schwarzmaler gezeichnet wird, der die negativste Außenseiterposition vertritt, die auf dem Markt zu bekommen ist.

Demagogen, die alarmierende Positionen vertreten, passen perfekt in die Dramaturgie der Talkshow. Sie »werden als Kampfbühnen organisiert, auf denen diejenigen siegen, die ihre Position mit maximaler Zuspitzung und höchster Theatralik vorführen. Der Talk ist gelungen, wenn er die Zuschauer in einen heftigen Erregungszustand versetzt, ob Wut, Verärgerung, Verachtung oder Mitleid, Bewunderung und begeisterte Zustimmung, spielt dabei keine Rolle«, schreibt der Sozialpsychologe Lantermann.[50]

Mit Krawallbotschaften ins Rampenlicht

Das Format lebt von Streit und Aufmerksamkeit. Oft werden darum ausgerechnet die Laut-Sprecher zu den Sendungen eingeladen und dort als Experten vorgestellt, als Vertreter ihres Fachs. Doch die professionellen Pessimisten geben in der Regel nicht die herrschende Lehre oder die allgemein anerkannte Erkenntnis ihrer Profession wieder. Diese sind meist ausgewogen und damit langweilig. Die Krawallbotschaften der Außenseiter lassen es hingegen richtig krachen. Bis zu seinem Ausscheiden als Chef des Ifo-Instituts 2016 war der Ökonom Hans-Werner Sinn Stammgast in den Streitsendungen. Sinn übernahm die Rolle des neoliberalen Mahners. Stets drohte der Untergang Deutschlands. »In der Volkswirtschaftslehre gehört der Alarm zum Wesen des Fachs«, lautet Sinns Devise.[51] Zu seinen Lieblingswarnungen zählte die Vorhersage, durch die Einführung eines Mindestlohnes würden 900.000 Stellen wegfallen. Ein Fehlalarm, wie sich schließlich herausstellte, als die Beschäftigung in Deutschland auf ein Rekordhoch anwuchs, nachdem der Mindestlohn eingeführt worden war. Hans-Werner Sinn vertrat nie die Haltung seiner Zunft, sondern die Position einer kleinen, extremistischen Minderheit. Trotzdem bestimmte er damit die Arbeitsmarktdiskussionen. Pessimismus sells.

Die lauteste Alarmanlage der Republik ist seit Jahren der Duisburger Kriminalhauptkommissar Rainer Wendt, Bundesvorsitzender der Deutschen Polizeigewerkschaft. Auf dem Höhepunkt des Flüchtlingszustroms erlebt auch Wendts Präsenz in der Öffentlichkeit einen Höhepunkt. Ohne Luft zu holen verbreitet er das Bild eines Staates, der komplett die Kontrolle verloren habe. Einwanderer bedrohten Deutschland. Die Polizei sei mit der Situation überfordert. Die Staatsführung schere sich nicht um die Einhaltung des Rechts. Er könne jeden verstehen, der sage, dies sei überhaupt kein Rechtsstaat mehr, sind Kernbotschaften des Polizeigewerkschafters, die er in Zeitungsinterviews, Nachrichtenstatements, Talkshows und in seinem Buch *Deutschland in Gefahr* in Endlosschleife wiederholt.[52]

Polizisten gelten häufig als Seismografen der Gesellschaft. Sie sind täglich auf Streife und kennen die ungeschminkte Realität. Wendts apokalyptische Beschreibungen wirken besonders glaubhaft, weil der Herr Kommissar den Anschein erweckt, er spreche nicht nur für sich, sondern für die deutschen Polizeibeamten insgesamt. Oder zumindest für deren Mehrheit. Doch in Deutschland gibt es gleich drei Polizeigewerkschaften. Die Fachleute in Fragen der Kriminalität sind im Bund der Kriminalbeamten (BdK) organisiert. Die Gewerkschaft der Polizei (GdP) hat rund doppelt so viele Mitglieder wie Wendts Verein. Seine Deutsche Polizeigewerkschaft, die kleine Nummer drei, stand lange im Schatten der anderen Arbeitnehmervertretungen der Polizeibeamten. Dann kam Wendt und polterte sich mit grellen Warnungen ins Rampenlicht.

Genau wie Ulrich Schneider oder Hans-Werner Sinn vertritt Wendt nicht die Haltung der Mehrheit der Experten seines Fachs, sondern eine extreme Minderheitenposition. In seinem Fall eine beinahe rechtsextreme. Dennoch adelt die *Bild*-Zeitung den Außenseiter mit der Bezeichnung: »Deutschlands bekanntester Polizist«.[53] Vermutlich sogar zu Recht. Das CDU-Mitglied ist ein echter Promi und ein Star der besorgten Bürger, Pegida-Marschierer und AfD-Anhänger. Die Konkurrenz-Gewerkschaften wehren sich inzwischen massiv gegen Wendts mediale Omnipräsenz. Nicht nur, weil er ihnen die Aufmerksamkeit nimmt, die sie gern für sich selbst hätten. Wendt verbreitet Ansichten, die von der Mehrheit der Gesetzeshüter abgelehnt werden. Die sind stolz darauf, dass die Kriminalität, vor allem die Gewaltkriminalität, seit Jahren deutlich zurückgeht. Dass selbst im größten Flüchtlingsansturm eben kein Chaos ausgebrochen ist. Dass deutsche Polizeibeamte nicht so fremdenfeindlich sind wie »Deutschlands bekanntester Polizist«. Um nicht mit Wendts Ansichten identifiziert zu werden, haben Polizeibeamte auf der Internetplattform change.org sogar eine Unterschriftensammlung gestartet: »Keine Bühne mehr für Rainer Wendt – er spricht nicht für die ganze Polizei.«[54] Doch der Krawallpolizist bleibt Dauerfernsehgast. Er macht seine Sache einfach zu gut: Angst machen.

Im Wettbewerb der Weltsichten haben es die frohen Botschaften schwer, sich gegen die Macht der professionellen Apokalyptiker durchzusetzen. Wer auf die unbestreitbaren, nachgewiesenen und von vielen Menschen selbst erlebten Verbesserungen in nahezu allen Lebensbereichen hinweist, muss mit dem Vorwurf der Naivität und der Verharmlosung leben. Bestenfalls. Mitunter ist auch der Verdacht auf eine gekaufte Irreführung nicht weit. Wer hingegen aus der grellen Warnung und dem Schüren von Angst ein Geschäftsmodell für sich entwickelt hat, gilt als weitsichtig, klug und uneigennützig.

Populistischen Parteien ist es in den vergangenen Jahren in vielen Ländern gelungen, aus dem Geschäftsmodell der Angst auch ein Politikmodell zu entwickeln. Davon handelt das folgende Kapitel.

III

… und was daraus folgt

Die Mutter aller Fake News

Cleveland, Juni 2016. Auf dem Nominierungsparteitag der Republikaner führt die CNN-Moderatorin Alisyn Camerota ein Interview mit dem früheren Sprecher der Republikaner im Repräsentantenhaus, Newt Gingrich.[1]

Alisyn Camerota: Die Mordrate und die Gewaltverbrechen sind landesweit zurückgegangen.

Newt Gingrich: Ich wette mit Ihnen: Die durchschnittlichen Amerikaner glauben nicht, dass die Kriminalität zurückgegangen ist, dass sie sicherer sind als zuvor.

Aber so ist es. Wir sind sicherer. Die Kriminalitätsrate ist zurückgegangen.

Das ist Ihre Meinung.

Nein, das sind die Fakten.

Die Liberalen haben eine ganze Reihe von Statistiken, die theoretisch sogar richtig sein können. Aber die Menschen sehen das anders.

Das sind Zahlen des FBI. Das ist doch keine liberale Organisation.

Aber die Menschen fühlen sich weniger sicher.

Die Menschen fühlen das so, aber die Fakten widersprechen dem Gefühl.

Als Politiker halte mich an das, was die Menschen fühlen. Sie können sich ja an die Zahlen und die Theoretiker halten.

Das kurze Interview hat das Zeug zum Lehrfilm. Ohne jede schamhafte Verschleierung demonstriert ein Politiker die typische Arbeitsweise von Populisten. Über Jahre haben sie in allen westlichen Ländern das Märchen von der immer schlimmer werdenden Gewalt und Kriminalität verbreitet, im Fernsehen, bei Wahlkampfauftritten, auf rechten Internetportalen, auf Twitter, auf Facebook, auf allen Kanälen. Inzwischen glaubt ein Großteil der Bevölkerung die Lüge von der bedrohten Sicherheit. Nun gibt Gingrich vor, er gebe lediglich die Gefühle der Bürger wieder, er reagiere nur auf die Wirklichkeit, wie normale, unvoreingenommene Menschen sie sehen. Es ist die alte Methode der Populisten: Sie halten ihr Fähnchen in den Wind, den sie selber machen.

Die Fakten sind eindeutig: Newt Gingrich hat Unrecht. Bei dem CNN-Interview werden Millionen Zuschauer Zeugen, wie ein Spitzenpolitiker beim Verbiegen der Wahrheit erwischt wird. Die objektiven Zahlen widerlegen die Aussagen eines Politikers. Im Nachrichtengeschäft nennt man das einen Scoop. Wenn es einer Moderatorin gelingt, einen erfahrenen Mann wie Newt Gingrich derart vorzuführen, wird sie nach der Sendung von ihrem Team abgeklatscht, der Chefredakteur ruft an und Kollegen aus der gesamten Branche schicken Glückwunschmails. Dem blamierten Politiker hingegen empfehlen die Parteifreunde erst mal eine Öffentlichkeitspause, am besten eine längere.

Doch Gingrich ist das Interview keine Sekunde lang peinlich. Er sieht sich als Sieger des kleinen Disputs, denn er weiß: Seine Anhänger werden ihn dennoch feiern – oder gerade deshalb. Was sind schon Fakten?

Kurz vor dem Interview hatte der Schauspieler Antonio Sabato auf dem Parteitag vor mehreren Tausend Republikanern und der gesamten Weltöffentlichkeit eine Rede gehalten und darin die vielfach widerlegte Verleumdung wiederholt, der frühere Präsident Barack Obama sei ein Moslem. Enthusiastischer Jubel. In einem Interview mit dem Fernsehsender ABC wurde Sabato anschließend von staunenden Journalisten gefragt, ob er das wirklich ernst meine. »Absolut. Ich glaube, dass Obama ein Moslem ist. Und wissen Sie was: Ich habe das Recht, das zu glauben. Sie können ja was anderes glauben, aber ich bin dieser Meinung, und das ist mein Recht.«[2]

Die beiden kurzen Interviews bringen eine der aktuell wichtigsten Auseinandersetzungen auf den Punkt: Fakten gegen Gefühle.

Die Fakten wurden in diesem Buch bereits dargelegt: Noch nie waren die Menschen so sicher, so reich, so gesund, so gebildet und so frei wie heute. Und noch nie zeigte die Kurve der erreichten Fortschritte so steil nach oben wie in den vergangenen 50 Jahren. Im zweiten Teil des Buches habe ich versucht zu erklären, warum die offensichtlichen Erfolge von der Gesellschaft weitgehend ignoriert werden. In diesem dritten Buchabschnitt werde ich mich nun mit den Konsequenzen dieser überall verbreiteten Erfolgsblindheit beschäftigen. Die Folgen könnten gravierender nicht sein. Denn die unbestreitbaren Verbesserungen werden massiv bestritten.

Von Populisten. Auf dem gesamten Globus sind rechte populistische Bewegungen auf dem Siegeszug: Die Amerikaner wählten Donald Trump zum Präsidenten, die Briten stimmten für den Brexit. In Russland, der Türkei, in Polen, in Ungarn, auf den Philippinen und in Indien verehren die Wählermassen autoritäre starke Männer, die ihre Länder beinahe alleine regieren. In Österreich, der Schweiz und in Finnland regieren rechtspopulistische Parteien immerhin mit. Populisten sind Abgeordnete in den meisten westlichen Parlamenten. Und im Bundestag stellt die AfD die größte Oppositionsfraktion. Trotz aller Unterschiede verkünden die Führer dieser revolutionären, weltweiten Unfreiheitsbewegung eine gemeinsame Hiobsbotschaft: Die Welt steht am Abgrund.

Es ist die Mutter aller Fake News.

Und die gefährlichste Waffe der Populisten. Ihr apokalyptisches Weltbild findet in Teilen der Gesellschaften offene Ohren.

Dass so viele Menschen ganz selbstverständlich die »Alles wird schlechter«-Haltung angenommen haben, ist nur möglich, weil die fantastischen Errungenschaften gerade in der jüngsten Vergangenheit nicht im allgemeinen Bewusstsein verankert sind. Eine selbstbewusste Einsicht in die erreichten Verbesserungen hätte die Gesellschaften gegen die populistische Propaganda immunisieren können. Doch dieses Immunsystem ist ausgefallen. Das Ignorieren der Fortschritte ist der Türöffner für die schwarzmalenden Demagogen. So hat ihre negative Propaganda leichtes Spiel. Der weit verbreitete Erfolg des Populismus ist also eng verbunden mit der weit verbreiteten Ignoranz gegenüber der Aufwärtsspirale.

Nun wird klar: Die vielen positiven Sensationen zu erkennen, ist kein Wohlfühlprogramm und keine Gute-Laune-Medizin gegen Sorgen und eine verbreitete Depression. Das Bewusstsein für die Aufwärtsspirale, in der sich die Menschheit augenblicklich befindet, hat nichts gemein mit der Flucht in eine schöne heile Welt der kleinen Dinge. Im Gegenteil: Es geht um die großen, relevanten Fragen der Menschheit. Die frohe Botschaft ist die politischste Botschaft unserer Zeit.

Die Auseinandersetzung mit dem Rechtspopulismus hat die politische Landschaft, wie wir sie kannten, komplett umgepflügt, in allen Ländern, auf allen Ebenen. Bis zum Fall der Mauer dominierte der Kalte Krieg die ideologischen Auseinandersetzungen. In Deutschland verliefen die Gräben zwischen Befürwortern und Gegnern der Ostpolitik, später zwischen der Friedensbewegung und denen, die eine Stationierung der Mittelstreckenraketen unterstützten. Die letzte politische Wasserscheide, die Deutschlands Gesellschaft in politische Lager aufteilte, war die Hartz-Reform von Bundeskanzler Gerhard Schröder.

Nun gibt es eine neue ideologische Grenze. Sie verläuft nicht zwischen links und rechts, nicht zwischen Kommunismus und Kapitalismus, nicht zwischen Ost und West, nicht zwischen Nord und Süd und nicht zwischen Arm und Reich. Die neue politische

Aufteilung ergibt sich aus der Antwort auf eine Frage: Wie bewertet man die Entwicklungen der vergangenen Jahrzehnte? Es treten an: Fakten gegen Gefühl, Zuversicht gegen Verunsicherung, Selbstbewusstsein gegen Angst, Zufriedenheit gegen Unzufriedenheit. Der neue ideologische Graben verläuft zwischen froher Botschaft und Hiobsbotschaft.

Der aggressive Pessimismus der Populisten ist mehr als eine besonders clevere Wahlkampfstrategie. Die Behauptung, die Welt stehe am Abgrund, hat zwangsläufig ein Versprechen zur Folge: eine Umkehr, eine Wende um 180 Grad. Beispielsweise in der Einwanderungspolitik. Die Freiheit offener Grenzen ist inzwischen kein Thema mehr. Offenheit und Freiheit sind ja so was von 80er Jahre. Der moderne Populist von heute hat die Absicht, eine Mauer zu errichten. »Wir werden eine große, eine wunderschöne Mauer haben«, hat Donald Trump bei jedem Wahlkampfauftritt versprochen. Der Ungar Viktor Orbán hat zumindest schon einen massiven Grenzzaun. Die AfD will unbedingt auch einen. Wenn es nach der stellvertretenden Fraktionsvorsitzenden Beatrix von Storch geht, am besten gleich mit Schießbefehl. Die Symbole der neuen globalen Unfreiheitsbewegung sind Mauer und Stacheldraht.

Längst hat der Populismus die Phase der Opposition, der Theorie, hinter sich gelassen. Schon kann man besichtigen, was geschieht, wenn aus dem Leugnen der Aufwärtsentwicklung konkretes politisches Handeln wird. Donald Trump hat das Klimaschutzabkommen von Paris aufgekündigt, die Briten haben die Europäische Union verlassen. In Polen hat die Regierung das Rechtsstaatsprinzip der Unabhängigkeit der Justiz entscheidend eingeschränkt. Ungarn hat durch eine Wahlrechtsreform Orbáns Regierungspartei Fidesz beinahe unabwählbar gemacht. In der Türkei von Recep Tayyip Erdoğan saßen 2017 beinahe doppelt so viele Journalisten im Gefängnis wie in China.[3] Und die Mehrheit der Katalanen stimmt für die Unabhängigkeit ihrer Provinz von Spanien. Aus der Propaganda der Populisten ist politisches

Handeln geworden. An vielen Stellen wurde der Rückwärtsgang bereits eingelegt. In einigen Ländern haben die Regierungen damit begonnen, die Erfolgswege zu verlassen, die in den vergangenen Jahrzehnten Frieden, Sicherheit, Freiheit, Wohlstand und die beispiellosen Fortschritte garantiert haben.

Die Erfolge, von denen dieses Buch handelt, sind gewaltig und sie sind nachgewiesen, aber sie sind nicht selbstverständlich. Und nun zeigt sich: Sie sind nicht unumkehrbar.

Das Ende der Vernunft

Solche Bündnisse gibt es sonst nur im Krieg: Erzkonservative haken sich unter mit dogmatischen Linken. Arbeitgeber und Gewerkschafter schreiten Seit' an Seit'. Christen, Muslime und Juden beten gemeinsam. Topmanager reihen sich ein zusammen mit Vertretern der Wohlfahrtsverbände, unterstützt von Wissenschaftlern aller Disziplinen und engagierten Aktivisten der Zivilgesellschaft. Die besten politischen Feinde streiten gemeinsam für die große Sache. Im Kampf gegen den Populismus formiert sich die größtmögliche große Koalition in Friedenszeiten. Willkommen in der neuen politischen Konstellation westlicher Demokratien: rechte Populisten gegen den Rest.

Deutschland ist ein Teil der Bewegung des internationalen Nationalismus. Wer die politischen Debatten verfolgt, dem drängt sich der Eindruck auf, rechte Parteien fänden hierzulande ähnlich große Unterstützung wie in den USA, Polen oder Ungarn. Doch die Bundestagswahl 2017 hat die tatsächliche Stellung der populistischen Bewegung in der politischen Landschaft Deutschlands offengelegt: Die Anhänger der AfD sind nur eine kleine Minderheit. 87,4 Prozent der Wähler haben sich ausdrücklich gegen ihre Politik entschieden. Der demokratische Block ist siebenmal größer als der rechte Rand. Das Institut für Demoskopie Allensbach hat zudem eine »zunehmende Isolierung« der AfD-

Anhänger ermittelt.[4] Die Mehrheit der Bürger meidet den Kontakt zu den besorgten Bürgern. Dennoch ist die Mehrheit nicht immun gegen ihre Thesen. Viele Behauptungen und Unwahrheiten der Minderheit sickern ein ins Bewusstsein der gesamten Gesellschaft. Vor allem die pessimistische Sichtweise verbreitet sich.

In den vergangenen Jahren haben sich Extremismusforscher, Politologen und Wissenschaftler diverser Disziplinen mit den Phänomen Rechtspopulismus beschäftigt, stets auf der Suche nach den Merkmalen, die rechtsradikal eingestellte Menschen vom Rest der Deutschen unterscheiden. Stellvertretend sei hier eine DIW-Studie erwähnt, in der die »Wählerschaften der Parteien« analysiert werden.[5] Darin wird deutlich: Sozial und ökonomisch sind AfD-Anhänger absolut unauffällig. Sie entsprechen nicht dem Klischee von bildungsfernen, abgehängten Hartz-IV-Empfänger. AfD-Wähler sind jünger, männlicher, ostdeutscher und etwas häufiger erwerbstätig als etwa Wähler der SPD oder der CDU. Typisch sind normale Angestellte, die im Schnitt genauso viel verdienen wie SPD-Anhänger. Wer AfD wählt, lebt meist nicht in großen Städten. Doch auch das ist keine Auffälligkeit, denn es trifft im gleichen Maß auch auf Anhänger der Union zu.

Die Wählerschaft der AfD zeichnet sich tatsächlich nur durch ein wirklich auffälliges Merkmal aus: Pessimismus. So bewertet sie beispielsweise die Verwirklichung der sozialen Gerechtigkeit in Deutschland erheblich negativer als alle anderen politischen Gruppen, selbst die Linken. Sympathisanten der AfD erkennt man an ihrer grundsätzlich ängstlichen Einstellung. Sie haben vor allem Angst, nicht nur vor Überfremdung. Im Parteienvergleich liegen AfD-Anhänger daher weit vorne bei den Sorgen um die allgemeine wirtschaftliche Entwicklung, um die Sicherheit der Altersversorgung, um die Erhaltung des Friedens, um den Zusammenhalt der Gesellschaft und natürlich bei den Sorgen um die Entwicklung der Kriminalität.

Diese Einschätzung teilt ausdrücklich auch das Institut für Demoskopie in Allensbach. AfD-Anhänger »sind – immer im

Durchschnitt betrachtet – wesentlich pessimistischer als die Bevölkerung insgesamt. (...) Demnach stehe das Land kurz vor der Katastrophe.«[6] Pessimismus und Populismus sind Geschwister derselben ideologischen Familie.

Wer das Land und die Welt kurz vor der Katastrophe sieht, wer die Fortschritte der vergangenen Jahrzehnte entweder leugnet oder die Veränderungen als negativ empfindet, muss zwangsläufig eine radikale Wende in der Politik fordern. Damit geraten all jene Faktoren und Mechanismen in den Fokus, die eine Aufwärtsspirale erst möglich gemacht haben. Und tatsächlich gehört es weltweit zur Strategie der Populisten, eben diese Erfolgsmethoden systematisch anzugreifen:

Freie Medien haben sich in den vergangenen Jahrzehnten als wirksames Diagnose-Instrument der Gesellschaften und ihrer politischen Systeme erwiesen. Recherchierende, analysierende und kommentierende Journalisten haben die Gemeinwesen in die Lage versetzt, Fehler zu erkennen und zu korrigieren. Ohne dieses Korrektiv wären die spektakulären Entwicklungssprünge der vergangenen Jahrzehnte nicht möglich gewesen.

Doch die Freiheit der vierten Gewalt steht weltweit massiv unter Druck. Gezielte Angriffe gegen Sender, Zeitungen und gegen einzelne Journalisten gehören unverzichtbar in jeden Werkzeugkasten populistischer Politiker. Schon in den 90er Jahren hat Silvio Berlusconi in Italien gezeigt, wie entscheidend es für extreme politische Führerfiguren ist, die Kontrolle über die Kontrolleure zu erlangen. 20 Jahre später hetzen nun in den USA Donald Trump und seine Anhänger ununterbrochen gegen die Symbole des Qualitätsjournalismus: CNN, die New York Times und die Washington Post. In Polen und Ungarn haben die Regierungen die staatlichen und weite Teile der privaten Fernsehsender unter ihre Kontrolle gebracht und Entscheidungspositionen durch Gefolgsleute besetzt. Die polnische Regierungspartei PIS versucht zusätzlich die wirtschaftliche Basis kritischer Blätter und Sender anzugreifen. So hat der staatliche Rundfunkrat eine

Strafe von 350.000 Euro gegen den Fernsehsender TVN24 verhängt, der französisch-amerikanischen Eigentümern gehört.[7] Die Türkei hat sich zum gefährlichsten Land auf der Welt für Journalisten entwickelt. In keinem Land der Erde sitzen so viele Reporter aus dem In- und Ausland im Gefängnis.[8] Und auch in Deutschland hat der allwöchentlich hinausgebrüllte Vorwurf »Lügenpresse« die Branche verunsichert und gleichzeitig das rechtsnationale Milieu vereint.

Die **internationale Zusammenarbeit** in multilateralen Organisationen wie der Europäischen Union, der NATO und in den Vereinten Nationen ist ganz maßgeblich dafür verantwortlich, dass nach Hiroshima und Nagasaki keine Atombomben mehr zum Einsatz kamen, dass die militärischen Großmächte seit 70 Jahren keinen Krieg mehr gegeneinander geführt haben, dass die kriegerischen Auseinandersetzungen insgesamt erheblich weniger wurden und dass darum die Menschen heute ein achtmal geringeres Risiko haben, in einem Krieg getötet zu werden, als noch in den 70er Jahren.[9] Die EU hat den Europäern zudem Freiheit und Reichtum beschert. Die Deutschen gehören zu den größten Profiteuren.

»Wir haben eine massive Krise des Multilateralismus. Das ist unstrittig. Und das geschieht genau zu einer Zeit, in der internationale Zusammenarbeit von größter Bedeutung ist«, stellt Klaus Töpfer fest, der acht Jahre lang »Unter-Generalsekretär« der Vereinten Nation war, zuständig für Umweltpolitik. Populisten halten internationale Organisationen für ineffiziente, teure Quatschbuden. Die organisierte Suche nach internationalen Kompromissen widerspricht der bei Populisten verbreiteten »Highlander-Vorstellung« von Politik als einer Angelegenheit kompromissloser Alpha-Männer. Es kann nur einen geben. Kompromiss ist was für Schwächlinge. »Weitaus überdurchschnittlich viele AfD-Anhänger lehnen Kompromisse in der Politik ab«, schreibt Thomas Petersen vom Institut für Demoskopie Allensbach in seiner Studie über die AfD-Anhänger.[10]

In der Europäischen Union gehört der Kompromiss zur Leitkultur. Auch darum ist die EU mit ihrer »Brüsseler Bürokratie« der Lieblingsfeind europäischer Populisten. EU-Skepsis war 2013 der ursprüngliche Gründungsgrund der AfD. Es gehört zum Glaubensbekenntnis europäischer Populisten, die Mitgliedschaft in der EU infrage zu stellen und Großbritannien nachzufolgen auf dem Weg zum Ausgang. Der zur Schau getragene Ekel vor der Brüsseler Bürokratie hindert die EU-Feinde gleichwohl nicht daran, Teil dieser Bürokratie zu werden und die bestbezahlten Abgeordnetenmandate im Brüsseler Parlament anzutreten.

Für Donald Trump sind »deals« generell zu komplex, wenn mehr als zwei Partner beteiligt sind. Ein Vertrag wie das Pariser Klimaschutzabkommen, den sämtliche Staaten der Erde über Jahrzehnte gemeinsam ausgehandelt haben, widerspricht daher grundsätzlich seinem Bestreben nach Komplexitätsreduktion in einer hochkomplexen globalen Realität. Trump bevorzugt die Überschaubarkeit bilateraler Beziehungen. Neben der Leugnung des Klimawandels war das entscheidend für die Kündigung des Abkommens.

Aus demselben Grund zweifelt der US-Präsident immer wieder am Sinn der NATO, einer Organisation, in der die Interessen von immerhin 29 Staaten berücksichtigt werden müssen. Die Vereinten Nationen hält Trump gar für amerikafeindlich und kürzt ihnen die Gelder. »Die Tendenz zu bilateralen Vereinbarungen ist nichts anderes als eine Flucht aus der globalen Verantwortung«, sagt Klaus Töpfer.

Freier Handel ist das erfolgreichste Programm zur Bekämpfung von Armut und Hunger in der Geschichte der Menschheit. Milliarden Menschen in China, Indien, Vietnam, Indonesien, Ghana oder im Senegal konnten der Armut nur entkommen, weil sie Zugang zu den globalen Märkten haben. Der rasante wirtschaftliche Aufschwung in der ehemals Dritten Welt war gleichzeitig ein gigantisches Konjunkturprogramm für die Unternehmen der ehemaligen Ersten Welt. Aus Milliarden Armen wurden

Milliarden zusätzliche Konsumenten westlicher Produkte. So macht etwa der größte deutsche Automobilhersteller Volkswagen seit Jahren gut die Hälfte seiner Geschäfte allein in China. Die Globalisierung ist eine Win-win-Geschichte.

Gleichwohl schafft die weltweite Konkurrenz auch Verlierer. In vielen Ländern Afrikas und Asiens werden sowohl die Ressourcen der Natur als auch die Arbeiter brutal ausgebeutet. Und Tausende Industriearbeiter in den reichen Ländern des Nordens verloren ihre Arbeit, und was meist schmerzlicher ist, ihren Status.

Absteiger und alle jene, die Angst vor einem Abstieg haben, sind eine empfängliche Zielgruppe für die Ideologie des Pessimismus. Nur zu gern hören sie die simple Forderung nach einer kompletten Wende in der Wirtschaftspolitik. Komplexitätsreduktion einer globalen Weltwirtschaft: Schluss mit der Globalisierung! Schließung der Grenzen für die ausländische Konkurrenz. Und schon ist alles wieder gut.

Der freie Handel steht weit oben auf der Liste der Angriffsziele des Populismus. Wie so oft ist Donald Trump auch hier ganz vorne beim Rückwärtsfahren. Er verspricht, aus dem nordamerikanischen Freihandelsabkommen (Nafta) auszusteigen. Das transpazifische Freihandelsabkommen (TPP) hat er bereits gekündigt. Der Rückzug, darin sind sich Wirtschaftswissenschaftler einig, ist das größte Geschenk, das die USA der kommunistischen Partei Chinas jemals gemacht haben. Der pazifische Wirtschaftsraum spricht nun chinesisch.

Wissenschaftler und Forscher sind die wahren Weltverbesserer. Faktenbesessene Frauen und Männer ermitteln mit penibler Genauigkeit die Daten und Zusammenhänge, die einmal Grundlage des Fortschritts werden. Sie haben neue Medikamente entwickelt und Methoden, die den Ertrag landwirtschaftlicher Nutzflächen vervielfachen und sie erforschen Möglichkeiten, um Windenergie zu speichern. Nur aufgrund ihrer Berechnungen können Gesellschaften rechtzeitig auf Veränderungen wie den Klimawandel reagieren. Große Geister haben Methoden und Theorien entwickelt, die es ermöglichen, Menschen und Gesellschaften besser zu verstehen. In den vergangenen Jahrzehnten hat sich die Zahl der Forscherinnen und Forscher multipliziert. Die Digitalisierung hat ihre Möglichkeiten gleichzeitig potenziert. Das hat eine wahre Explosion an Wissen ausgelöst. Dieses Wissen hat das Leben der meisten der 7,6 Milliarden Menschen auf der Erde verlängert und entscheidend verbessert.

Mit »Volkes Stimme« gegen das Establishment

Gleichzeitig ist Wissen Macht. Mitunter steht diese Macht den Interessen der Populisten im Wege. Die unabhängige Wissenschaft ist weltweit ins Visier populistischer Angriffe geraten. In der Türkei hat Präsident Erdoğan Hunderte Wissenschaftler verhaften lassen. Die Mitarbeiter ganzer Fakultäten der Universitäten stehen unter Terrorismusverdacht, weil ihre Arbeit die Haltung des Präsidenten nicht unterstützt. Die »Central European University« musste Ungarn verlassen. Der rechtsnationale Ministerpräsident Viktor Orbán betrachtet den liberalen Gründer der Bildungseinrichtung, den US-Milliardär George Soros, als Staatsfeind. Soros unterstützt zahlreiche Zivilorganisationen, die autoritäre Regierungen, wie die in Ungarn, kritisieren. Und in den USA hat Donald Trump zahlreichen Forschungsprojekten die staatlichen Zuschüsse gestrichen, weil deren Ergebnisse die Annahmen und Ziele seiner Politik widerlegen.

Um sich gegen die Angriffe auf das Wissen und auf diejenigen, die das Wissen schaffen, zu wehren, demonstrierten im Frühling 2017 erstmals mehrere Hunderttausend Forscher beim »March for Science«. Weltweit marschierten Wissensarbeiter in über 600 Städten. Dieser Aufstand der Verständigen machte deutlich, wie bedroht die Freiheit der Wissenschaft nach Einschätzung der Wissenschaftler inzwischen ist.

Sämtliche Akteure, die in der Vergangenheit positive Entwicklungen möglich gemacht haben – ob nun Journalisten, Politiker, Wirtschaftsführer oder Wissenschaftler –, gehören zum Establishment. Genau diese Gruppe, die »abgehobene« und »arrogante« Elite, ist der eigentliche Gegner, der von Populisten angegriffen wird. »Alle Populisten sind gegen das Establishment«, schreibt der Politikwissenschaftler Werner Müller in seinem viel beachteten Essay *Was ist Populismus*.[11] Dem Establishment setzt der Populismus das Volk entgegen. »Populisten behaupten: ›Wir sind das Volk!‹ Sie meinen jedoch (…): ›Wir – und nur wir – repräsentieren das Volk.‹«[12] Die Erscheinungsformen der Bewegungen sind in den unterschiedlichen Ländern jeweils verschieden. Den Alleinvertretungsanspruch hat Müller indes überall als ein gemeinsames Grundmuster identifiziert. »Populisten sind zwangsläufig antipluralistisch; wer sich ihnen entgegenstellt und ihren moralischen Alleinvertretungsanspruch bestreitet, gehört automatisch nicht zum wahren Volk.«[13]

Selbstverständlich ist das »wahre Volk« im Besitz der Weisheit. Wer sonst? Es ist ein Merkmal aller Populisten, die Haltungen der »kleinen« Leute zum alleinigen Maßstab für Entscheidungen zu machen. Das bedeutet eine fundamentale Veränderung in der Funktionsweise des Gemeinwesens. In der Demokratie haben die Wähler die letzte Entscheidung. Doch Fakten und komplexes Wissen lassen sich nicht durch Mehrheitsentscheidungen bestimmen. Darum werden die Entscheidungsoptionen von den Experten aus allen Bereichen berechnet, analysiert und diskutiert. Ohne das Wissen, die Kompetenz und die Erfahrung von Experten lassen sich keine vernünftigen Entscheidungen treffen. Diese Vernunft wird von Populisten weltweit nicht nur infrage gestellt, sondern mit aller Macht bekämpft.

Ähnlich wie beim tatsächlich gestiegenen Unsicherheitsgefühl aufgrund des frei erfundenen Gewaltanstiegs zeigt auch die jahrelange Propaganda gegen das Expertentum inzwischen Wirkung. In einer Studie des Instituts für Demoskopie Allensbach stimmten 61 Prozent der Befragten der Aussage zu: »Auf das Urteil von Experten gebe ich im Allgemeinen nicht viel. Diese sogenannten Experten sind meist nicht unabhängig. Deshalb kann man sich auf ihr Urteil nicht verlassen.«[14]

Den Zweifeln an der Glaubwürdigkeit und an den Fähigkeiten von Experten steht ein solides Selbstbewusstsein bezüglich der eigenen Fähigkeiten entgegen. Der amerikanische Politikwissenschaftler Tom Nichols berichtet in seinem Essay »How America Lost Faith in Expertise« von einem aufschlussreichen Experiment:[15] Nach der russischen Invasion der Krim im Jahr 2014 wurden Amerikaner befragt, ob die USA militärisch in der Ukraine eingreifen sollen. Allerdings konnte nur einer von sechs Befragten die ungefähre Lage der Ukraine auf einer Landkarte bestimmen. »Aber diese Unwissenheit hielt die Menschen nicht von pointierten Stellungnahmen ab. Tatsächlich gab es einen direkt proportionalen Zusammenhang zwischen den Befragten, die einen Militärschlag befürworteten, und der Ignoranz. Anders ausgedrückt: Leute, die glaubten, die Ukraine sei irgendwo in Lateinamerika oder Australien, waren besonders enthusiastisch für den Einsatz militärischer Gewalt.« In einem anderen Experiment wurden die Teilnehmer an den Vorwahlen zur Präsidentschaft 2016 gefragt, ob sie dafür seien, Agrabah zu bombardieren. 36 Prozent der Republikaner und 19 Prozent der Demokraten stimmten der Bombardierung zu. Nur: Agrabah gibt es nicht. Es ist ein erfundenes Land aus dem Disney-Film *Alladin*.

Unwissenheit in Geografie, Politik, Wirtschaft oder einer beliebigen anderen Disziplin empfinden große Teile der Bevölkerung heute nicht mehr als Makel. Nichols ist sogar der Meinung: »Wir haben einen Punkt erreicht, an dem Ignoranz – mindestens wenn es um das geht, was man als Allgemeinwissen bezeichnet – sogar als Tugend angesehen wird. Die Ratschläge von Experten zurückzuweisen ist ein Weg, die Unabhängigkeit von diesen bösartigen Eliten zu demonstrieren – und das immer fragilere Ego davor zu beschützen, gesagt zu bekommen, dass man sich irrt.«

Natürlich irren auch Fachleute. Häufig sogar. Wirtschaftswissenschaftler haben die Bankenkrise 2008 nicht rechtzeitig vorhergesehen. Atomphysiker unterschätzten die Risiken beim Betrieb von Atomkraftwerken. Und tatsächlich sind nicht alle Wissenschaftler, Journalisten oder Politiker in ihrem Urteil unabhängig. Das ist eine ewige Konstante des Expertentums. Die größten Gelehrten sind meist die ersten, die einen Irrtum eingestehen. Um Fehler und den Missbrauch so weit wie möglich zu reduzieren, haben alle Expertensysteme daher Kontrollmechanismen etabliert. Von deren Existenz die Laien in der Regel jedoch nichts wissen. Das ist Teil der Ignoranz.

Fehler und Unzulänglichkeiten bleiben dennoch unvermeidbar, doch sie rechtfertigen nicht die wütenden Kampagnen der Populisten gegen jede Form von Expertentum. Jede einzelne Fehlleistung wird sofort als Beweis für die generelle Unfähigkeit oder Verlogenheit der gesamten »Lügenpresse« oder der »Altparteien« dargestellt. Wenn in einem Stadtteil die Kriminalität tatsächlich angestiegen ist, zeigt das nach Ansicht der Rechtspopulisten, dass die ganze Kriminalitätsstatistik nicht stimmen kann. Und an kalten Tagen twittert der US-Präsident, jetzt könne man ein wenig des guten alten Treibhauseffekts gebrauchen. An warmen Tagen hält er sich bei diesem Thema zurück.

Das populistische Gegenmodell zur Kompetenz ist »Volkes Stimme«. In den öffentlichen Debatten stehen heute auf der einen Seite die Einsichten und Erfahrungen von Menschen, die sich über lange Zeit intensiv, systematisch und kontrolliert von anderen Experten mit einem Thema beschäftigt haben. Dem gegenüber stehen vollkommen gleichwertig die Ängste von absoluten Laien, deren Haltung auf Eindrücken basiert, die sie zufällig beim Zappen im Fernsehen aufgeschnappt haben, die der Such-Algorithmus von Google ihnen vorgeschlagen hat oder die Freunde mit ähnlicher Erkenntnistiefe bei Facebook gepostet haben. Inkompetenz ist genauso wertvoll wie Kompetenz. Selbst der nachgewiesene Unsinn, Obama sei ein Moslem, gilt als wertvoller Beitrag, der Beachtung verdient. Falsch ist das neue Richtig. Und wer Ignoranz als solche bezeichnet, gilt als elitärer Besserwisser, beleidigt die kleinen Leute und hat den Kontakt zum wahren Volk verloren.

Parallel zur Inkompetenz wächst meist das Vertrauen in die eigenen Fähigkeiten. Die schlechtesten Autofahrer schimpfen oft am lautesten über die Unfähigkeit der anderen. Bei Umfragen schätzen regelmäßig 90 Prozent aller Autofahrer ihre Fahrkünste als überdurchschnittlich ein. Ein mathematisches Paradox, denn es kann niemals eine Mehrheit überdurchschnittlich sein. In Casting-Shows sind oft die peinlichsten Kandidaten besonders begeistert von ihrem Auftritt. Dies sind nicht nur weit verbreitete Alltagserfahrungen, sondern wissenschaftlich nachgewiesene Tatsachen, seit 1999 bekannt als der Dunning-Kruger-Effekt. In zahlreichen Experimenten ließen die beiden Psychologen David Dunning und Justin Kruger ihre Probanden Aufgaben lösen, bei denen es um logisches Denken oder das Erkennen von grammatisch richtigen oder falschen Sätzen ging. Nach jedem Test sollten die Teilnehmer einschätzen, wie sie im Vergleich zu den anderen abgeschnitten hatten.

Der Pessimismus der Inkompetenten

Die schwächsten Teilnehmer überschätzten ihre Ergebnisse dabei ganz erheblich. Die Stärksten hingegen unterschätzten sich leicht. Nach dem Test wurden den Probanden sämtliche Resultate aller Teilnehmer vorgelegt, eine Chance, die eigene Leistung nun realistisch einzuschätzen. Doch die Testpersonen aus dem schwächsten Viertel korrigierten ihr offensichtlich falsches Selbstbild nicht. Sie waren zu dumm, ihre eigene Dummheit zu erkennen.[16] Größtmögliches Selbstbewusstsein bei geringster Rechtfertigung. Dunning und Krugers Erkenntnisse lassen sich so zusammenfassen: Je weniger kompetent eine Person ist, um so mehr neigt sie dazu, das eigene Leistungsvermögen zu überschätzen. Umso schwerer fällt es ihr, die überlegenen

Fähigkeiten anderer und das Ausmaß der eigenen Inkompetenz zu erkennen.

Musikern ist dieses Phänomen nur zu bekannt. Ihr Gehör, seit der Kindheit in unzähligen Stunden des Musizierens ausgebildet, nimmt schon die kleinste Disharmonie fast schmerzhaft wahr. Besonders unmusikalische Menschen hingegen hören oft nicht, wenn sie beim Gesang Ton und Takt weit verfehlen – und singen gerade darum in voller Lautstärke den falschen Brustton der Überzeugung.

Die Zeitschrift *The New Yorker* hat zur immer stärker werdenden Expertenverachtung und zum Dunning-Kruger-Effekt ein inzwischen berühmtes Cartoon veröffentlicht. Es zeigt die Economy-Klasse eines Verkehrsflugzeuges. Ein Mann ist aufgesprungen und ruft den Mitreisenden zu: »Diese überheblichen Piloten haben total den Kontakt zu den normalen Passagieren wie uns verloren. Wer ist der Meinung, dass ich das Flugzeug fliegen sollte?« Alle Hände fliegen hoch.

Wenn der Dunning-Kruger-Effekt auch auf die Politik anwendbar ist, müsste das bedeuten: Die inkompetentesten Wähler mit den geringsten Kenntnissen über politische Inhalte und das politische System sind im Gegenzug überzeugter als andere von ihrem Durchblick. Nach Dunning-Kruger haben solche Wähler für etablierte Politiker nur Verachtung übrig.

In Deutschland sind Theorie und Praxis in dieser Frage deckungsgleich. Viele wissenschaftliche Studien haben in den vergangenen Jahren das rechtspopulistische Milieu in Deutschland vollständig ausgeleuchtet.[17] Dabei wird übereinstimmend deutlich: Die Wähler der AfD halten sich für ausgesprochen kompetent in politischen Fragen und haben besonders geringe Zweifel an ihren Einstellungen. Ihre Kritik an Politikern ist vernichtend. AfD-Anhänger »neigen eher (als der Durchschnitt) dazu, die Politik als eine leichte Tätigkeit zu betrachten und auf Politiker pauschal verächtlich hinabzublicken«, schreibt Thomas Petersen vom Institut für Demoskopie Allensbach.

Der Optimismus der Experten

Wir haben bereits gesehen, dass rechtspopulistische Wähler sich durch leidenschaftlichen Pessimismus auszeichnen. Nun kommt zum Schwarzsehen noch das Merkmal der Inkompetenz hinzu. Pessimismus ist die Ideologie der Inkompetenten. Das nutzen populistische Anführer. Sie verstärken die Ängste mit einem ununterbrochenen Strom an Hiobsbotschaften, zum Teil übertrieben und aus dem Zusammenhang gerissen, mitunter frei erfunden. Für das Verständnis der komplexen, oft schwierigen Zusammenhänge bietet der Pessimismus die schönsten und einfachsten Erklärungen. Und was nicht zu den apokalyptischen Vorstellungen passt, wird passend gemacht. Die Kriminalität geht zurück. Die allermeisten Flüchtlinge verhalten sich unauffällig. Auch der Wohlstand der Armen steigt. Für solche Widersprüche am pessimistischen Weltbild hat der Populismus eine Universalerklärung: Man sagt uns nicht die Wahrheit. »Die wirklich wichtigen Informationen werden den Bürgern vorenthalten.«[18] Davon sind laut einer Allensbach-Umfrage 74 Prozent der AfD-Wähler fest überzeugt.

»Konspirationstheorien sind attraktiv für Menschen, die Schwierigkeiten haben, die komplizierte Welt zu verstehen, weil ihnen die Geduld fehlt für die oft langweiligen und detaillierten Erklärungen«, schreibt der Politikwissenschaftler Tom Nichols.[19] Für Populisten sind Konspirationstheorien eine perfekte Allzweckwaffe, denn niemand kann sie widerlegen. »Experten, die widersprechen, demonstrieren damit nur, dass sie Teil der Konspiration sind.«

Unter Fachleuten hingegen ist der Optimismus weit verbreitet. Sie kennen die frohen Botschaften und ihre überragende Bedeutung. In der Theorie, aber auch in der Praxis. So mancher hat sogar an den Fortschritten mitgewirkt, von denen wir heute profitieren und dabei erfahren, dass Verbesserungen möglich sind. Der frühere Umweltminister Klaus Töpfer war daran beteiligt, das drohende Waldsterben abzuwenden, indem er die Grenzwerte für

Schwefelemissionen in der berühmten »TA-Luft« drastisch verschärfte. Der Greenpeace-Aktivist Gerhard Wallmeyer ist nach fast 40 Jahren als Umweltaktivist optimistisch, weil sein Engagement dazu beigetragen hat, die Dünnsäureverklappung zu beenden oder das Ozonloch zu schließen. Der Menschenrechtler Matthias John ist optimistisch, weil sich in den 40 Jahren, in denen er bei Amnesty International aktiv ist, die Zahl der Staaten fast verzehnfacht hat, die keine Todesstrafe mehr anwenden. Mediziner sind optimistisch, weil sie mit immer besseren Medikamenten und Heilmethoden ihren Patienten immer wirkungsvoller helfen können. Viele Politiker sind optimistisch, weil ihre Entscheidungen dazu beigetragen haben, die Massenarbeitslosigkeit zu beenden oder den Zusammenbruch der Wirtschaft nach dem Banken-Crash zu verhindern. Doch je stärker der Populismus wird, desto weniger werden diese Stimmen der Kompetenz gehört.

Es ist ein Erfolg rechtspopulistischer Propaganda, dass sich die Ansicht allgemein durchgesetzt hat, man müsse »die Sorgen und Ängste der Leute ernst nehmen«. Die Sorgen und Ängste haben mit der Realität jedoch wenig zu tun. Sie ernst zu nehmen bedeutet, Irrtümer, Ignoranz und gezielte Propagandalügen ernst zu nehmen. Die Aufwärtsspirale, von der dieses Buch handelt, basiert hingegen auf dem genauen Gegenteil: dem Sachverstand der Experten. Wenn die Unmusikalischen das Solo singen, wenn die Passagiere im Cockpit das Steuer übernehmen, wenn Inkompetenz und Ignoranz die Politik bestimmen – das wäre der Triumph des Populismus und die Niederlage der Vernunft. Es wäre das Ende der Aufwärtsspirale.

Das Ende der Wahrheit

Es begab sich lange vor unserer Zeit. Die Menschen lebten noch ohne iPhone, irgendwie. Es gab noch kein WhatsApp, kein Twitter, und Facebook war eine elektronische Kontaktbörse für eine Handvoll paarungswilliger Studenten an amerikanischen Eliteuniversitäten. In jener grauen Vorzeit, im Jahr 2005, prophezeite ein weiser alter Mann, welches Phänomen die Gesellschaften in der Zukunft, ihre Kommunikation und ihre Politik maßgeblich bestimmen werde. Harry G. Frankfurt, ein damals 76-jähriger emeritierter Philosophieprofessor aus Princeton, schrieb ein kleines, aber weitsichtiges Buch mit dem vielsagenden Titel: *Bullshit*.[20]

Das Buch verkaufte sich in wenigen Wochen eine halbe Million Mal und wurde in 20 Sprachen übersetzt, obgleich »Bullshit« selbst zu den Worten gehört, die sich nicht zufriedenstellend in andere Sprachen übersetzen lassen – zumindest nicht ins Deutsche. Frankfurt verwendet ein ganzes Buch darauf zu erklären, was Bullshit ist. Diese Begriffsdefinition ist einer der erhellendsten Beiträge zu dem Thema, das wir heute unter den Schlagworten »Fake News« oder »postfaktisch« diskutieren. Über weite Strecken liest *Bullshit* sich wie ein Porträt jener Populisten, die heute die Nachrichten bestimmen: Donald Trump, Nigel Farage, Geert Wilders oder die Mitglieder der Bundestagsfraktion der AfD.

Wer Bullshit redet (oder postet oder twittert) hat nicht die Absicht, Tatsachen zu verkünden. Dennoch handelt es sich nicht um Lügen. Bullshit ist weder Wahrheit noch Lüge, sondern eine dritte Dimension dazwischen. »Ein aufrichtiger Mensch sagt nur, was er für wahr hält, und für den Lügner ist es unabdingbar, dass er seine Aussage für falsch hält. Der Bullshitter ist außen vor: Er steht weder auf der Seite des Wahren noch auf der des Falschen. (…) Es ist ihm gleichgültig, ob seine Behauptungen die Realität korrekt beschreiben.«[21]

Wer lügt, kennt die Wahrheit. Um eine glaubwürdige Lüge zu erfinden, muss man sich mit den korrekten Fakten befassen und sie verstehen. Darum sind Lügner und ebenso Menschen, die sich der Wahrheit verpflichtet fühlen, wie zwei Gegner im selben Spiel. Beide orientieren sich an den Tatsachen. Der Bullshitter hingegen spielt bei diesem Spiel gar nicht erst mit. »Er weist die Autorität der Wahrheit nicht ab und widersetzt sich ihr nicht, wie es der Lügner tut. Er beachtet sie einfach gar nicht. Aus diesem Grund ist Bullshit ein größerer Feind der Wahrheit als die Lüge.«[22]

Frankfurt zitiert in seinem Buch eine Passage aus dem Krimi *Dirty Story* von Eric Ambler. Darin rät ein Vater seinem Sohn: »Never tell a lie when you can bullshit your way through.« (Lüge nie, wenn du dich durchmogeln kannst.) Schon Ambler wusste: Wenn eine kalkulierte Lüge aufgedeckt wird, löst sie Empörung aus. Bullshit hingegen wird nicht so ernst genommen und leichter verziehen. Diese Toleranz und Milde gegenüber dem enttarnten Bullshit liefert eine Erklärung für die verstörende Beobachtung, dass Anhänger von Donald Trump ihrem Idol zujubeln, auch wenn er sich in ein und demselben Satz widerspricht, für jeden offensichtlich falsche Tatsachen behauptet oder längst widerlegte Gerüchte verbreitet. Sie nehmen es dem GröBaZ, dem Größten Bullshitter aller Zeiten, auch nicht krumm, wenn ihm aus Versehen hin und wieder eine korrekte Aussage dazwischenkommt. In der Bullshit-Welt sind Fakten kein Faktor.

Wer über etwas spricht, wovon er keine Ahnung hat, kann weder bewusst falsche noch bewusst richtige Angaben machen. Der Unwissende ist also zum Bullshit gezwungen. Die Lüge ist die Unwahrheit der Kompetenten. Bullshit ist die Unwahrheit der Ignoranten. Darum ist sein Inhalt niemals komplex. Bullshit ist stets eine möglichst schlichte Unwahrheit. Sie kann ohne Voraussetzung von jedem verstanden werden.

Und verbreitet werden. Bullshit kann jeder erfinden oder nachplappern. Dazu sind weder Kenntnisse noch Mühe erforderlich. In der Bullshit-Welt kann man nichts falsch machen, weil es kein Richtig gibt. Grammatikfehler, kreative Orthografie oder offensichtlich falsche Tatsachenbehauptungen bedeuten keinen Gesichtsverlust. Diese Eigenschaften machen aus dem Internet und dem Bullshit das perfekte Paar. Sie sind füreinander bestimmt.

Die digitalen Medien haben die Mechanismen der öffentlichen Kommunikation komplett verändert. Seit Johannes Gutenberg entschieden Buchverlage, später Zeitungs-, Rundfunk- und Fernsehredaktionen, wessen Stimme gehört werden konnte. Diese Filter formulierten und überwachten die Normen für den professionellen Umgang mit Fakten – die Regeln des Kommunikations-Handwerks. Genauso definierten die Zünfte und später die Handwerkskammern die Qualitätsstandards von Handwerksleistungen. Was für das Handwerk der Pfusch, das ist Bullshit in der öffentlichen Kommunikation.

Pfusch kann jeder, er ist nicht elitär. Er kennt nicht die Hürde des Sachverstands. Millionen Hobbyhandwerker versammeln sich an den Wochenenden im Baumarkt und rüsten sich mit professionellem Equipment auf. Das ist kein Problem, solange die Feierabendexperten sich auf die Gartenarbeit, das Töpfern oder Renovieren beschränken. Doch niemand käme auf die Idee, ungelernte Laien an der Gasleitung herumschrauben zu lassen. Katzenvideos, Fotos von Mahlzeiten und Sonnenuntergängen oder das Selfie vor der Pyramide sind harmlose Produkte von Laien, ungefährlich wie das selbst zusammengeschraubte Ikea-Regal. Nachrichten, die Berichterstattung über politisch relevante Ereignisse, sind die Gasleitung im Kommunikationshandwerk. Hochexplosiv. Anders als in der analogen Welt gibt es im Internet jedoch keine Gesellenprüfung, keine Qualitätskontrolle und keine Zensoren. Jeder schraubt, woran er will.

Das hat zu einer Demokratisierung des Meinungsaustauschs in der Gesellschaft geführt. Kritik und Überzeugungen werden im Internet nicht zensiert oder unterdrückt. Diese Vielstimmigkeit ist ein wirksamer Schutz vor totalitären Systemen und eine Bereicherung der öffentlichen Debatten. Darauf können und wollen die Gesellschaften heute nicht mehr verzichten. Das ist das Wunderbare am Internet: Jeder hat eine Stimme. Und das ist gleichzeitig das Bedrohliche am Internet: Jeder hat eine Stimme.

Populisten misstrauen jeder Differenzierung

Die neuen Möglichkeiten der Desinformationsverbreitung passen ausgezeichnet zur Kommunikationsstrategie des Populismus. Die Wähler populistischer Parteien haben die Nase voll von einer komplexer werdenden Welt, deren Mechanismen sie nicht durchschauen. Sie misstrauen nicht nur der differenzierten Darstellung einzelner Sachverhalte, sie misstrauen der Differenzierung an sich und halten sie für eine Art Hütchenspielertrick, mit dem Politiker der etablierten Parteien, die »Lügenpresse« und Experten das »Volk« nur verwirren wollen. Je vielschichtiger der Sachverhalt, je mehr Vorwissen und Konzentration sein Verständnis erfordert, desto größer ist die Sehnsucht nach einfachen Antworten. Nach Bullshit.

Die Konstellation ist wie geschaffen für die massenhafte Verbreitung populistischer Botschaften. Diese basieren nicht auf den Ergebnissen ernsthafter Analysen, nicht mal auf einem stimmigen, geschlossenen Weltbild. Populisten sind keine echten Ideologen. Ihr Angebot ist alles, was Angst und wütend macht. »Panischer Pessimismus« nennt das der Soziologe Heinz Bude.[23] Das Portal BuzzFeed hat im Jahr 2017 insgesamt 9000 nachweisliche Falschmeldungen von 43 Webseiten identifiziert, die für die Verbreitung von Fake News bekannt sind.[24] Die Stichprobe genügt sicher keinen wissenschaftlichen Standards, wie auch das Portal selbst nicht über alle Zweifel erhaben ist. Dennoch liefert sie aufschlussreiche Hinweise. So sind die Falschmeldungen niemals beruhigend oder optimistischer Natur. Sie haben durchweg einen alarmistischen Charakter. Adrenalinkicks: McDonald's verwendet menschliches Fleisch für seine Burger. Merkel plant den Zuzug von 12 Millionen Einwanderern. Studien »belegen« die

Gefährlichkeit von Impfungen. Die Grünen wollen den Benzinpreis auf 7 Euro erhöhen. Asylbewerber bekommen den Führerschein geschenkt. BuzzFeed liefert nicht nur ein Best-of-Bullshit, sondern zeigt auch dessen beeindruckende Verbreitung in sozialen Medien. Die acht »erfolgreichsten« Falschmeldungen wurden auf Facebook jeweils bis zu 78.000-mal geteilt, kommentiert oder mit einem »like« versehen. Das sind mehr Facebook-Interaktionen, als selbst die besten Artikel auf den Nachrichtenportalen der Frankfurter Allgemeinen Zeitung oder der Süddeutschen Zeitung auslösen konnten.

Die Berliner Denkfabrik Stiftung Neue Verantwortung hat in einer Umfrage Probanden mit ausgewählten Falschmeldungen konfrontiert und gefragt, ob sie die Meldung für wahr halten. Ergebnis: Bei AfD-Wählern war die Bereitschaft, falsche Meldungen zu glauben, mit Abstand am größten.[25] Vor allem Fake News zum Thema Migration hielten AfD-Anhänger erheblich häufiger für wahr als der Durchschnitt der Befragten. »Geglaubt wird, was ins Weltbild passt«, sagt Alexander Sängerlaub, der das Fake-News-Projekt leitet. Die AfD-Sympathisanten unterschieden sich noch in einem zweiten Merkmal vom Durchschnitt: Sie misstrauen den klassischen Medien und beziehen ihre »Informationen« überwiegend aus sozialen Netzwerken und von rechtpopulistischen Internetportalen. Sie zweifeln an der Wahrheit und glauben den Bullshit.

Die Inhalte des digitalen Bullshits sind passgenau auf die Bedürfnisse von AfD-Anhängern zugeschnitten. Sie erzeugen nicht nur Angst, Wut und Pessimismus, sondern haben in aller Regel einen rechtspopulistischen Charakter. Die Amadeu Antonio Stiftung hat den Inhalt des rechten Bullshits systematisch untersucht und die Ergebnisse in der Studie »Toxische Narrative« veröffentlicht.[26] Zehn Monate lang (von April 2016 bis Februar 2017) wurde das digitale Angebot der beliebtesten Anbieter der rechten Szene ausgewertet. Die folgenden Internetportale oder Facebook-Seiten wurden dabei besonders berücksichtigt: AfD;

Pegida; NPD; Identitäre Bewegung; Compact-Magazin; PI-News; Ich bin stolz, deutsch zu sein; Lügenpresse; Ein Prozent für unser Land; KenFM.

Aus der Fülle des verarbeiteten Materials wurden die wichtigsten Narrative, die »großen Erzählungen«, identifiziert, die zu den stärksten Emotionen und Reaktionen bei den Usern geführt haben:

- Der Untergang der Deutschen: Die kulturelle, aber auch die physische Existenz des deutschen Volkes ist bedroht.
- Bedrohung von außen: Migration, »Asylmissbrauch« und »Islamisierung« führen zu Gewalt und Terror. Die Elite plant einen »Volkstausch«.
- Bedrohung von innen: Das »links-grün versiffte« Establishment will das Volk umerziehen. Die Political Correctness sorgt für Sprechverbote. »Gutmenschen« und die »Asyllobby« verraten das deutsche Volk.
- Das Establishment manipuliert: Die Politiker der »Altparteien« und die »Lügenpresse« haben sich verschworen, um das Volk zu belügen.
- Repression für den Widerstand: Asylkritiker werden mit der »Nazikeule« verfolgt und so mundtot gemacht.

Die Autoren der Studie »Toxische Narrative« erklären, wie aus solchen populistischen Erzählungen nicht nur eine politische Überzeugung wird, sondern gleichzeitig ein Gefühl von Zugehörigkeit entsteht. »Durch die vielfache Wiederholung und Verbreitung in das individuelle Gedächtnis integriert, tragen Narrative langfristig dazu bei, individuelle und kollektive Identitäten zu konstruieren und zu stabilisieren.«[27]

Das bedeutet: Populismus schafft Identität. Man ist Teil einer Sekte von besonders Leichtgläubigen. Die Beziehung der Einzelnen zueinander, zu den politischen Inhalten und zu den Anführern erinnert an Fußballfans im Stadion. Das gemeinsame Singen, Saufen und Raufen ist genauso wichtig wie der sportliche

Wettkampf auf dem Rasen. Wenn der Lieblingsspieler der eigenen Mannschaft einen Gegner unfair foult, sehen das alle Zuschauer im Stadion. Die Fans wissen zweifelsohne, dass es richtig ist, das Foul zu bestrafen. Dennoch brüllen sie den Schiedsrichter wütend nieder, wenn er das tut.

Genauso reagieren die Ultras in der rechtspopulistischen Fankurve: Sie toben, drohen und zünden digitale Böller in den sozialen Netzwerken, wenn ihre Helden des Bullshits überführt werden. Mit derselben Vehemenz werden auch die frohen Botschaften bekämpft. Dass Gewalt und Kriminalität seit Jahren stark sinken, dass die Globalisierung Milliarden Menschen vor dem Hunger bewahrt, dass die Deutschen heute erheblich weniger arbeiten und gleichzeitig in deutlich größerem Wohlstand leben als die Generation ihrer Eltern, sind für jeden unübersehbare Fakten. Sie sind unbestreitbar nachgewiesen mit Videobeweis in Zeitlupe, aus allen möglichen Perspektiven. Doch einen rechten Ultra mit Schal und Mütze überzeugen keine Zahlen, Fakten und kein Videobeweis. Die Richtigkeit der frohen Botschaften ist für AfD-Anhänger, Pegida-Marschierer und »besorgte Bürger« eine Bedrohung des pessimistischen Weltbildes, das ihre Gruppe, ihre Mannschaft, ihren virtuellen Clan im Innersten zusammenhält. Darum muss selbst das offensichtlich Richtige vehement bestritten werden, bis über die Grenze der Lächerlichkeit hinaus. »Interessen schlagen Fakten«, nennt das Renate Köcher vom Institut für Demoskopie Allensbach.[28]

Wie im Fußballstadion sind in der Gesellschaft die wirklich fanatischen Anhänger in der Minderheit. Aber sie machen den meisten Lärm. Darum sind ihre Vorstellungen allgegenwärtig. Die Anzahl der Nutzer rechtspopulistischer Fanseiten im Netz hat eine beunruhigende Größenordnung. Dennoch ist es eine kleine Randgruppe. In den zehn Monaten, während die Amadeu Antonio Stiftung die Portale beobachtet hat, konnte KenFM immerhin 280.000 Facebook-Fans anlocken. Welche Dynamik die rechtspopulistischen Angebote entwickeln, zeigt die Facebook-Seite

»Lügenpresse«, die im Beobachtungszeitraum ihre Anhängerschaft von 5400 auf 78.000 steigern konnte. Die Zahlen wirken beeindruckend. Doch selbst kleinere deutsche Lokalzeitungen haben täglich mehr Leser als das Portal »Lügenpresse« und die überregionalen Zeitungen um ein Vielfaches mehr als KenFM.

Seit 2014 sind die Vorwürfe gegen »die Medien« eines der großen Themen in »den Medien« selbst. Dabei ist der Eindruck entstanden, der Journalismus in den klassischen Medien hätte in weiten Teilen der Gesellschaft massiv an Vertrauen verloren. Das Medienmagazin Zapp stellt sogar fest: »Das Gefühl, den Medien nicht (mehr) vertrauen zu können, ist längst in der Mitte der Gesellschaft angekommen.«[29] Doch kann man tatsächlich von einer tiefen Krise des Journalismus in deutschen Medien sprechen? Ist der Vertrauensverlust echt oder wird er nur behauptet?

Eine Langzeitstudie der Universität Würzburg hat in der Tat zwischen 2011 und 2015 einen leichten Rückgang bei den Werten registriert. Doch die intensive Debatte um die »Lügenpresse« hat nicht etwa zu einer Abkehr von den klassischen Medien geführt, sondern, im Gegenteil, zu einer Rückbesinnung auf deren Qualitäten. 2016 haben die Forscher plötzlich einen sprunghaften Anstieg des Vertrauens in den deutschen Journalismus gemessen. Das Vertrauen ist heute so hoch wie noch nie in diesem Jahrtausend.[30] Diese Entwicklung bestätigen auch andere Forscher. Glaubt man einer Untersuchung im Auftrag der Unternehmensberatung Price Waterhouse Coopers, dann halten 75 Prozent der Befragten die deutschen Medien für vertrauenswürdig, der mit weitem Abstand beste Wert unter den großen Wirtschaftsnationen.[31] »Auch unsere Untersuchung weist nach, dass die meisten Menschen dem öffentlich-rechtlichen Rundfunk und den Tageszeitungen durchaus Glaubwürdigkeit zugestehen.«[32] So lautet das Fazit einer großangelegten Studie der Otto-Brenner-Stiftung.

Die angebliche Glaubwürdigkeitskrise der klassischen Medien

entpuppt sich bei genauerer Betrachtung selbst als Fake News. Das Narrativ vom dramatisch gesunkenen Vertrauen in die Medien ist jedoch kein Bullshit ahnungsloser Twitterkönige und mehr als die hysterische Überinterpretation kurzfristiger Unsicherheiten. Es ist ein gezielter, geplanter Angriff auf einen der gefährlichsten Gegner aller Populisten: die Berichterstattung in freien Qualitätsmedien. Orchestrierte Feldzüge gegen die Glaubwürdigkeit der Medien gehören weltweit zu den wichtigsten Kampfstrategien des Populismus. Nach diesem Muster wurden auch in Deutschland die Qualitätsmedien von rechtspopulistischen Gruppen ins Visier genommen, mit der fortwährend wiederholten Behauptung, regierungstreue Journalisten würden die Probleme mit Flüchtlingen, mit Muslimen und der Kriminalität insgesamt verharmlosen. »Das Volk«, so die Erzählung, habe das Vertrauen in seine Medien verloren. Doch von der Mehrheit dieses »Volkes« wird die populistische Botschaft nachweislich nicht geglaubt.

Die Radikalität in den Echokammern

Das Bewusstsein der anderen, der rechten Minderheit, hat diese Realität nicht zur Kenntnis genommen: »Viele Menschen neigen dazu, sich in sozialen Netzwerken mit Gleichgesinnten zu umgeben und sich dabei gegenseitig in der eigenen Position zu verstärken. Dadurch entsteht der Eindruck, dass die eigene Position Mehrheitsmeinung ist«, schreiben die Autoren der Amadeu Antonio Stiftung. Das ist das Verlockende an der Echokammer: Wenn man drin ist, gehört man immer zur Mehrheit.

Schon immer haben Menschen in abgegrenzten Gruppen kommuniziert, in der Familie oder dem Clan. Auch in der analogen Welt gibt es Echokammern. Katholische Kirchgänger leben in Gemeinden, in der die Existenz ihres Gottes nicht angezweifelt wird, und in der Filterblase bayerischer Dorfgemeinschaften der 80er Jahre wurden Schwule, Punks oder gar Sozialdemokraten regelmäßig von der Mehrheit kategorisch ausgeschlossen, neudeutsch: »defriended«. Die sozialen Netzwerke haben die Echokammern also nicht neu geschaffen, doch die Technik bietet Möglichkeiten für eine abgeschottete Kommunikation von nie gekannter Radikalität. In der analogen Welt kann man nicht jedes Mal umziehen, kündigen oder den Verein wechseln, wenn einem die Haltung eines Nachbarn, Kollegen oder Mitspielers nicht passt. Man ist dazu gezwungen, Widersprüche auszuhalten und sich womöglich damit auseinanderzusetzen. In der digitalen Nachbarschaft bleibt man von derartigen Zumutungen verschont. Man hat ausschließlich Kontakt zu Menschen, die den eigenen Standpunkt zu 100 Prozent teilen und unterstützen. Wer widerspricht, fliegt raus.

Der komplett widerspruchsfreie Austausch identischer Meinungen ist eine Errungenschaft, die der moderne Mensch den digitalen sozialen Netzwerken verdankt. Sie haben die öffentliche und die private Kommunikation in weniger als einem Jahrzehnt revolutioniert. Die letzte Veränderung von solcher Tragweite war die Erfindung des Buchdrucks durch Johannes Gutenberg vor gut 550 Jahren.

Seit ihrem Bestehen ist über die sozialen Netzwerke und die für sie typische Kommunikation in Echokammern oder Filterblasen ausführlich geforscht und öffentlich diskutiert worden. Im Zentrum dieses Buches steht dabei die Frage, wie Populisten die Möglichkeiten des Netzes nutzen, um gezielt Pessimismus zu verbreiten. Denn Empörung, Furcht und eine prinzipiell negative Weltsicht sind die Nahrungsmittel, die den Populismus füttern.

Der Beitrag, den Sprachwissenschaftler zum Verstehen des Populismus leisten können, scheint mir besonders aufschlussreich zu sein. So haben kognitive Linguisten nachgewiesen, dass Menschen beim Verarbeiten von Informationen auf zwei Faktoren achten: die Quelle der Informationen sowie den Inhalt. Didier Maillat, englischer Sprachwissenschaftler an der Universität im schweizerischen Fribourg, hat in umfangreichen Experimenten mit zahlreichen Probanden festgestellt: »Je vertrauenswürdiger eine Quelle ist, umso besser und länger erinnern wir die Informationen.«[33]

Das Gehirn geht ökonomisch mit seinen Ressourcen um und überprüft zuerst die Qualität der Quelle. Die Echokammer gilt als eine besonders vertrauenswürdige Quelle. Darum werden auch noch die obskursten Verschwörungstheorien geglaubt, wenn sie aus diesem Kreis stammen. Dass Menschen dazu neigen, dem richtigen Überbringer selbst offensichtlich falsche Nachrichten abzunehmen, ist nicht nur eine Alltagsbeobachtung. Linguisten haben es empirisch nachgewiesen. Genauso wie das Gegenteil: Ist die Quelle als zweifelhaft eingestuft, wird die Botschaft von vornherein angezweifelt, unabhängig davon, wie überzeugend der Inhalt sein mag. »Man kann das Vertrauen in eine Quelle gezielt zerstören. Dann sind auch die Informationen wertlos«, sagt Maillat.

Fast scheint es, als hätten die Strategen der populistischen Bewegungen und Parteien die Forschungsergebnisse der Linguisten genau studiert und daraus ihre Schlüsse gezogen. Die Kriminalität ist gesunken und die Massenarbeitslosigkeit wurde überwunden. Gegen diese Fakten lässt sich schwer argumentieren. Darum attackieren Populisten häufig nicht den Inhalt von Informationen. Fakten stehen ohnehin nicht im Zentrum ihrer Bullshit-Welt. Ihr Angriffsziel ist die Glaubwürdigkeit der Quellen: die »Lügenpresse«, die Politiker der »Altparteien« und die abgehobenen Experten. Vor allem in den Echokammern sind diese Kampagnen erfolgreich.

Das Vertrauen in die digitale Gemeinschaft Gleichgesinnter ist hingegen unerschütterlich. Sie ist immun gegen alle Widersprüche von außen, weil diese mit rigider Konsequenz von den Mitgliedern unterdrückt werden. Didier Maillat hält die Kommunikation in solchen digitalen Netzwerken mit Einheitsmeinung für potentiell gefährlich. »In homogenen Gruppen, in denen es kein Korrektiv und keine Einwände gibt, kann es leicht zu einer gefährlichen Radikalisierung kommen.«

Dieses Fazit zieht auch der Sozialpsychologe Ernst-Dieter Lantermann. Menschen, denen die Komplexität der Informationsgesellschaft zu anstrengend ist, die ihr Bedürfnis nach Überschaubarkeit, Sicherheit und Kontrolle durch die ständigen Veränderungen verletzt sehen, finden das Gefühl von Schutz und Geborgenheit in digitalen »Echobunkern«. Die Schutzgemeinschaft im Bunker weiß genau, »was richtig und falsch ist und auf welcher Seite man zu stehen hat. Das alles führt dazu, dass sie sich wieder als wertvolle Menschen empfinden, die mit sich selbst und ihrer Welt im Einklang sind.«[34] Lantermann nennt das »selbstwertdienliche Unsicherheitsreduktion«. Für ihn ist das der Beginn von Radikalisierung und Fanatismus.

In vorangegangenen Kapiteln haben wir gesehen, dass die Berichterstattung selbst in den Qualitätsmedien immer drastischer und emotionaler wird. Die wachsende Konkurrenz macht es immer schwerer, wahrgenommen zu werden. Aufmerksamkeit zu erregen, wird auch im seriösen Journalismus immer wichtiger. In den sozialen Netzwerken hat diese Entwicklung ihren vorläufigen Endpunkt bereits erreicht. Information, Aufklärung, Einordnung oder die faktenbasierte Analyse erzeugen kein Echo im Bunker. Sie gehen unter in einem Meer alarmierender Übertreibung, greller Halbwahrheiten und schockierender Lügen. Aufmerksamkeit ist das einzige Ziel. Gelobt sei, was geklickt wird.

Fanatismus braucht ständig Nachschub

Angst, Wut, Hass und hysterischer Pessimismus sind die Hits im Bunker. Je radikaler, umso klick. Damit die Emotionen sich nicht abnutzen, muss ständig Nachschub erzeugt werden. »Fanatismus verebbt ohne Nahrungszufuhr, daher muss er immer wieder aufs Neue genährt werden«, schreibt Lantermann. »Aus diesen Gründen muss der Fanatiker stets für ein hohes Erregungsniveau sorgen, um seine fanatischen Grundsicherheiten nicht aufs Spiel zu setzen, die ihm seine Selbstgewissheit erst ermöglichen.«[35]

Die Kommunikation in digitalen Einheitsgruppen ist nicht nur gefährlich. Sie setzt zudem eine der wesentlichen Erfolgsmethoden der Menschheit außer Kraft, die sich im Laufe der Evolution herausgebildet hat. Das zeigen die Kognitionswissenschaftler Dan Sperber und Hugo Mercier. Im vergangenen Jahr haben sie eine Studie vorgestellt, die weltweit für Aufsehen sorgte, weil sie das kontroverse Argumentieren, den Kampf ums Rechthaben, als einen Schlüssel zum Erfolg unserer Gattung identifiziert.[36] Nach Ansicht der beiden Wissenschaftler hat sich der menschliche Verstand in der Evolutionsgeschichte nicht zu einem so überlegenen Werkzeug entwickelt, weil wir damit alleine und im stillen Kämmerlein nach den besten Lösungen grübeln könnten. »Die Hauptfunktion unseres Verstandes ist, uns einen Vorteil bei der sozialen Interaktion zu verschaffen«, sagt Dan Sperber.[37] Der Mensch ist ein soziales Tier. Der Status in der Gruppe ist ein starker Antrieb. Wer überzeugend argumentieren kann, dem ist es möglich, in der Hierarchie der Gruppe aufzusteigen.

In der Auseinandersetzung mit Widersprüchen und gegensätzlichen Ansichten geht es nicht nur darum, andere von der eigenen Meinung zu überzeugen. Genauso wichtig ist es, die Schwächen und Fehler in den konkurrierenden Vorschlägen aufzudecken. In den heutigen Gesellschaften gibt es für Sperber einen Bereich, der diesen rivalisierenden, aber zielgerichteten Argumentationsaustausch perfektioniert hat: die Wissenschaft. »Dort sticht das Argument mit der stärksten Evidenz. Selbst Genies, die Thesen gegen die Mehrheit formulieren, arbeiten nicht aus dem Nichts heraus, sondern stets im kompetitiven Diskurs.«

Die Qualität einer Argumentation messen wir daran, ob sie am Ende auch die Gegner der eigenen Meinung überzeugt. Nicht nur die Wissenschaft, auch die gesamte Demokratie basiert auf der Überzeugung, dass die besten Lösungen nur in einem offenen Prozess von Rede und Gegenrede gefunden werden. Dabei gibt es jedoch keine Garantie dafür, dass sich stets die Lösung durchsetzt, die sich im Nachhinein als die Beste erweist. Doch wenn jede Beweisführung der kritischen Überprüfung durch Andersdenkende standhalten muss, werden dabei grobe Fehler, Lügen, unhaltbarer Verschwörungsquatsch, Bullshit und der Größenwahn zuverlässig aussortiert. Kein Genie, kein Führer und kein einheitliches Volk kann ein so sicherer und zuverlässiger Steuermann sein wie der Widerstreit der Ideen.

Ohne diesen anstrengenden Prozess des Infragestellens und der Rechtfertigung wären auch die fantastischen Fortschritte, von denen dieses Buch handelt, unerreichbar geblieben. Die abgeschottete Kommunikation in den Filterblasen der Gleichgesinnten, wie sie von populistischen Anführern weltweit gezielt eingesetzt und propagiert wird, führt also nicht nur zu Radikalisierung und Fanatismus. Sie ist gleichzeitig ein Rückschritt in der Evolution des Menschen.

Ein Sieg der Populisten

Für Deutschlands Rechtspopulisten dauerte das Weihnachtsfest im Jahr 2017 einen Tag länger. Die große Bescherung gab es am dritten Feiertag, am 27. Dezember um die Mittagszeit: In einem Drogeriemarkt im rheinland-pfälzischen Kandel lauerte ein junger Mann seiner Ex-Freundin auf, die ihm kurz zuvor den Laufpass gegeben hatte, und erstach sie. Das Mädchen war 15 Jahre alt und Deutsche. Der Täter konnte die Demütigung der Trennung offenbar nicht ertragen. Eine furchtbare, aber leider typische Beziehungstat. Mit nur einer Besonderheit: Der Mörder war ein Flüchtling aus Afghanistan.

Minuten nach dem Bekanntwerden hatten die Einpeitscher in den digitalen Netzwerken von AfD und NPD den Hass auf Flüchtlinge bereits zu einem perfekten Shitstorm aufgeblasen. In den häufig frequentierten populistischen Plattformen sind rassistische Wutwellen ganzjährig und rund um die Uhr auf Standby geschaltet, allzeit bereit. Die Reaktionszeit rechter Hetze ist darum besonders kurz. In den meisten Fällen hallt die Empörung der besorgten Bürger jedoch nur von den Wänden der eigenen Echokammern wider und bleibt in der Abgeschlossenheit des Meinungsghettos. Wenn es jedoch um Taten von Flüchtlingen geht, drängt die Szene mit Macht ans Licht und verbreitet ihre Ansichten auf Twitter, Facebook und in den Kommentarfunktionen der klassischen Medien.

Doch bei der schlichten Meinungsäußerung bleibt es nicht. Wenn Rechtspopulisten sich an einer Debatte beteiligen, reicht es ihnen nicht, ihre Bewertung zum allgemeinen Meinungsspektrum beizutragen. Sie erklären ihre Sicht auf einen Sachverhalt zur einzig moralisch legitimen und verlangen, dass sich alle anderen dieser Interpretation anzuschließen haben. Dieser aggressive Absolutismus entspricht exakt dem Verhaltensmuster, das der Populismusforscher Werner Müller in solchen Auseinandersetzungen identifiziert hat. Entscheidend ist für ihn »der dezidierte moralische Anspruch, dass einzig die Populisten das wahre Volk vertreten; alle anderen vermeintlichen Repräsentanten seien auf die eine oder andere Art illegitim. (…) Populismus ist also nicht nur antielitär, er ist auch antipluralistisch.«[38]

Nach dem Beziehungsdrama von Kandel reagierte der digitale Volkssturm exakt nach Lehrbuch: Unzählige, meist anonyme Nutzer forderten etwa von der ARD eine Brennpunkt-Sendung, zumindest aber eine ausführliche und skandalisierende Berichterstattung über den Fall. Die Redaktion von Tagesschau und Tagesthemen weigerte sich, ihre journalistischen Standards aufzugeben, sah sich aber aufgrund der Vielzahl der wütenden Beiträge gezwungen, die Gründe ihrer Entscheidung in einem Artikel auf Tagesschau.de zu erläutern: »So schrecklich sie (die Tat) gewesen ist, vor allem für die Eltern, Angehörigen und Bekannten – Tagesschau und Tagesschau.de berichten in der Regel nicht über Beziehungstaten. Zumal es hier um Jugendliche geht, die einen besonderen Schutz genießen.«[39] Sofort konzentrierte sich der digitale Furor auf die ARD. »Unglaublich! Schämen Sie sich nicht, so einen Blödsinn als Grund zu nennen? Die schaufeln an Ihrer Unglaubwürdigkeit, jeden Tag ein Stück mehr!« (Fehler im Original) So gibt »Franka«, die erste in der Kommentarspalte, die Richtung und den Ton für die folgenden Äußerungen vor.

Laut Kriminalstatistik werden jährlich etwa 880 Frauen in Deutschland getötet. In rund 150 der Fälle handelt es sich um Beziehungstaten, bei denen die Frauen Opfer ihrer Partner oder Ex-Partner werden.[40] Wie in Kandel kommen viele Täter mit einer angedrohten oder vollzogenen Trennung nicht klar. Über keinen solchen Mord und keinen Totschlag dieser Art wird ausführlich in der Tagesschau oder gar in einem Brennpunkt berichtet, weil die Fälle außer für die Beteiligten keine allgemeine Relevanz haben.

Nach Weihnachten 2017 forderte der rechtspopulistische Shitstorm dennoch mit größtem Nachdruck, diese eine Tat in aller Ausführlichkeit zu behandeln, die sich von den anderen 149 Fällen nur in einem Merkmal unterschied: Der Täter war ein Flüchtling. Wenn jedoch nur dieses eine Kriterium über die Auswahl entscheidet, kann es dafür nur eine Begründung geben: die Absicht, Geflüchtete als besonders gefährlich darzustellen.

Tagesschau und Tagesthemen widerstanden dem organisierten digitalen Mob, doch damit bezog die Redaktion eine Ausnahmeposition in der deutschen Medienlandschaft. Über viele Tage war das tragische Ende einer Jugendliebe dort das beherrschende Thema. In der Folge wurden die Pöbeleien und sogar Übergriffe gegen Flüchtlingshelfer in der Region massiv. Auch die rheinland-pfälzische Integrationsministerin Anne Spiegel wurde körperlich angegriffen und angespuckt. Aus Sicherheitsgründen mussten sie und ihre Familie unter Polizeischutz gestellt werden. »Dies ist meines Erachtens auch der von einigen bewusst herbeigeführten Verrohung der politischen Debatte geschuldet«, sagte Spiegel anschließend.[41]

In diesem Buch haben wir gesehen, dass viele populistische Kampagnen in Deutschland keinen durchschlagenden Erfolg hatten. Die hysterischen Reaktionen auf das Beziehungsdrama in Kandel zeigen jedoch: In einem wichtigen Politikfeld konnte die kleine radikale Minderheit einen großen Sieg erringen. Flüchtlinge werden inzwischen überwiegend als eine Überforderung, mitunter sogar als Bedrohung der Gesellschaft wahrgenommen. Stellvertretend für viele sei hier die Untersuchung »Willkommenskultur im Stresstest« genannt, die im April 2017 von der Bertelsmann-Stiftung veröffentlicht wurde.[42] Die Forscher messen seit 2011 kontinuierlich die Einstellung der Deutschen zu Einwanderern und speziell zu Flüchtlingen. Zwischen 2015 und 2017 registrieren die Autoren der Studie einen gravierenden »Meinungsumschwung«: »Bundesweit gedreht hat sich die Bereitschaft zur Aufnahme von Flüchtlingen. Eine knappe Mehrheit der Befragten (54 Prozent) sieht Deutschland an seiner Belastungsgrenze angekommen. Vor zwei Jahren (2015) teilten diese Auffassung nur 40 Prozent.«

Die tatsächliche Entwicklung bot in diesem Zeitraum keinen Grund für den hysterischen Stimmungswechsel. Zwischen 2014 und 2017 hat Deutschland mehr als 1,5 Millionen Flüchtlinge aufgenommen. Gleichzeitig gelang es den Deutschen, den Titel »Exportweltmeister« zu verteidigen, die Arbeitslosenquote auf Rekordniveau zu senken, das Durchschnittseinkommen zu steigern, keine neue Staatsschulden aufzunehmen, sondern stattdessen erstmals Schulden zurückzuzahlen, und ganz nebenbei die Kriminalitätsrate in einem nie gekannten Ausmaß zu reduzieren.[43] Die Bewältigung der Flüchtlingsaufnahme ohne den Aufschwung in anderen Bereichen auch nur abzubremsen, ist eine der größten Leistungen von Politik, Wirtschaft und vor allem der Gesellschaft in der Geschichte der Bundesrepublik. Das Ergebnis der gemeinsamen Kraftanstrengung ist nicht nur historisch, sondern auch im internationalen Vergleich herausragend. Dennoch wird der Erfolg im allgemeinen Bewusstsein als Scheitern gewertet, sogar als ein Beispiel für ein massives Staatsversagen. Der rechtspopulistischen Bewegung ist es gelungen, ihre Sicht, ihre Formulierungen, ihr Narrativ der Flüchtlingsgeschichte durchzusetzen. Die Umdeutung eines großen nationalen Gemeinschaftswerkes zu einer nationalen Katastrophe ist der bislang bedeutendste und gefährlichste Triumph des Populismus in Deutschland.

Beim Thema Flüchtlinge zeigt sich beispielhaft, wie aus Erfolgen Niederlagen konstruiert werden, wie eine eigentlich frohe Botschaft zum Anlass für Wut und Angst verdreht wird. Und vor allem: wie sich die populistischen Narrative in der Gesellschaft durchgesetzt haben. Darum werde ich mich mit diesem Paradebeispiel des Populismus ausführlich beschäftigen.

Das Märchen vom Scheitern

Der große Ansturm traf die deutsche Flüchtlingsbürokratie von Bund, Ländern und Kommunen wie einen Autofahrer, der Ende Dezember mit Sommerreifen in die Schneewehe rutscht. Plötzlich war Winter und keiner hatte es ahnen können.

Im Dezember 2010 begannen in den Staaten Nordafrikas Aufstände, die später »Arabischer Frühling« genannt wurden. Kurz darauf, im Frühjahr 2011, setzte ein gewaltiger Menschenstrom über das Mittelmeer ein. Von nun an gehörten die Bilder von seeuntüchtigen Booten, hoffnungslos überfüllt mit Männern, Frauen und Kindern, zu den Nachrichten wie die Erkennungsmelodie zu Sendungsbeginn. Bald waren auf den Booten auch Tausende Syrer, die sich vor dem Bürgerkrieg in ihrer Heimat in Sicherheit gebracht hatten. 2013 besuchte Papst Franziskus die Insel Lampedusa, um auf die Tragödie aufmerksam zu machen, die sich vor den Augen der Weltöffentlichkeit abspielte.

Der Ansturm war keine Überraschung, sondern das lange angekündigte Jahrhundertereignis. In jeder Sonntagspredigt, in jedem Artikel, in jedem Fernsehbericht und in jeder Lageeinschätzung deutscher Behörden wurde die Erwartung dargelegt, dass sich die Geflüchteten schon bald auf den Weg nach Norden machen werden, nach Deutschland. Doch das zuständige Bundesinnenministerium blieb demonstrativ untätig. Selbst als seine Kollegen in den Ländern im Sommer 2014 nachdrücklich einen massiven Ausbau des Bundesamtes für Migration und Flüchtlinge (BAMF) forderten, unternahm der damalige Bundesinnenminister Thomas de Maizière alles, um genau das zu verhindern. De Maizières Weigerung, die entscheidende Behörde auf die absehbare und von allen Experten prognostizierte »Jahrhundertaufgabe« vorzubereiten, gehört zu den größten Fehlleistungen in der Geschichte deutscher Bundesminister.

Im Frühjahr 2014 war es dann so weit: Die Menschen aus den Nachrichten überquerten die Alpen. Alles war perfekt bereitet für das große Scheitern. Doch es kam anders.

Praktisch über Nacht stellten Bürgermeister und Landräte Arbeitsgruppen zusammen, die Übernachtungsmöglichkeiten organisierten. In jedem Dorf, in jedem Landkreis, in jedem Bezirk jeder Stadt wuchsen biedere deutsche Beamte über sich hinaus, indem sie das Gegenteil von dem taten, wofür sie ausgebildet waren: Sie improvisierten. Täglich entstanden neue Container-Dörfer. Ehemalige Möbelhäuser, Baumärkte, Supermärkte, Lagerhallen, Kasernen und Büros wurden zu provisorischen Unterkünften umgebaut. Mancherorts mussten die Menschen sogar in notdürftig geheizten Zelten übernachten. Es war, als ob das ganze Land einen Plan befolgte, den es gar nicht gab.

Überrascht stellte der Vorstand von Pro Asyl im Sommer 2014 fest: »Überall gründen sich neue Initiativen. Permanent klingelt das Telefon. Wir registrieren Tausende Bestellungen unserer Informationsblätter und machen unglaublich viele Veranstaltungen. Das Interesse ist da.«[44] Niemand bei Pro Asyl hatte je einen derartigen Rückenwind für ihr Anliegen aus der Gesellschaft erlebt. An vielen Orten wurden die ankommenden Flüchtlinge schließlich bei der Ankunft von den Mitgliedern der Hilfsvereine willkommen geheißen, die sich erst wenige Tage zuvor gegründet hatten. Schon bald engagierten sich über zehn Prozent der Deutschen in der Flüchtlingshilfe, mehr Menschen, als in Sportvereinen aktiv waren, dem bis dahin ewigen Spitzenreiter, was gesellschaftliches Engagement angeht. Über die Jahre übersteigt die Zahl der aktiven Flüchtlingshelfer bei weitem die Zahl der AfD-Wähler. Die einen arbeiteten still. Doch die Lauten fanden mehr Gehör.

Die meisten Helfer opferten über Monate ihre Freizeit für die Flüchtlinge, Millionen blieben sogar für Jahre dabei. Die Zivilgesellschaft stopfte jedes Loch, das überforderte Behörden offen gelassen hatten. Es war eine historisch einmalige Leistung. Diese positive Erfahrung wird die deutsche Gesellschaft nachhaltig prägen. Viele Bürger dieses schwierigen Landes waren zum ersten Mal stolz, Teil dieser Gesellschaft zu sein.

Zwischen 2014 und 2017 wurden rund 1,5 Millionen Flüchtlinge in Deutschland aufgenommen. Selbst bei perfekter Planung könnte kein Land der Welt eine Aufgabe von solch überwältigender Dimension bewältigen, ohne dass es dabei zu Fehlern, Ungerechtigkeiten und Aggressionen kommt.

Doch die Bilanz der ersten Phase der Flüchtlingsaufnahme fällt in der Rückschau erstaunlich positiv aus, trotz der schlechten Startvoraussetzungen. Bei genauer Betrachtung mussten die Einheimischen keine spürbaren und schon gar keine dramatischen Nachteile wegen der Neuankömmlinge in Kauf nehmen. Die Staatskassen blieben prall gefüllt. Alle Sozialleistungen wurden pünktlich auf den Cent überwiesen, niemand musste länger auf eine Baugenehmigung warten oder auf die Zusendung eines Falschparktickets. Keine Subvention wurde gestrichen, kein öffentliches Projekt verschoben. War was?

Die Turnhallen waren schon nach den Sommerferien 2016 wieder frei und konnten für den Sportunterricht genutzt werden. Die Provisorien wurden geräumt, die Zelte abgebaut. Ende 2016 waren praktisch alle Flüchtlinge in dauerhafte Unterkünfte umgezogen. Das zu Anfang drängendste Problem, die Unterbringung, war nach eineinhalb Jahren vollständig gelöst. Damit hätten im Sommer 2015 selbst die größten Optimisten nicht gerechnet.

Nach dem katastrophalen Fehlstart wurde das BAMF in wenigen Monaten zu einer der größten Bundesbehörden ausgebaut. Auch hinter das zweitgrößte Problem, die Registrierung und die Entscheidung über die Asylanträge, konnte im Laufe des Jahres 2017 schließlich ein Haken gemacht werden. Das Chaos bei den Entscheidungen erwies sich im Nachhinein lediglich als eine Verzögerung der Entscheidungen. Darunter litten nicht die Einheimischen, sondern ausschließlich die Geflüchteten.

In einem Land, in dem das reibungslose Funktionieren der staatlichen Verwaltung als gegebene Selbstverständlichkeit gilt, wird es mitunter als Kontrollverlust gewertet, wenn sich Menschen zeitweilig ohne Registrierung im Land aufhalten. Das hat die rechtspopulistische Propaganda zu der Erzählung des »millionenfachen Rechtsbruchs« ausgeweitet. Rein formal sind tatsächlich fast alle Menschen, die in Deutschland Asyl beantragen, rechtswidrig in die Bundesrepublik eingereist, weil sie kein gültiges Visum besitzen. Das konnten sie nur in der deutschen Botschaft ihres Heimatlandes beantragen. Hätten sie die Botschaft in Damaskus, Kabul, Teheran oder Bagdad lebend erreichen und die übliche Wartezeit von einigen Jahren dort aushalten können, wäre die Flucht unnötig gewesen und der Asylantrag offensichtlich unbegründet.

Aus formalen Gründen haben die Staatsanwaltschaften bis Mitte 2016 tatsächlich beinahe 700.000 Strafverfahren gegen Flüchtlinge eingeleitet, die erwartungsgemäß komplett wieder eingestellt wurden.[45] Auch Staatsanwälte wissen, dass so gut wie niemand in Deutschland Asyl beantragen kann, ohne gleichzeitig gegen deutsches Recht zu verstoßen. Die Geschichte vom massenhaften Rechtsbruch war dennoch ein Geschenk für die rechtspopulistische Propaganda, die nicht nur in rechtsextremistischen Kreisen schnell verbreitet wurde, sondern auch im bürgerlich konservativen Milieu großen Widerhall findet. Als Verantwortliche für den ungestraften Rechtsbruch gilt stets Bundeskanzlerin Angela Merkel.

Das Märchen von »Merkels Grenzöffnung«

Der Tag, an dem Deutschland seine Grenzen öffnete, war ein verregneter Sonntag. Tagesschau-Sprecherin Eva Herman verkündete den Deutschen die Botschaft, bevor sie zu der eigentlichen guten Nachricht des Tages überleitete: Der jugendliche Formel-1-Rennfahrer Michael Schumacher hatte in seinem Benetton-Renault den Großen Preis von São Paulo gewonnen. Es war der 26. März 1995. Bundesumweltministerin Angela Merkel verbrachte den Tag an ihrem Dienstsitz in der damaligen Bundeshauptstadt Bonn. Für ihren Chef, Bundeskanzler Helmut Kohl, erfüllte sich an diesem Tag ein Lebenstraum. Schon zehn Jahre zuvor, im Sommer 1985, hatte er das Schengener Abkommen unterzeichnet, in dem der Wegfall der Grenzkontrollen beschlossen wurde. Jetzt wurde der Vertrag tatsächlich umgesetzt und aus seiner Vision Wirklichkeit. Helmut Kohl ist der Mann, der Deutschlands Grenzen öffnete.

Nach mehreren Erweiterungsrunden traten 2007 die osteuropäischen EU-Mitgliedstaaten dem Schengener Abkommen bei. Seit dem 21. Dezember 2007 ist die Bundesrepublik vollständig von Schengen-Staaten umgeben und überlässt die Grenzsicherung seinen Nachbarländern.

30 Jahre nach der Unterzeichnung des Abkommens, 20 Jahre nachdem Helmut Kohl die ersten Grenzen öffnete und acht Jahre nachdem die deutschen Grenzer die letzten Schlagbäume abgeschraubt hatten, beschloss Angela Merkel 1000 Flüchtlinge aufzunehmen, obgleich die Bundesrepublik dazu formal nicht verpflichtet war. Verglichen mit dem jahrzehntelangen Prozess der Grenzöffnung war Merkels Entscheidung kaum mehr als eine Fußnote in einer großen Geschichte, ein Zusatz, ganz im Geiste der ursprünglichen Idee. Doch gegen jede geschichtliche Wahrheit wird Angela Merkel als die Frau in den Geschichtsbüchern stehen, die Deutschlands Grenzen öffnete.

4. September 2015. Seit Tagen campierten rund 1000 Bürgerkriegsflüchtlinge aus Syrien auf dem Budapester Ost-Bahnhof.

Eigentlich hätten die Menschen ihren Asylantrag in Ungarn stellen müssen. Doch die ungarische Regierung Orban weigerte sich, sie aufzunehmen. In der ausweglosen Situation machten sich schließlich einige hundert Geflüchtete zu Fuß auf den Weg über die Autobahn Richtung Westen. Da beschloss die Bundesregierung eine Ausnahmeregelung: Deutschland nahm die Flüchtlinge auf, obwohl eigentlich Ungarn für sie zuständig gewesen wäre. Das war der Anfang einer jahrelangen Hasskampagne gegen die »Volksverräterin Merkel«.

Die Kampagne war enorm erfolgreich. Die beiden wesentlichen Behauptungen gelten heute nicht nur in Deutschland, sondern weltweit als unwidersprochene historische Tatsachen:

1. Angela Merkel hat die Grenzen geöffnet.

2. Diese Entscheidung der Bundeskanzlerin hat den Flüchtlingszustrom nach Deutschland ausgelöst, zumindest aber erheblich gesteigert. Beide Erzählungen sind schlichter, rechtspopulistischer Unsinn.

1. Wie wir gesehen haben, hat Merkel lediglich längst offene Grenzen nicht geschlossen. Im Folgenden werde ich zudem zeigen, dass Deutschland auch künftig gar nicht in der Lage sein wird, seine Grenzen zu schließen. Ein solches Vorhaben, sollte es denn politische Mehrheiten finden, würde ähnlich lange dauern wie der jahrzehntelange Prozess der Grenzöffnung.

2. Als Angela Merkel beschloss, die Menschen vom Budapester Ost-Bahnhof nach Deutschland zu holen, dauerte die Flüchtlingsgeschichte in Deutschland schon einige Jahre an. Fünf Jahre in Folge waren die Zahlen gestiegen und fünf Jahre in Folge hatte das BAMF die zu erwartende Entwicklung erheblich zu niedrig prognostiziert.[46] Dietrich Thränhardt, Politikwissenschaftler an der Uni Münster, hat die Prognosen des BAMF in einem Gutachten analysiert und nennt sie »rein politische Statements«.[47] Die für jeden Experten erkennbar zu niedrigen Prognosen gaben Bundesinnenminister Thomas de Maizière die Gelegenheit, alle Monate mit Alarm in der Stimme zu vermelden, die Flüchtlings-

zahlen seien stärker angestiegen als erwartet. Das klang beunruhigend. Mit Absicht.

Die Innenminister der Länder stritten wegen der falschen Prognosen heftig mit dem Bundesinnenministerium. In einer Telefonkonferenz im Sommer 2015 wurde es schließlich laut. Die Ländervertreter machten de Maizières Staatssekretärin Emily Haber unmissverständlich klar: »Ihr Chef muss sich ehrlich machen!« Zu diesem Zeitpunkt ging das BAMF noch von 450.000 Flüchtlingen im Jahr 2015 aus. Offiziell. Nach dem Telefonstreit trat Minister de Maizière schließlich am 19. August vor die Presse und verkündete die neue Prognose: 800.000.

Das war exakt die Zahl, mit der die meisten Bundesländer sowie viele Migrationsexperten bereits im Frühjahr 2015 gerechnet hatten. Im August machte Thomas de Maizière die Erwartung endlich offiziell. Die Entscheidung Merkels, die Flüchtlinge aus Budapest nach Deutschland zu holen, fiel jedoch erst danach, Anfang September. Die angebliche »Grenzöffnung« hatte auf die Prognosen keinen Einfluss. Genauso wenig wie auf die tatsächliche Zahl der Geflüchteten, die 2015 Deutschland erreichten: etwa 800.000, genauso viele wie im Frühjahr vorhergesagt. Die Menschen wären also ohnehin gekommen.

Eine Flucht aus Syrien oder gar aus dem Iran oder Afghanistan dauert im Schnitt mehrere Monate. Die Menschen, die im September oder Oktober 2015 Deutschland erreichten, hatten sich also meist schon im Frühjahr oder Frühsommer des Jahres auf den Weg gemacht. Sie konnten von Merkels Entscheidung nichts ahnen. Hätte Angela Merkel mit den Selfies, dem »freundlichen Gesicht Deutschlands«, oder mit ihrer Entscheidung, 1000 Menschen aus Budapest nach Deutschland zu holen, tatsächlich eine Flüchtlingswelle ausgelöst, wie Rechtspopulisten behaupten, sie hätte frühestens im November über die deutschen Grenzen schwappen können. Doch genau zu diesem Zeitpunkt nahm der Zustrom massiv ab.

Das Märchen von der Obergrenze

Einschlägige Parolen sind bei Anhängern populistischer Parteien und Strömungen immer dann besonders wirksam, wenn sie der komplexen Realität eine möglichst einfache Lösung gegenüberstellen: den Austritt aus der EU, eine Mauer zu Mexiko. Oder die Obergrenze. Die abwegige Idee der AfD machte eine steile Karriere in der deutschen Politik. Schnell wurde sie von der CSU gekapert und sogar Teil der Koalitionsvereinbarungen. Wie immer bei populistischen Schnellschusslösungen wurde die Frage der Realisierungschancen nicht ernsthaft gestellt. Obergrenze bedeutet in der Konsequenz, dass nach deren Erreichen die Menschen an der Einreise gehindert werden müssen. Das geht nur durch die Schließung der Grenzen und ihre anschließende Sicherung. Nur: Wie soll das technisch funktionieren?

Anruf bei der CSU:[48] »Wir führen die Kontrollen an sämtlichen Grenzkontrollstellen wieder ein. Dann haben wir die Grenzen gesichert«, sagt CSU-Sprecher Jürgen Fischer. So leicht geht das also. Fischer räumt ein, dass es weitergehende Überlegungen in der Parteizentrale nicht gebe, und verweist an den Vorsitzenden der CSU-Landtagsfraktion in Bayern, Thomas Kreuzer. Der kennt auch keinen Plan, hat aber weitergehende Forderungen: »Natürlich müssen wir auch die grüne Grenze sichern.« Und wie? »Wir müssen es so wie früher machen.«

Früher, damit ist die Zeit vor dem Inkrafttreten des Schengener Abkommens gemeint. Vor 1995 dienten rund 2500 Beamte an der Grenze zwischen Bayern und Österreich. Aber nur in den Zollhäuschen an den offiziellen Übergängen. Auf den 800 Kilometern grüner Grenze dazwischen blieben Wanderer, Skifahrer und Gamsböcke unter sich. Spätestens seit dem Anschluss Österreichs an Nazideutschland war das so. Vermutlich wurde das Grenzland auch zuvor niemals wirklich kontrolliert.

Wer in dieser Landschaft die illegale Einreise wirksam unterbinden will, dem bleibt nur eine Chance: ein Zaun an der Grenze zu Österreich. Und zur Tschechischen Republik gleich mit, sonst machen die Grenzverletzer einfach einen kleinen Umweg. Macht zusammen 1600 Kilometer. »Die Vorstellung von einem Grenzzaun ist absoluter Quatsch«, sagt Michael Thomas, Eigentümer eines der größten deutschen Unternehmen für Sicherheitszäune. Er baut Zäune um Flughäfen oder Kraftwerke. »Wenn die Leute mit der Kneifzange, die sie sich im Baumarkt in Österreich kaufen, den Zaun durchdringen können, kommen Sie mit dem Reparieren gar nicht nach«, sagt Thomas. Also müsste es ein Zaun aus Stahlstäben sein, im Boden einbetoniert und mindestens vier Meter hoch. So ein Werk würde viele Milliarden kosten, der Bau müsste EU-weit ausgeschrieben werden. Bevor die Grenze dicht ist, starten längst die ersten Maschinen vom Berliner Flughafen BER.

Doch der Preis und die Bauzeit sind nur die kleineren Probleme, meint Zaunbauer Thomas: »Ein solches Projekt würde die Kapazität der gesamten Branche überfordern. 1600 Kilometer, das schaffen wir alle zusammen nicht.« Außerdem, wendet er ein: Wo soll er denn verlaufen, der Zaun? Genau auf der Grenze, also auf den Bergkämmen, auch auf der Zugspitze? »Unbezahlbar!« Also irgendwo im Landesinneren. »Dann verläuft er über Privatbesitz. Wissen Sie, was das bedeutet?« 1600 Kilometer Klagen, 1600 Kilometer Bürgerinitiativen. »Wer einen solchen Zaun fordert, hat nicht nachgedacht«, sagt Thomas. Es sind dieselben Probleme, die auch die »wunderschöne Mauer« zwischen Mexiko und den USA verhindern werden.

Wer nachdenkt, dem wird schnell klar: Deutschland kann seine Grenzen nicht sichern. Die Forderung, die zum Glaubensbekenntnis aller Populisten gehört – »wir müssen doch wissen, wer sich im Land aufhält« –, ist naiv oder verlogen. Nur in der DDR wussten deutsche Behörden, wer sich innerhalb des eingemauerten Landes aufhielt. In der Bundesrepublik ist der »Kontrollverlust«, den rechtspopulistische Politiker lautstark beklagen, keine Ausnahme, die Angela Merkel zu verantworten hat. Er ist Normalität.

Das Märchen von den gefährlichen Flüchtlingen

September 2015. Auf dem Höhepunkt des Zustroms an Fremden eskalierte die Lage in der ganzen Stadt. Sämtliche Unterkünfte waren bereits übervoll. Innerhalb weniger Stunden wurden die schlimmsten Befürchtungen wahr: ein dramatischer Anstieg an Körperverletzungen und vor allem der sexuellen Gewalt. Viele Frauen fühlten sich auf den Straßen nicht mehr sicher. Ständig wurden sie von den vielen Fremden, die plötzlich in der Stadt waren, angequatscht, bedrängt, häufig sogar angefasst. Ein Fahrdienst musste eingerichtet werden, um die bedrohten Frauen zu schützen. So ist das jedes Jahr. Beim Oktoberfest.

»Gruppenvergewaltigung: Armutsflüchtlinge vergewaltigen bettlägrige Oma krankenhausreif.«[49] Solche Berichte verbreiten sich täglich und in rasender Geschwindigkeit über die einschlägigen Internetportale und über die sozialen Medien. Sie werden viele zehntausend Male gelesen, geliked, geteilt und kommentiert. Genauso war es auch, als ein dunkelhäutiger Mann auf einem Spielplatz in Rostock Warnemünde eine 20-jährige Frau zum Oralverkehr zwang. Innerhalb von Stunden wurde der Vorfall zur Top-News in ganz Mecklenburg-Vorpommern und sogar von den Lokalzeitungen aufgegriffen.[50] Beide Verbrechen sind empörend. Und frei erfunden.

Es sind selbsternannte »Nachrichtenseiten« wie Rapefugees.net, die sich auf das Erfinden und Verbreiten solcher Falschmeldungen spezialisiert haben. »Wir sagen, was ARD und ZDF verschweigen«, lautet das Motto von Rapefugees. Viele Meldungen wirken selbst auf voreingenommene User erkennbar ausgedacht. Dennoch hatte die Seite über einen langen Zeitraum großen Einfluss auf die Haltungen in der rechten Szene. So trug der Pegida-Gründer Lutz Bachmann bei Demonstrationen T-Shirts mit dem Schriftzug: »Rapefugees not welcome«. Die Wortschöpfung durch die Zusammensetzung von »rape« und »refugees« ist in rechten Kreisen heute eine gebräuchliche Standardbezeichnung. Dass der Begriff »Gruppenvergewaltigung«

zum gängigen Wortschatz der AfD gehört, zeigte ein Tweet, den die stellvertretende Vorsitzende der AfD-Bundestagsfraktion Beatrix von Storch am Neujahrsmorgen 2018 postete und in dem sie von »gruppenvergewaltigenden Männerhorden« schrieb.

Reporter des *Spiegel* haben 450 Meldungen auf Seiten wie Heimatliebe.Deutschland, Truth24.net oder Rapefugees.net nachrecherchiert.[51] Es stellte sich heraus: Die weitaus meisten Fälle waren erfunden, verdreht oder erheblich übertrieben dargestellt. Nur in 59 Fällen gab es überhaupt einen Verdacht auf eine mögliche Vergewaltigung. In 26 Fällen waren Flüchtlinge die Täter oder zumindest tatverdächtig. Der Wahrheitsgehalt der rechten Hetze liegt also bei etwa fünf Prozent.

Die Geschichte vom vergewaltigenden Fremden ist ein jahrhundertealter Mythos, der in vielen Gesellschaften verbreitet und gepflegt wird. Das Bild vom gefährlichen, übersexualisierten Flüchtling hat sich auch in den Köpfen der Deutschen festgesetzt, weit über rechte Kreise hinaus. Viele Menschen fürchten, die Sicherheit von Frauen und Mädchen sei durch die Männer aus anderen Kulturkreisen akut bedroht. Verantwortlich dafür sind gezielte Gerüchte und Lügen.

Aber auch tatsächliche Ereignisse. Als in der Silvesternacht 2015/16 Hunderte Frauen und Mädchen von jungen Männern vor allem aus Nordafrika attackiert wurden, endete die Willkommenskultur in Deutschland schlagartig. Der Vorfall wurde als eine Bestätigung der uralten Ängste gewertet. Die Frage ist nur: Sind die Ängste berechtigt, oder hat sich ein Großteil der Bevölkerung von der Propaganda rechter Populisten beeinflussen lassen?

Die bislang solideste Untersuchung zur Gewalttätigkeit von Flüchtlingen hat das Kriminologische Forschungsinstitut Niedersachsen (KFN) Anfang 2018 vorgelegt.[52] Für bundesweites Aufsehen sorgte die Erkenntnis der Autoren, dass die Gewaltkriminalität in Niedersachsen um 10,4 Prozent gestiegen und diese Entwicklung vor allem den Flüchtlingen zuzurechnen sei. Die differenzierten Erläuterungen der Ergebnisse fanden indes kaum Beachtung. Dabei sind sie entscheidend zur Beurteilung der Entwicklung. Und sie widersprechen der vorschnellen Schlussfolgerung, die sich aus dem Anstieg zu ergeben scheint.

Der Zuzug von 1,5 Millionen Flüchtlingen entspricht einem Bevölkerungszuwachs um knapp zwei Prozent. Zwei Prozent des Gewaltanstiegs sind also auf die größere Anzahl von Menschen zurückzuführen. Die Autoren der KFN-Studie weisen zudem darauf hin: »In jedem Land der Welt sind die männlichen 14- bis unter 30-Jährigen bei Gewalt- und Sexualdelikten deutlich überrepräsentiert.« Unter den Geflüchteten ist der Anteil dieser potentiell gefährlichen Gruppe indes dreimal höher als in der deutschen Bevölkerung. Aufgrund der Zusammensetzung wäre also ein Anstieg der Gewaltkriminalität nicht um zwei Prozent, sondern um sechs Prozent zu erwarten gewesen, unabhängig von der ethnischen oder religiösen Herkunft der Flüchtlinge. Das wäre auch bei Biodeutschen so gewesen.

Für die Einheimischen ist vor allem wichtig, ob sich durch die Neuankömmlinge ihr Risiko erhöht hat, selbst Opfer einer Gewalttat zu werden. Flüchtlinge greifen nur selten Deutsche an. Ihre Opfer sind zu drei Vierteln andere Flüchtlinge. Das ist vor allem der beengten Wohnsituation in den provisorischen Flüchtlingsunterkünften der Anfangszeit geschuldet. Das Leben auf engstem Raum ohne jede Privatsphäre ist wie ein Laborversuch zur Erzeugung von Aggression und Gewalt.

Unterm Strich bedeutet das: Die Gefährdung der einheimischen Bevölkerung ist durch die Flüchtlinge nicht mehr gewachsen, als es durch jede Zunahmen an Menschen zu erwarten gewesen wäre. Wären hingegen nicht Araber, Nordafrikaner, Iraner und Afghanen eingewandert, sondern 1,5 Millionen Deutsche mit einem hohen Anteil junger Männer, sähe die Rechnung anders aus. Das Risiko für deutsche Frauen und Mädchen wäre messbar gewachsen. Denn die Opfer deutscher Männer sind meist Deutsche.

Die Wahrheit: Deutschland braucht die Flüchtlinge

Es sollte sein größter Tag werden: Am 9. November 2017 verkündete Peter Traub den Deal seines Lebens. Der Bürgermeister des Städtchens Oberkochen auf der Schwäbischen Alb hatte einen Großinvestor an Land gezogen. Das koreanische Unternehmen YG-1 will in Oberkochen ein Werk bauen und insgesamt 1000 Arbeitsplätze schaffen. Wenn einem Bürgermeister ein solcher Coup gelingt, wird er normalerweise wie sein Amtsbruder Majestix aus den Asterix-Heften auf einen Schild gehoben und durch die Gemeinde getragen. Doch Traub schlug nichts als Kritik, ja blanke Wut der heimischen Wirtschaft entgegen. In seiner Region liegt die Arbeitslosenquote knapp über der Nachweisbarkeitsgrenze bei drei Prozent. Schon lange suchen die Unternehmen bundesweit nach Arbeitskräften aller Art. Viele Stellen können trotz aller Anstrengungen nicht besetzt werden. Für die Firmen auf der Schwäbischen Alb ist ein zusätzliches Werk vor allem ein Konkurrent um die am meisten umkämpfte Ressource der deutschen Wirtschaft: Personal.

Der Boom der Konjunktur, die Arbeitsmarktreformen der Regierung Gerhard Schröder, vor allem aber die demografische Entwicklung haben die Gesetzmäßigkeiten in der deutschen Wirtschaft um 180 Grad gedreht. Über Jahrzehnte war die Massenarbeitslosigkeit das alles dominierende politische und ökonomische Thema. Von nun an wird der Mangel an Arbeitskräften die Strategien in der Politik und in den Unternehmen maßgeblich prägen. Der DIHK befragt regelmäßig fast 30.000 Unternehmen unter anderem nach den größten Geschäftsrisiken. Anfang 2018 sehen 60 Prozent der Firmen in Deutschland im Fachkräftemangel die mit weitem Abstand größte Gefahr fürs Geschäft.[53] Pflegeheime müssen schließen, weil sie keine Pflegekräfte finden. Bäcker und Metzger geben Traditionsbetriebe auf, weil ihre Ausbildungsstellen schon seit Jahren unbesetzt geblieben sind. Selbst Spitzenrestaurants müssen in der Hochsaison einen Ruhetag pro Woche einlegen, nicht wegen Gästemangel, sondern wegen Köchemangel. Schon heute sind in den Personalnotstandsgebieten in Süddeutschland fünf Prozent aller Auszubildenden Flüchtlinge. In Mecklenburg-Vorpommern, wo die Bevölkerung aufgrund der jahrelangen Abwanderung besonders überaltert ist, besetzen Einwanderer sogar schon jede zehnte Lehrstelle. Die Lehrherren beschäftigen die jungen Afghanen, Syrer, Iraker oder Ghanaer, obwohl sie große Sprachprobleme haben, obwohl ihr Bildungsstand oft nicht deutschen Standards entspricht und obwohl ihr Aufenthaltsstatus oft nicht eindeutig geklärt ist. Die Firmen haben keine Wahl. Ausbildungsbetriebe sind stets ein Blick in die Zukunft. Dort sieht man: Nicht nur die Flüchtlinge brauchen Deutschland. Es gilt auch umgekehrt: Deutschland braucht die Flüchtlinge.

Das ist erst der Anfang. Das Institut Arbeitsmarkt und Berufsforschung (IAB) hat ausgerechnet, dass dem Arbeitsmarkt bis zum Jahr 2030 über sechs Millionen Personen fehlen werden.[54] Der demografische Wandel ist die größte Bedrohung für den Lebensstandard und damit den sozialen Frieden in Deutschland. Niemand – schon gar nicht die Fremdenfeinde – hat eine Idee, wie die alternde deutsche Gesellschaft ihren Wohlstand auch nur annähernd halten kann. Ohne massive Zuwanderung. Den deutschen Unternehmen wären natürlich Fachkräfte aus Europa am liebsten, die fließend Deutsch und Englisch sprechen, mit einem Prädikatsexamen in den MINT-Fächern, Mathematik, Ingenieurwissenschaften, Naturwissenschaften, Technik. Aber die sind leider nicht im Angebot. Die High Potentials ziehen Toronto oder San Francisco der Sächsischen Schweiz und der Schwäbischen Alb vor. Die heimischen Personalchefs haben es sich längst abgeschminkt, ihre Stellen in Zukunft mit internationalen Traumkandidaten besetzen zu können. Sie müssen die Menschen einstellen und ausbilden, die freiwillig nach Deutschland kommen: Flüchtlinge.

Die USA, Kanada oder Australien können sich ihre Zuwanderer so aussuchen, dass sie schon am ersten Tag das Bruttosozialprodukt steigern. Deutschland muss hingegen Geld, Zeit und viel Geduld investieren, damit die Flüchtlinge in der Zukunft die demografische Lücke zumindest ein wenig schließen können. Viele der bereits erwachsenen Neuankömmlinge werden Jahre auf die Unterstützung des deutschen Sozialstaats angewiesen sein, womöglich sogar für immer. Rein ökonomisch gesehen verursachen die Menschen, die übers Meer kamen oder zu Fuß über den Balkan, in den kommenden Jahren ausschließlich Kosten. Die Investition in die 1,5 Millionen Geflüchteten ist eine langfristige Anlage. Die Rendite wird frühestens in zehn Jahren eingefahren, wenn die heutigen Kinder, geprägt vom deutschen Bildungssystem, auf den Arbeitsmarkt drängen. Der Erfolg jeder Integration von Einwanderern misst sich nicht an den Erwachsenen, sondern an deren Kindern. Vom Alter her passen die jungen Flüchtlinge perfekt zu den Bedürfnissen der Greisenrepublik Deutschland. Ein Drittel der Neuankömmlinge sind Kinder und Jugendliche, ein weiteres Viertel ist unter 25 Jahre alt.

Hätten sich Zukunftsplaner den idealen Zeitpunkt für den Flüchtlingsansturm aussuchen können, ihre Wahl wäre auf das Jahr 2015 gefallen. Zu diesem Zeitpunkt war Deutschland mit den größten Problemen der Wiedervereinigung so gut wie durch, die Eurokrise hatte ihren Höhepunkt bereits überschritten und die Staatssäckel waren prall gefüllt. Der Arbeitskräftemangel hatte zwar schon begonnen, doch die grausamen Jahre stehen noch bevor, wenn sich in der zweiten Hälfte der 2020er Jahre Millionen Babyboomer gleichzeitig in den Ruhestand verabschieden. Es bleiben also noch ein paar Jahre, um aus Hilfeempfängern brave Beitragszahler für das Rentensystem zu formen. Wenn alles glattgeht, werden einige hunderttausend Flüchtlingskinder genau rechtzeitig das Gymnasium oder die Uni verlassen. Dieses perfekte Timing hätte sich niemand ausdenken können.

Die Operation gelingt jedoch nur, wenn sich die Vernunft durchsetzt und nicht die Populisten. Nachdem sie die Ankunft der Flüchtlinge nicht verhindern konnten, lautet die Forderung der besorgten Patrioten, die neuen Mitbürger sollen Deutschland wieder verlassen, sobald es logistisch möglich ist. In einem ihrer ersten Anträge forderte die neue AfD-Bundestagsfraktion folglich ein Rückkehrprogramm der Flüchtlinge nach Syrien.[55]

Die Arbeitsmarktforscher des IAB haben die Flüchtlinge indes längst als unverzichtbare Stütze für die Zukunft der deutschen Wirtschaft fest eingeplant. In der Sprache der Wissenschaft heißt das: »Die vielen jungen Flüchtlinge verbessern die Altersstruktur in Deutschland, so dass der Rückgang des Erwerbspersonenpotenzials etwas schwächer ausfällt als in früheren Projektionen.«[56] Übersetzt bedeutet das: Die Neuen machen sich bereits jetzt positiv bemerkbar. Sollten die Flüchtlinge jedoch wieder in ihre Herkunftsländer zurückkehren, wäre es eine Katastrophe für den deutschen Arbeitsmarkt.

Machen Sie sich ein Kreuzchen in den Kalender. 4. September 2040, ein Dienstag. An diesem Tag wird Deutschland feiern: 25 Jahre Flüchtlinge. Alle Zeitungen, Fernsehsender und die großen Internetportale werden ausführliche Berichte über das historische Großereignis präsentieren. Im Mittelpunkt werden Deutsche stehen, die in jenem Spätsommer 2015 vor dem Krieg in Syrien in ihre neue Heimat flüchteten. Prominente Zeitzeugen – Fernsehstars, Politiker, Wirtschaftsbosse und Fußballnationalspieler – werden noch einmal die bewegenden Moment ihrer langen Reise schildern, als sie schon alle Hoffnung aufgegeben hatten, irgendwo auf einem Acker in Ungarn, am Strand der Insel Kos oder eng zusammengepfercht im dunklen Laderaum eines Kleintransporters.

Deutschland wird zurückblicken auf einen großen Moment seiner Geschichte. Auf die schwierige Anfangszeit voller Sorgen und Irrtümer und auf die Bereicherung durch die Integration von 1,5 Millionen neuer Deutscher. Genau so, wie die Nation heute auf den Fall der Mauer zurückblickt. Auch im Prozess der Einheit waren die ersten Jahre geprägt von Ängsten und so mancher

Fehlentscheidung. Die Chancen sind groß und ermutigend, dass der Flüchtlingsansturm, der Deutschland vollkommen unvorbereitet erreichte, zu einem Glücksfall der Geschichte wird, zu einem weiteren.

Doch die erste Runde im Deutungsstreit geht an die rechtsradikalen Populisten. Ihnen ist es gelungen, dass ein tatsächlicher Erfolg im allgemeinen Bewusstsein als Scheitern empfunden wird und eine Chance als Gefahr.

Für Populisten ist jede frohe Botschaft Fake News.

Schlussbemerkung: Lob des Establishments

Zum Handwerk von Journalisten gehört es, sich möglichst kurzzufassen. Mein Alltag beim stern ist geprägt davon, viele Informationen zu recherchieren, von denen ich nur wenige tatsächlich in meinen Artikeln verwende. Das Verfassen eines Buches kann für Journalisten darum auch Erholung sein von der Frustration der Beschränkung. Endlich genug Platz, um all das Spannende zu schreiben, das man herausgefunden hat.

Das hat nicht geklappt. Die Daten, Fakten und Beweise für einen fundamentalen und umfassenden Wandel zum Besseren sind so zahlreich, dass ich selbst auf viele der absolut unverzichtbaren Beispiele verzichten musste. Die Bilanz fällt am Ende deutlich positiver aus, als ich es zu Beginn der Arbeit erwartet hatte. Dabei musste ich mich von einigen liebgewonnenen Klischees verabschieden, die sich auch in meinem Kopf eingenistet hatten.

Die größte Überraschung war für mich die Erkenntnis, dass sich so viele vollkommen unterschiedliche Gesellschaften der Welt als lernende Gemeinwesen erwiesen haben. Der Fortschritt, der die Menschheit in den vergangenen Jahrzehnten insgesamt am meisten verändert, gelang dem größten kommunistischen Land, China, und der größten Demokratie, Indien.

Ausgerechnet Deutschland erweist sich bei genauerer Betrachtung eben nicht als betoniertes, reformunfähiges Land, sondern als Nation, die scheinbar Gefallen an Wendemanövern gefunden hat: an der Agrarwende, der Verkehrswende, der digitalen Wende und natürlich an der Energiewende. Deutschland kann Veränderung.

Daran haben die oppositionellen Bewegungen der Zivilgesellschaft einen großen Anteil: die Umweltbewegung und die Anti-Atomkraftbewegung, die Friedensbewegung, der Feminismus, die Bewegung zur Gleichstellung von Schwulen und Lesben sowie ganz aktuell die Bewegung zur Unterstützung von Geflüchteten. Sie haben mit Aufklärung und mit Beharrlichkeit große Risiken abgewendet, Ungerechtigkeiten gemildert und die Realität in Deutschland entscheidend zum Wohle aller umgestaltet. Vielen dieser Weltverbesserer ist selbst noch nicht bewusst, wie erfolgreich und nachhaltig ihr Engagement in den letzten Jahrzehnten tatsächlich war.

Die Macher dieser positiven Umwälzung haben in der deutschen Gesellschaft oft kein besonders hohes Ansehen. Es sind unangenehme Querulanten, wie die Aktivisten der Deutschen Umwelthilfe, die aktuell Fahrverbote für Dieselfahrzeuge in den Städten durchsetzen wollen. Das nervt. Doch insgeheim weiß jeder, dass solche Anstöße notwendig sind, um überfällige Veränderungen durchzusetzen.

Viele große Veränderer sind keine vorzeigbaren Stars, sondern lichtscheue Forscher. Wissenschafts-Nerds, die in Labors ihre fachliche Besessenheit ausleben. Der Dienst an der Menschheit ist nur ein Spin-off-Effekt. In Deutschland werden revolutionäre Veränderungen auch von Bürokraten des öffentlichen Dienstes zuverlässig abgearbeitet. Sie sind es, die gnadenlos die Veränderungen umsetzen, die der Souverän in demokratischen Prozessen entschieden hat. So bringen kleine Finanzbeamte mit Hilfe von Steuer-CDs mächtige und prominente Steuerhinterzieher vor Gericht. Und selbst die deutsche Polizei hat ihren Obrigkeits-Habitus abgelegt und nimmt sich die Kritik der Bürger zu Herzen. Durch neu entwickelte Methoden der Kriminalpolizei und konsequente Umorganisation des Apparats konnte die Zahl der Einbrüche 2017 um sensationelle 23 Prozent reduziert werden.[1]

Bei Umfragen zum Image von Berufsgruppen rangieren Journalisten stets auf den hinteren Plätzen. Menschen, die ständig im Dreck wühlen, auf der Suche nach Verfehlungen und Skandalen, sind nicht jedem sympathisch. Doch Journalisten sind ein Kapitel in der Erfolgsgeschichte. Dabei sind die Bluthunde der Demokratie heute aggressiver als noch vor wenigen Jahrzehnten. Politiker mit einer korrupten Energie wie der selige Franz Josef Strauß würden in der heutigen Medienlandschaft keine Legislaturperiode überleben.

Politiker sind die Berufsgruppe, deren Ruf noch schlechter ist als der von Journalisten. Sie gelten als unfähig, abgehoben und nur auf den eigenen Vorteil bedacht. Für viele sind sie die Wurzel allen Übels. Wenn vom zunehmenden Hass auf »die da oben«, auf das Establishment, die Rede ist, dann sind damit vor allem die Entscheidungsträger im politischen System gemeint.

Nur: Wenn die Bilanz der Entwicklung der zurückliegenden Jahrzehnte so überwältigend positiv ausfällt. Wenn die Deutschen heute reicher, sicherer, freier, gesünder und besser gebildet sind als jemals zuvor. Wenn sich Deutschland von einer Belastung für Europa zu einer Führungsnation entwickelt hat, an der sich seine Nachbarn orientieren. Wenn selbst der *Economist* in einer Titelgeschichte über viele Seiten »Cool Germany« feiert – dann ist das kein Hinweis auf ein Totalversagen des Establishments in Deutschland. Vielleicht wäre es sogar angebracht, über ein Lob des Establishments nachzudenken.

Anmerkungen

Einleitung

1 https://ourworldindata.org/violence-against-rights-for-children#child-labor
2 https://ourworldindata.org/famines/
3 https://ourworldindata.org/extreme-poverty
4 http://www.amnesty-todesstrafe.de/?id=41
5 http://www.sozialpolitik-aktuell.de/tl_files/sozialpolitik-aktuell/_Politikfelder/Arbeitsmarkt/Datensammlung/PDF-Dateien/abbIV3.pd
6 https://www.bundeswaldinventur.de/index.php?id=710&L=3%25252525252525252525252525252525252527A%25252525252525252525252525252525252525253D0
7 https://www.kriminalpolizei.de/nc/ausgaben/2017/maerz/detailansicht-maerz/artikel/morde-1950-bis-2015.html?tx_ttnews[sViewPointer]=1
8 http://www.faz.net/aktuell/wirtschaft/die-welt-wird-immer-besser-32-gute-nachrichten-15524076.html
9 Hans Rosling, Factfulness: Wie wir lernen, die Welt so zu sehen, wie sie wirklich ist, Berlin, 2018
10 Steven Pinker, Aufklärung jetzt: Für Vernunft, Wissenschaft, Humanismus und Fortschritt. Eine Verteidigung, München, 2018
11 http://www.ard-werbung.de/media-perspektiven/studien/ardzdf-studie-massenkommunikation/
12 https://ourworldindata.org/war-and-peace/
13 Spiegel, 2/2018, S. 26

I Die großen Erfolge

1 https://ourworldindata.org/life-expectancy/#life-expectancy-has-improved-globally

2 Steven Pinker, Gewalt: Eine neue Geschichte der Menschheit, New York, 2011

3 Thomas Piketty, Das Kapital im 21. Jahrhundert, 2014, München

4 Der Spiegel, 1/2016, S. 104

5 Den Sammelband, der 2016 unter demselben Titel erschienen ist, kann ich jedem nur empfehlen. Zusammen erzeugen die vielen frohen Botschaften eine andere Wirkung als jede Woche eine. Guido Mingels, Früher war alles schlechter, München, 2017

6 https://www.agora-energiewende.de/fileadmin/Projekte/2015/Kohlekonsens/Agora_Analyse_Klimaschutzziel_2020_07092016.pdf

7 https://ourworldindata.org/famines/

8 stern 30/1968, Die verhungernden Kinder von Biafra

9 https://www.unicef.de/informieren/aktuelles/presse/2017/kindersterblichkeit-weltweit-unicef/151902

10 Dennis Meadows, Die Grenzen des Wachstums, Bericht des Club of Rome zur Lage der Menschheit, Stuttgart, 1972

11 http://www.zeit.de/wissen/2010-08/ernaehrung-hunger

12 https://www.nature.com/articles/s41467-017-01410-w

13 Hoimar von Ditfurth, So laßt uns denn ein Apfelbäumchen pflanzen, Hamburg, 1985

14 https://www.gapminder.org/ignorance/

15 http://www.spiegel.de/wissenschaft/mensch/hans-roslings-ignoranz-test-kennen-sie-die-lage-der-welt-a-990473.html

16 Inzwischen hat sich der Anteil auf 84 Prozent erhöht.

17 Inzwischen hat sich der Anteil auf 84 Prozent erhöht.

18 Frankfurter Allgemeine Sonntagszeitung, 7.5.2017, S. 33

19 Wolfgang Sofsky, Traktat über die Gewalt, Frankfurt, 1996, S. 7

20 Pinker, S. 11

21 Francis Fukuyama, Das Ende der Geschichte. Wo stehen wir?, München, 1992

22 https://ourworldindata.org/war-and-peace/

23 http://www.start.umd.edu/data-tools/global-terrorism-database-gtd

24 https://www.ruv.de/presse/aengste-der-deutschen/grafiken-die-aengste-der-deutschen

25 http://www.deutschlandfunk.de/kriminologie-warum-die-deutschen-besonders-viel-angst-haben.1148.de.html?dram:article_id=364875

26 Thomas Petersen, Institut für Demoskopie Allensbach, Die Angst vor Veränderung, 2016

27 Renate Köcher, Institut für Demoskopie Allensbach, Diffuse Ängste, 2016

28 Welt am Sonntag, 50/2016, S. 2
29 http://news.rub.de/wissenschaft/2016-08-23-kriminologie-so-sicher-fuehlen-sich-die-buerger-einer-grossstadt
30 https://www.kriminalpolizei.de/nc/ausgaben/2017/dezember/detailansicht-dezember/artikel/morde-1950-bis-2015.html?tx_ttnews[sViewPointer]=1
31 https://www.bka.de/DE/AktuelleInformationen/StatistikenLagebilder/PolizeilicheKriminalstatistik/PKS2016/pks2016_node.html
32 Polizeiliche Kriminalstatistik 2016, S. 31
33 Polizeiliche Kriminalstatistik 2016, S. 36
34 stern, 21.04.2016, S. 54, »Die ganze Milde des Gesetzes«
35 https://www.bmfsfj.de/blob/121226/0509c2c7fc392aa88766bdfaeaf9d39b/gutachten-zur-entwicklung-der-gewalt-in-deutschland-data.pdf, S. 21
36 Welt am Sonntag, 50/2016, S. 2
37 https://www.bmfsfj.de/blob/121226/0509c2c7fc392aa88766bdfaeaf9d39b/gutachten-zur-entwicklung-der-gewalt-in-deutschland-data.pdf
38 https://www.bka.de/DE/AktuelleInformationen/StatistikenLagebilder/PolizeilicheKriminalstatistik/PKS2016/pks2016_node.html
39 https://www.shz.de/regionales/hamburg/kriminalitaet-in-hamburg-zurueckgegangen-deutlich-weniger-einbrueche-id18027196.html
40 http://www.zeit.de/wissen/geschichte/2017-06/ddr-mauertote-studie-deutschland
41 https://www.welt.de/geschichte/article166721424/DDR-Henker-toeteten-mit-unerwartetem-Nahschuss.html
42 http://www.amnesty-todesstrafe.de/files/ACT50-5740-2017_bericht.pdf
43 https://deathpenaltyinfo.org/documents/FactSheet.pdf
44 https://ourworldindata.org/democracy/
45 https://www.reporter-ohne-grenzen.de/rangliste/2017/
46 https://www.transparency.de/korruptionsindizes/cpi-2016/faq/
47 Pinker, S. 562
48 https://fowid.de/meldung/scheidungsquoten-deutschland-und-welt
49 http://www.equalpayday.de/startseite/
50 https://www.weforum.org/reports/the-global-gender-gap-report-2017
51 https://www.destatis.de/DE/Publikationen/Datenreport/Downloads/Datenreport2016Kap2.pdf?__blob=publicationFile
52 https://www.destatis.de/DE/Publikationen/Datenreport/Downloads/Datenreport2016Kap2.pdf?__blob=publicationFile, S. 43
53 http://science.sciencemag.org/content/353/6296/269

54 http://www.spiegel.de/wissenschaft/natur/entscheidender-beweis-das-ozonloch-schliesst-sich-a-1100390.html

55 https://www.boelw.de/fileadmin/pics/Bio_Fach_2017/ZDF_2017_Web.pdf

56 https://www.bmub.bund.de/fileadmin/Daten_BMU/Pools/Broschueren/umweltbewusstsein_deutschland_2016_bf.pdf

57 https://www.bundeswaldinventur.de/index.php?id=710&L=3%25252525252525252525252525252525252527A%252525252525252525252525252525252525253D0

58 http://www.spiegel.de/wissenschaft/natur/usa-alte-vogelgefieder-verraten-luftverschmutzung-vor-135-jahren-a-1172069.html

59 http://www.duh.de/projekte/luftreinhaltung/

60 http://www.dw.com/de/kommentar-trotz-diesel-nie-war-die-luft-so-gut-wie-heute/a-39918003

61 http://www.umweltbundesamt.de/daten/luftbelastung/luftschadstoff-emissionen-in-deutschland/stickstoffoxid-emissionen#textpart-1

62 Gert von Paczensky und Anna Dünnebier, Kulturgeschichte des Essens und Trinkens, 1997, S. 195

63 Der Spiegel, 33/2017, S. 44

64 https://www.ruv.de/presse/aengste-der-deutschen/grafiken-die-aengste-der-deutschen

65 http://www.zeit.de/2013/13/Ernaehrung-Gesundheit?

66 http://www.buergerimstaat.de/4_02/lebensmittel.htm

67 http://www.gbe-bund.de/stichworte/HEILPRAKTIKER.html

68 Wiebke Hollersen, Die Republik der Heiler, Welt am Sonntag, 01.05.2016

69 Bernhard Albrecht, Fauler Zauber, stern 17/2017, S. 32

70 http://www.who.int/mediacentre/factsheets/fs114/en/

71 http://www.faz.net/aktuell/gesellschaft/gesundheit/masern-erstmals-weniger-als-100-000-tote-15266459.html

72 https://ourworldindata.org/vaccination/

73 https://www.pampers.de/uber-pampers/die-pampers-unicef-partnerschaft/artikel/gemeinsam-gegen-tetanus-helfen-sie-mit

74 https://de.statista.com/themen/1483/hiv-aids-weltweit/

75 http://www.zeit.de/wissen/gesundheit/2017-07/un-aids-tote-immunschwaechekrankheit-hiv-reduziert

76 https://www.aidshilfe.de/meldung/unaids-veroffentlicht-globale-zahlen-hiv-aids

77 Mariana Mazzucato, Das Kapital des Staates, München, 2014

78 https://www.hsph.harvard.edu/international-health-systems-program/about-ihsp/ihsp-team/

79 http://www.sueddeutsche.de/gesundheit/gesundheitssysteme-gesundheitsversorgung-wird-immer-besser-aber-die-ungleichheit-waechst-1.3512007

80 https://www-genesis.destatis.de/genesis/online;jsessionid=064BC1676ADEA1BBAF656CA5C61F5080.tomcat_GO_2_3?operation=previous&levelindex=2&levelid=1510775107359&step=2

81 https://de.statista.com/statistik/daten/studie/273406/umfrage/entwicklung-der-lebenserwartung-bei-geburt-in-deutschland-nach-geschlecht/

82 https://www.destatis.de/DE/PresseService/Presse/Pressemitteilungen/2017/07/PD17_230_46241pdf.pdf?__blob=publicationFile

83 http://www.dhs.de/datenfakten.html

84 http://www.zeit.de/wissen/gesundheit/2017-05/alkohol-verliert-wert-jugendliche-umfrage

85 http://www.manager-magazin.de/unternehmen/artikel/fitness-boom-gruendet-weitgehend-auf-karteileichen-a-1142102.html

86 http://www.rki.de/DE/Content/Infekt/EpidBull/Archiv/2017/Ausgaben/05_17.pdf?__blob=publicationFile

87 http://www.rki.de/DE/Content/Infekt/EpidBull/Archiv/2017/Ausgaben/05_17.pdf?__blob=publicationFile

88 https://www.bundesregierung.de/Content/DE/Artikel/2016/11/2016-11-29-krebsbericht.html

89 http://publications.iarc.fr/Non-Series-Publications/World-Cancer-Reports/World-Cancer-Report-2014

90 https://www.destatis.de/DE/Publikationen/Thematisch/BildungForschungKultur/Hochschulen/BroschuereHochschulenBlick0110010167004.pdf?__blob=publicationFile

91 https://www.destatis.de/DE/PresseService/Presse/Pressemitteilungen/2017/11/PD17_427_213.html;jsessionid=3321FB709718C859C6EB58B54343E607.InternetLive2

92 http://doku.iab.de/kurzber/2013/kb0413.pdf

93 https://iwkoeln.de/studien/gutachten/beitrag/63670

94 http://ftp.zew.de/pub/zew-docs/gutachten/Ertraege_BildungsinvestitionenZEW2014.pdf

95 https://www.destatis.de/DE/Publikationen/Thematisch/BildungForschungKultur/Schulen/BroschuereSchulenBlick0110018169004.pdf?__blob=publicationFile

96 https://www.destatis.de/DE/Publikationen/Thematisch/BildungForschungKultur/Bildungsstand/BildungsstandBevoelkerung5210002167004.pdf?__blob=publicationFile

97 https://ourworldindata.org/literacy/

98 Mingels, S. 31

99 http://www.oeaw.ac.at/fileadmin/subsites/Institute/VID/dataexplorer/index.html

100 https://www.bildungsbericht.de/de/bildungsberichte-seit-2006/bildungsbericht-2016/pdf-bildungsbericht-2016/bildungsbericht-2016

101 Mit dem Thema Unterschicht beschäftige ich mich ausführlich in meinem Buch: Die Asozialen, München, 2012

102 https://www.destatis.de/DE/Publikationen/StatistischesJahrbuch/Arbeitsmarkt.pdf?__blob=publicationFile
sowie: https://de.statista.com/statistik/daten/studie/1376/umfrage/anzahl-der-erwerbstaetigen-mit-wohnort-in-deutschland/

103 https://www.ruv.de/presse/aengste-der-deutschen/aengste-der-deutschen-langzeitvergleich

104 https://www.unendlich-viel-energie.de

105 https://www.ise.fraunhofer.de/content/dam/ise/de/documents/publications/studies/daten-zu-erneuerbaren-energien/Stromerzeugung_2017_Halbjahr_1.pdf

106 http://www.ren21.net/gsr-2017/

107 https://shop.dena.de/fileadmin/denashop/media/Downloads_Dateien/esd/9098_Trendstudie_Strom_2022_-_dena-Berichtsteil.pdf

108 http://science.sciencemag.org/content/351/6271/aad1920.full

109 http://www.sozialpolitik-aktuell.de/tl_files/sozialpolitik-aktuell/_Politikfelder/Arbeitsmarkt/Datensammlung/PDF-Dateien/abbIV3.pdf

110 Berechnungen des Kölner Instituts der deutschen Wirtschaft (IW), zitiert nach P.M., 1.12.2015, S. 59 sowie https://www.iwd.de/artikel/kaufkraft-der-loehne-342433/

111 Frank Trentmann, Herrschaft der Dinge, München, 2017, S. 11

112 https://www.destatis.de/DE/Publikationen/Thematisch/VolkswirtschaftlicheGesamtrechnungen/Inlandsprodukt/KonsumausgabenPDF_5811109.pdf?__blob=publicationFile

113 Trentmann, S. 12

114 http://www.armuts-und-reichtumsbericht.de/SharedDocs/Downloads/Berichte/5-arb-langfassung.pdf?__blob=publicationFile&v=6

115 https://www.boeckler.de/wsi_50647.htm

116 https://www.boeckler.de/wsi_50657.htm

117 https://www.diw.de/documents/publikationen/73/diw_01.c.572653.de/17-49-2.pdf

118 Eberhard Orthbandt; Tarife, Richtsätze, Regelsätze – Dokumentarischer Bericht über eine hundertjährige Problemdiskussion, Eigenverlag des Deutschen Vereins, Frankfurt am Main, 1986, S. 20

119 Orthbandt, S. 145

120 Orthbandt, S. 252

121 https://compareyourcountry.org/inequality?cr=oecd&lg=de

122 http://www.deutschlandfunk.de/tschechiens-gehaltsgefuege-gleicher-lohn-fuer-alle.795.de.html?dram:article_id=316438

123 https://www.tschechien-online.org/nachrichten/preisniveau-tschechien-gehoert-zu-den-eu-laendern-den-niedrigsten-preisen-24062014-7839

124 Georg Cremer, Armut in Deutschland, München, 2016, S. 16

125 Ulrich Schneider, Armes Deutschland – Neue Perspektiven für einen anderen Wohlstand, Frankfurt am Main, 2010, S. 10

126 Cremer, S. 12

127 https://ourworldindata.org/extreme-poverty/

128 https://data.worldbank.org/country/china

129 Der Spiegel, 43/2017, S. 52

130 https://data.worldbank.org/country/india

131 http://www.worldbank.org/en/news/infographic/2016/05/27/india-s-poverty-profile

132 https://www.allianz.com/v_1506503139000/media/press/document/Allianz_Global_Wealth_Report_17-Report_DE.pdf

133 IMF, World Economic Outlook Oktober 2017, Seeking Sustainable Growth, S. 29

134 https://www.credit-suisse.com/corporate/en/articles/news-and-expertise/global-wealth-report-2017-201711.html

135 https://www.oxfam.de/system/files/bericht_englisch_-_reward_work_not_wealth.pdf

136 http://www.nybooks.com/articles/2014/05/08/thomas-piketty-new-gilded-age/

137 https://data.worldbank.org/indicator/NY.GDP.MKTP.CD?locations=1W-1A

138 https://www.oxfam.de/system/files/bericht_englisch_-_reward_work_not_wealth.pdf

139 http://www.landmatrix.org/en/de/ Stand Januar 2018

140 https://www.oxfam.de/system/files/20160302-common-ground-land-rights.pdf

141 Zitiert nach: Die Welt, 11.01.2016, S. 12

142 http://www.landmatrix.org/en/get-the-idea/web-transnational-deals/

143 Wie Verbraucher in Europa Fischern in Afrika schaden, Wirtschaftswoche, 26.05.2014

144 https://www.weforum.org/agenda/2017/06/all-hands-on-deck-why-africa-must-stop-plunder-of-its-fisheries/

145 Zum Thema »oceangrabbing« empfehle ich die umfangreiche Dokumentation »Fabrikschiffe auf Beutezug« von Greenpeace: https://www.greenpeace.de/fischereimonster

146 Siehe hierzu: stern, 50/2016, S. 28

147 http://www.sozialpolitik-aktuell.de/tl_files/sozialpolitik-aktuell/_Politikfelder/Finanzierung/Datensammlung/PDF-Dateien/abbII1a.pdf

148 http://www.oecd.org/berlin/statistiken/grafiken/Public-social-spending_2016_DE_1.png

149 Joachim Frick, Markus Grabka, Richard Hauser, Die Verteilung der Vermögen in Deutschland, Berlin, 2010, S. 36

150 https://www.diw.de/de/diw_01.c.496861.de/themen_nachrichten/neue_schaetzungen_des_diw_berlin_das_reichste_prozent_der_deutschen_besitzt_mehr_als_30_prozent_des_privatvermoegens.html

151 https://www.bmwgroup.com/content/dam/bmw-group-websites/bmwgroup_com/ir/downloads/de/2015/12784_GB_2015_dt_Finanzbericht_Online.pdf

II Warum wir die Erfolge ignorieren

1 Matthias Horx, Immerschlimmerismus, FAS, 19.06.2016, S. 2

2 http://www.gapminder.org/ignorance/

3 https://www.ipsos.com/sites/default/files/ct/news/documents/2017-12/ipsos-perils-of-perception-2017-charts.pdf

4 http://www.ard-werbung.de/media-perspektiven/studien/ardzdf-studie-massenkommunikation/

5 http://www.dmi-org.com/wp/wp-content/uploads/2016/06/Mit-Mediennutzung-verbrachte-Zeit1.jpg

6 Stellvertretend für viele: Tagesspiegel, 26.07.2016, S. 2

7 stern, 28.07.2016, S. 42

8 https://www.bmi.bund.de/SharedDocs/downloads/DE/publikationen/2017/pks-2016.pdf;jsessionid=49090E5E7BFC9343BC61D7D374C4488C.1_cid373?__blob=publicationFile&v=4

9 https://www.boeckler.de/wsi_50647.htm

10 https://www.diw.de/documents/publikationen/73/diw_01.c.572653.de/17-49-2.pdf

11 https://www.aerztezeitung.de/medizin/krankheiten/infektionskrankheiten/masern/article/946441/who-starker-rueckgang-maserntoten.html

12 Aus einer Rede, die Gesine Schwan im September 2005 auf der 60-Jahr-Feier der Frankfurter Rundschau gehalten hat. Dokumentiert in der Frankfurter Rundschau, 05.09.2005, S. 7

13 http://www.vprt.de/thema/marktentwicklung/marktdaten/angebote/tv-programme/content/private-fernsehprogramme-deutschla-2?c=4

14 Angaben aus der Jahrespressekonferenz 2017 Verband Deutscher Zeitschriftenverleger (VDZ)

15 https://www.bundesregierung.de/Content/DE/_Anlagen/BKM/2017/2017-06-27-medienbericht.pdf?__blob=publicationFile&v=1

16 Elaine Fox, In jedem steckt ein Optimist, München, 2015

17 Fox, S. 106

18 Fox, S. 112

19 Siehe hierzu insbesondere John Morris, Arne Öhman, Ray Dolan, »Unseen Fear«, in: Proceedings of the National Academy of Sciences, 1998, S. 1680–1985

20 Fox, S. 124

21 Fox, S. 124

22 Fox, S. 125

23 http://blog.iw-akademie.de/2017/05/08/die-qual-der-wahl-schon-gekauft-oder-noch-unentschlossen/

24 Anleitung zur Unzufriedenheit: Warum weniger glücklicher macht, Berlin, 2004

25 Gabor Steingart, Weltbeben: Leben im Zeitalter der Überforderung, München, 2016

26 http://www.faz.net/aktuell/beruf-chance/campus/studenten-sind-vom-stress-oft-ueberfordert-14588427.html

27 https://www.ksta.de/wirtschaft/gothaer-studie-digitalisierung-ueberfordert-viele-aeltere-menschen-28415522

28 https://www.soprasteria.de/newsroom/news/studie-jeder-vierte-digital-native-fühlt-sich-digital-überfordert

29 https://www.dak.de/dak/download/gesundheitsreport-2017-1885298.pdf

30 Steingart, S. 7

31 http://www.ifd-allensbach.de/uploads/tx_reportsndocs/FAZ_Januar016.pdf

32 https://www.ruv.de/presse/aengste-der-deutschen/grafiken-die-aengste-der-deutschen

33 Zitiert nach: Neue Züricher Zeitung, 22.6.2017, S. 16

34 Ernst-Dieter Lantermann, Die radikalisierte Gesellschaft, von der Logik des Fanatismus, München, 2016, S. 9

35 Lantermann, S. 17

36 Lantermann, S. 14

37 http://www.vdaepc.de/pressemitteilung-neue-statistik-der-aesthetisch-plastischen-operationen-2015/

38 Lantermann, S. 93

39 http://www.sueddeutsche.de/politik/hans-rosling-der-berufsoptimist-1.2801444-2

40 https://www.ted.com/talks/hans_rosling_shows_the_best_stats_you_ve_ever_seen#t-653679

41 Offenbar ging es dem Kollegen Bernd Dörries von der Süddeutschen Zeitung ähnlich. Auch er berichtete anonym von diesem Streit: Süddeutsche Zeitung, 22.06.2017, S. 4

42 http://www.spendenrat.de/2017/02/28/bilanz-des-helfens-2017/

43 http://www.bpb.de/nachschlagen/zahlen-und-fakten/globalisierung/52808/ngos

44 taz, 29.08.2014, S. 5

45 In den vergangenen Jahren habe ich mich in mehreren Artikeln für den stern sowie in meinem Buch Die Asozialen ausführlich mit dem Thema Hilfsindustrie auseinandergesetzt. Meine Angaben an dieser Stelle beziehen sich zum großen Teil auf Recherchen, die ich in diesem Zusammenhang gemacht habe.

46 https://www.caritas.de/fuerprofis/arbeitenbeidercaritas/arbeitgebercaritas/caritasalsarbeitgeber.aspx

47 https://www.diakonie.de/infografiken/die-diakonie-in-zahlen/

48 In der Sozialwirtschaft ist es üblich, mit jährlichen Kosten von ca. 58.000 Euro pro Arbeitsplatz zu kalkulieren. Multipliziert mit der Zahl der Beschäftigten ergibt sich eine Summe von etwa 120 Milliarden Euro.

49 Georg Cremer, Armut in Deutschland, S. 10

50 Lantermann, S. 90

51 taz, 29.04.2016, S. 4

52 Rainer Wendt, Deutschland in Gefahr: Wie ein schwacher Staat unsere Sicherheit aufs Spiel setzt, München, 2016

53 Bild, 15.08.2016, S. 1

54 taz, 21.01.2017, S. 18

III ... und was daraus folgt

1 https://www.youtube.com/watch?v=xnhJWusyj4I

2 https://www.youtube.com/watch?v=MMlRaNRof30

3 https://cpj.org/reports/2017/12/journalists-prison-jail-record-number-turkey-china-egypt.php

4 http://www.ifd-allensbach.de/uploads/tx_reportsndocs/FAZ_Mai2017_AfD.pdf

5 https://www.diw.de/documents/publikationen/73/diw_01.c.562050.de/17-29.pdf

6 http://www.ifd-allensbach.de/uploads/tx_reportsndocs/FAZ_Mai2017_AfD.pdf

7 http://www.deutschlandfunk.de/polens-medien-unter-druck-hohe-geldstrafe-nach.2907.de.html?dram:article_id=403073

8 https://cpj.org/reports/2017/12/journalists-prison-jail-record-number-turkey-china-egypt.php

9 https://ourworldindata.org/war-and-peace/

10 http://www.ifd-allensbach.de/uploads/tx_reportsndocs/FAZ_Mai2017_AfD.pdf

11 Werner Müller, Was ist Populismus, Ein Essay, Berlin, 2016, S. 19

12 Müller, S. 18

13 Müller, S. 19

14 http://www.ifd-allensbach.de/uploads/tx_reportsndocs/FAZ_Februar2017_Fakten.pdf

15 Tom Nichols, How America Lost Faith in Expertise, And Why That's an Giant Problem, Foreign Affairs, Ausgabe März/April 2017

16 Vgl. Die Zeit, 05.06.2014, S. 40

17 Besonders hervorheben möchte ich folgende Studien:

- IW in Köln: https://www.iwkoeln.de/fileadmin/publikationen/2017/347678/IW__Pressemitteilung_2017_37_AfD-Waehler.pdf
- Hans-Böckler-Stiftung: https://www.boeckler.de/106575_110284.htm
- Bertelsmann-Stiftung https://www.bertelsmann-stiftung.de/fileadmin/files/BSt/Publikationen/GrauePublikationen/ZD_Studie_Populismus_DE.pdf

– Institut für Demoskopie Allensbach: http://www.ifd-allensbach.de/uploads/tx_reportsndocs/FAZ_Mai2017_AfD.pdf

18 http://www.ifd-allensbach.de/uploads/tx_reportsndocs/FAZ_Februar2017_Fakten.pdf

19 Nichols, 2017

20 Harry G. Frankfurt, Bullshit, Princeton, 2005. Hier verwendet wurde die deutsche Übersetzung, Berlin, 2014.

21 Frankfurt, S. 40

22 Frankfurt, S. 43

23 Heinz Bude, Die verängstigte Gesellschaft, in: Geo-Wissen, 1.6.2015, S. 127

24 https://www.buzzfeed.com/karstenschmehl/8-der-erfolgreichsten-falschnachrichten-2017?utm_term=.mxbPpEwPB#.opnmka6m4

25 http://www.spiegel.de/netzwelt/web/afd-waehler-besonders-anfaellig-fuer-fake-news-a-1173884.html

26 Amadeu Antonio Stiftung, Toxische Narrative – Monitoring rechts-alternativer Akteure, Berlin, 2017

27 Amadeu Antonio Stiftung, S. 10

28 http://www.ifd-allensbach.de/uploads/tx_reportsndocs/FAZ_Februar2017_Fakten.pdf

29 Zitiert nach: Oliver Decker, Alexander Yendell, Johannes Kiess, Elmar Brähler, Otto Brenner Stiftung, Arbeitspapier 27, Polarisiert und radikalisiert? Frankfurt, 2017

30 https://www.wiwi.uni-wuerzburg.de/lehrstuhl/professur-fuer-wirtschaftsjournalismus/medienvertrauen/

31 Zitiert nach: https://de.statista.com/infografik/12228/umfrage-zum-thema-fake-news/

32 Oliver Decker, 2017, S. 3

33 Prof. Maillat hat mir die Ergebnisse seiner Forschung in einem längeren Gespräch erläutert. Veröffentlicht sind die Ergebnisse u. a. in: Kira Boulat u. Didier Maillat, She Said You Said I Saw It with My Own Eyes: A Pragmatic Account of Commitment, in: Formal Models in the Study of Language, hrsg. L. Blochowiak et al. (Cham: Springer, 2017), S. 261–279

34 Lantermann, S. 18

35 Lantermann, S. 88

36 Hugo Mercier, Dan Sperber, The Enigma of Reason: A New Theory of Human Understanding, Harvard University Press, 2017

37 https://www.tagesanzeiger.ch/kultur/Wie-wir-uns-selbst-ueberzeugen/story/13361754

38 Müller, S. 44

39 http://blog.tagesschau.de/2017/12/28/kandel-wie-die-tagesschau-damit-umgeht/

40 https://www.bka.de/DE/AktuelleInformationen/StatistikenLagebilder/PolizeilicheKriminalstatistik/PKS2016/pks2016_node.html

41 http://www.allgemeine-zeitung.de/lokales/rhein-main/mainz-rheinland-pfalz-hass-politiker-anne-spiegel-mord-kandel-afd-spd_18464189.htm

42 https://www.bertelsmann-stiftung.de/fileadmin/files/Projekte/28_Einwanderung_und_Vielfalt/IB_Umfrage_Willkommenskultur_2017.pdf

43 Pro 100.000 Einwohner, ohne Verstöße gegen das Ausländerrecht. https://www.bka.de/DE/AktuelleInformationen/StatistikenLagebilder/PolizeilicheKriminalstatistik/PKS2016/pks2016_node.html

44 Wüllenweber, stern, 29/2014, S. 56

45 http://www.zeit.de/politik/deutschland/2016-06/fluechtlingskrise-illegale-einreise-akten-staatsanwaltschaft-asylverfahren

46 Meine Recherchen dazu finden Sie in: Wüllenweber, stern, 35/2015, S. 42 sowie im stern 36/2015, S. 26

47 stern, 35/2015, S. 26

48 Siehe hierzu meine Recherchen in: stern, 5/2016, S. 42

49 http://www.rapefugees.net/gruppenvergewaltigung-armutsfluechtlinge-vergewaltigen-bettlaegerige-oma-im-schlaf-krankenhausreif/

50 Spiegel, 2/2018, S. 26

51 Spiegel, 2/2018, S. 26

52 https://www.bmfsfj.de/blob/121226/0509c2c7fc392aa88766bdfaeaf9d39b/gutachten-zur-entwicklung-der-gewalt-in-deutschland-data.pdf

53 https://www.dihk.de/themenfelder/wirtschaftspolitik/konjunktur-und-wachstum/umfragen-und-prognosen/konjunkturumfrage-jahresbeginn-2018/ergebnisse-02-18

54 IAB-Kurzbericht 6/2017

55 https://www.afd.de/weidelgauland-rueckkehr-syrischer-fluechtlinge-voranbringen/

56 IAB-Kurzbericht 6/2017

Schlussbemerkung: Lob des Establishments

1 http://www.spiegel.de/panorama/justiz/deutschland-kriminalstatistik-2017-zahl-der-straftaten-gesunken-a-1204160.html